新三板扩容后，国内第一部全面、深度解析
中国场外市场演进与投融资运营的书籍

掘金场外市场

——经济转型浪潮下的资本宴席

王　骥　刘向明　项凯标　著

中国社会出版社

图书在版编目(CIP)数据

掘金场外市场：经济转型浪潮下的资本宴席／王骥，刘向明，项凯标著. --北京：中国社会出版社，2013.1

ISBN 978-7-5087-4251-9

Ⅰ.①掘… Ⅱ.①王…②刘…③项… Ⅲ.①资本市场—研究—中国 Ⅳ.①F832.5

中国版本图书馆 CIP 数据核字（2012）第 310179 号

书　　名：掘金场外市场——经济转型浪潮下的资本宴席

著　　者：王　骥　刘向明　项凯标

责任编辑：杜　康　王晓翔

出版发行：中国社会出版社　　邮政编码：100032

通联方法：北京市西城区二龙路甲 33 号

电话：编辑部：（010）66061723

邮购部：（010）66081078

销售部：（010）66080300　（010）66085300

（010）66083600

传　真：（010）66051713　（010）66080880

网　　址：www. shcbs. com. cn

经　　销：各地新华书店

印刷装订：中国电影出版社印刷厂

开　　本：170mm×240mm　1/16

印　　张：20.25

字　　数：290 千字

版　　次：2013 年 3 月第 1 版

印　　次：2013 年 8 月第 2 次印刷

定　　价：60.00 元

序：发展场外市场与促进中国金融改革的新突破

巴曙松　研究员
国务院发展研究中心金融研究所副所长、博士生导师
中国银行业协会首席经济学家
中国宏观经济学会副秘书长

在新的经济进入环境下，中国的金融改革将向哪些领域重点突破？这是当前金融界都在思考的重要课题之一。也许不同研究者的角度不同，给出的答案会有差异，但是，总体上看，重点提升金融体系服务实体经济的能力、改变金融资源配置效率低和运行成本高、金融市场结构失衡、金融体系同质化强、金融风险在银行体系过度集中等问题，应当是有共识的。在一定意义上可以说，这些问题应当算是中国金融体系发展的关键问题，在当前的经济环境下都程度不同地与企业融资，特别中小企业的融资密切相关。在当前过度依赖银行间接融资的融资结构下，由于银行偏好大客户的惯性选择，中小企业一直难以得到有效的金融支持，在一定程度上阻碍了经济转型的推进。解决中小企业的融资问题，不仅需要在间接融资方面做好政策引导，从资本市场出发，通过建立和发展场外交易市场同样不容忽视，这有助于更好地发挥市场配置资源的基础性作用，在促进中小企业发展壮大的同时，为主板和中小板提供优质的上市公司资源，进一步完善直接融资体系和多层次的资本市场。

从这个意义上说，发展场外市场，与中国金融改革突破的一系列课题都直接相关。我本人一直也在跟踪研究场外市场，还在不同阶段参与了场外市场发展的相关政策讨论，这些经验也强化了我对场外市场的这些认识。

“十二五”规划明确提出“加快多层次资本市场体系建设，显著提高直接

融资比重。积极发展债券市场，稳步发展场外交易市场和期货市场”的要求。“十一五”期间，中国证券市场的总市值已从3.2万亿发展到26.5万亿，取代日本成为仅次于美国之后的世界第二大证券市场。期间逐步推进的股权分制改革、上市公司治理、证券公司综合治理、创业板的推出、融资融券和股指期货等机制的建立，都为促进证券市场乃至整个经济社会的全面发展发挥了重要作用。然而，相比较蓬勃发展的场内市场，中国场外市场自1993年第一次清理以来，几经发展和整顿，目前仍旧处于起步阶段。

从中国场外市场发展的现状来看，加快场外市场的建设是现实的需求。中国的场外交易市场在2006年刚刚起步时，挂牌企业只有10家，截至2011年底，共有99家企业挂牌，除2010年较2009年有所下降外，其余各年均呈现缓慢上升态势，但是仍旧远远小于中小板和创业板的规模。2007年，新三板成交量、成交额与总市值分别为19.07亿股、36.3亿元和259.95亿元。2009年后，在对高科技企业创新的政策支持下，新三板市场有所活跃，截至2010年底，新三板年成交量14.24亿股、成交金额30.95亿元、挂牌企业总市值345.29亿元。虽然一直稳中有升，然而推出六年来，新三板的发展速度并不算快，交投也很不活跃，2011年平均换手率只有2.93%，6年来通过新三板市场定向增资总额只有17.29亿元，公司单次融资规模也只有几千万元，市场参与的积极性仍旧较低。相比国际场外市场，目前美国场外市场OTCBB上市公司数量为2000余家，而中国仅有百余家公司在新三板挂牌。从制度上分析，场外撮合的交易制度、挂牌公司股东人数的限制、交易起点限制、不向普通自然人投资者开放以及缺乏转板的绿色通道等都程度不同地影响到市场的活跃度。

工业化和城镇化的发展以及经济转型的前景，都对中国场外市场的发展提出了新的需求。中小企业是工业化继续深化的主力军，在城镇化发展中，大力发展中小企业，引导中小企业的集群发展，更是推进城镇化建设的重要动力，而通过发展场外市场满足中小企业的融资需求也是城镇化道路中的重要一环。从产业转型升级的进程来看，中国现今的大部分制造业往往处在全球产业链的末端，而这种发展模式急需产业升级。如何向产业链的中游或者是上游迁移，其中最重要的一条途径就是促进转型，面对转型的复杂性和高风险性，加快场外市场建设与风险投资业的发展，就成为了必然，而这些新兴产业和城镇化进程中产生的优质中小企业，恰恰将成为活跃场外市场的生力军。

正是在这样的大背景下，建立全国统一的场外交易市场就有了现实的推动力。2012 年 8 月，国务院已批准决定扩大非上市股份公司，首批扩大试点除中关村科技园区外，新增上海张江高新产业开发区，东湖新技术产业开发区和天津滨海高新区等。新三板的扩容在丰富投资渠道的同时将资本流动纳入了监管范围，至此，全国统一的场外市场正逐步形成。同时，证监会于 10 月 11 日发布的《非上市公众公司监督管理办法》标志着非上市公众公司监管正式纳入法制轨道，明确了非上市公众公司在交易所以外公开转让和定向发行股份的股份有限公司不受股东人数 200 人的限制等，这些也都为今后包括发行制度改革在内的一系列制度安排引入新三板奠定基础。下一步市场预期将着重对相关制度进行调整设计，以形成适应全国性场外市场的制度体系，包括筹建全国中小企业股份转让系统有限公司作为全国性场外市场的运营管理机构、完善市场准入和转板机制等市场基础性制度、平稳扩大试点范围等。

因此，在新三板平稳谨慎扩容并将逐步推向全国符合条件的企业、特别是在个人投资者即将向场外市场开放之后，了解中国场外市场的前世今生、场外市场的挂牌流程、场外市场的交易制度以及今后可能的发展方向，对于亟需融资和解决流动性问题的中小企业、私募和风投等高风险偏好的投资者、证券公司、律师和会计师事务所等中介机构以及偏好风险投资的个人投资者来说，就变得非常必要。《掘金场外市场》一书的出版，正是聚焦在这个方面。

《掘金场外市场》从国际的场外市场发展入手，解读了发达国家的场外市场是如何催化科技创新、推动经济转型并成为大国崛起的引擎，进而探讨中国场外市场建设的产生及发展历程，这种对场外市场前世今生的梳理有助于读者加深对场外市场的了解和认识，把握场外市场与场内市场的区别。

产权交易市场、新三板市场和天津 OTC 市场均是这本书关注的重点。回顾产权交易市场对中国场外市场发展的推动，把握新三板市场的交易机制和挂牌流程，了解天津 OTC 市场的运行模式、创新机制和做市商等特色运营机制，不仅有利于更好地参与到这些场外市场的投资交易中，也为企业、投资者及中介机构在场外市场运作中的定位和衔接提供了参照。

目前，中小企业融资难已经成为制约中国经济发展的瓶颈之一，这不仅与中小企业的风险高、财务信息不完善等自身问题密切相关，更为重要的还在于金融市场结构失衡，融资渠道单一。中国正逐步完善和推进场外市场的制度建设，平稳审慎地不断扩大场外市场的试点和参与范围，相信在未来的几年中，根据“十二五”规划的要求，场外市场会得到越来越多的关注，期望在这个巨大的现实需求推动下，能够涌现更多有理论深度和专业参考价值的研究成果，共同推动中国场外市场的理论研究和实践发展。

2012 年 10 月于北京

目 录

前言：经济转型浪潮下的资本掘金 …………………………………（1）

第一篇 历史必然与场外历程……………………………………………（1）

为什么说“全国统一监管下场外市场”的构建是我国资本市场的第二次革命？近几百年来，场外市场是如何催化科技创新、推动经济转型并成为大国崛起的引擎的？为何说我国已到了发展场外市场的必需与关键时期？我国沪深场内市场的发展历程、结构体系、转板机制、风险对冲等方面到底存在哪些缺陷而急需场外市场出场？被长期压抑的场外需求是如何疯狂爆发的？场外市场又是如何与当时半理智性的清理整顿展开拉锯战，并推动市场监管趋向合理化与制度化的？这些有关场外市场跌宕起伏的历程与发人深思的话题，本篇将详细解读。

第一章 历史的必然 ……………………………………………………（1）

第一节 资本市场的第二次革命 ……………………………………（1）

第二节 美国占据世界高科技产业顶端的根源 ……………………（3）

第三节 欧日 20 世纪 80 年代后经济乏力的原因 …………………（8）

第四节 曾经是缔造大国的催化剂………………………………（13）

第五节 如今是大国崛起的发动机………………………………（18）

第六节 我国场外市场建设与历史性机遇…………………………（24）

第二章 资本市场的要求…………………………………………………（29）

第一节 场外市场概述………………………………………………（29）

第二节 场外市场与场内市场的关系………………………………（35）

第三节 从发展途径上看我国场外市场建设的必然性……………（39）

第四节 从市场层次上看我国场外市场建设的必要性……………（42）

第五节　从转板机制上看我国场外市场发展的重要性 ……………… (47)
第三章　20 世纪 80 年代场外市场历程 ……………………………… (52)
第一节　从理论交锋到股份制试点 ………………………………… (52)
第二节　中国特色的股票类型 ……………………………………… (55)
第三节　20 世纪 80 年代场外市场的演进历程 …………………… (57)
第四节　20 世纪 80 年代场外交易市场的发展评价 ……………… (61)
第四章　20 世纪 90 年代及以后场外市场历程 …………………… (64)
第一节　20 世纪 90 年代及以后场外市场的发展背景 …………… (64)
第二节　区域自发市场向规范化市场演化 ………………………… (66)
第三节　区域政策性市场的全国性扩展 …………………………… (68)
第四节　20 世纪 90 年代“两网”市场的兴衰 ………………… (71)
第五节　对 20 世纪 90 年代我国场外交易市场的评价 ………… (74)
第五章　场外市场的自律与整顿历程 ……………………………… (76)
第一节　早期中国场外市场的自律监管 …………………………… (76)
第二节　1993 年第一次清理整顿 ………………………………… (78)
第三节　1997—1998 年的第二次清理整顿 ……………………… (80)
第四节　2006 年的第三次清理整顿 ……………………………… (83)
第五节　市场自律监管与三次清理评价 …………………………… (85)

第二篇　产权市场与场外探索 ……………………………………… (89)

起源于计划经济后遗症和特有制度安排，深具中国特色的产权交易市场，在探索我国场外市场的建设方面，做出了巨大的历史性贡献，是我们谈及中国场外市场话题时，永远都不可能越过或忽略的一道坎。不过，从其屡屡被清理的痛苦历程来看，我们似乎意识到：在场外市场的顶层设计和意识里，产权市场永远都只能扮演探路先锋与做嫁衣的角色。不过，这种或许偏心的定位一点儿都不会影响到我国产权市场广阔的市场前景与创新动力。本篇将全面深刻、主次皆顾地解读我国产权市场演变、发展，业务创新与困惑的历程，进而解析其是如何为我国场外市场的萌芽、发展等奠定基础和作出贡献的。

第六章　中国早期产权市场的发展与历程 ………………………… (89)
第一节　产权与产权交易市场概述 ………………………………… (89)
第二节　20 世纪 90 年代及之前的产权交易市场 ………………… (93)

第三节 2000 年后产权市场的再度崛起 …………………………… (96)
第四节 国资监管改革与 3 号令的出台 ……………………………… (97)
第五节 MBO 探索和 3 号令实施的意义 …………………………… (99)
第七章 国资入场与产权市场的繁荣 ………………………………… (102)
第一节 国有资产为什么要进入产权市场 ………………………… (102)
第二节 国资入场与制度体系的完善 ……………………………… (105)
第三节 国资入场与市场的立体构架 ……………………………… (107)
第四节 产权市场的服务功能日臻完善 …………………………… (110)
第五节 国资处置与产权市场的丰硕成果 ………………………… (112)
第八章 业务创新与场外市场的关系 ………………………………… (115)
第一节 高效创新与市场多元化发展 ……………………………… (115)
第二节 金融产权规模性入场与业务的繁荣 ……………………… (120)
第三节 股权托管与业务创新 ……………………………………… (124)
第四节 股权托管转让的作用和意义 ……………………………… (127)
第五节 我国产权市场与场外市场的定位分析 …………………… (130)

第三篇 代办系统与场外摸索 …………………………………………… (133)

起源于 STAQ、NET 两网系统和代办股份转让系统，一直在证监会、证券业协会培育和呵护下成长起来的新三板，可谓根正苗红，它似乎理所当然并恰如所料地担当起了我国“全国统一监管下场外市场”的建设重任。新三板自产生以来，其总体特点、现状成效、制度建设、机制创新、市场监管与价值作用怎样？企业挂牌流程、股权流转、增资扩股、兼并重组以获取直接、间接融资的最优化操作以及其他方方面面价值增值如何？对券商、投资者、中介机构如何在全面、深度了解新三板所涉及的政府、金融、资本等各个方面的关系与政策，并在理解、统观其运行局势的情况下，如何把握投资动向，以获取更大收益的实操性流程、实践、经验的演绎怎样？本篇将予以逐次剖析。

第九章 新三板概述 ………………………………………………… (133)
第一节 从三板到新三板 …………………………………………… (133)
第二节 新三板的总体特点 ………………………………………… (138)
第三节 新三板市场的发展现状 …………………………………… (143)
第四节 新三板的规则体系 ………………………………………… (147)

第五节　新三板市场的作用 …………………………………………（152）
第十章　新三板挂牌流程 …………………………………………（155）
第一节　挂牌流程概述 …………………………………………（155）
第二节　公司注册地确认及高新技术认定 ……………………（157）
第三节　股份制改造与资格确认 ………………………………（160）
第四节　挂牌推荐与挂牌确认 …………………………………（164）
第五节　股份登记与挂牌 ………………………………………（167）
第六节　信息披露 ………………………………………………（171）
第十一章　新三板中介及监管服务机构 ……………………（175）
第一节　主办券商现状 …………………………………………（175）
第二节　主办券商的作用 ………………………………………（178）
第三节　新三板的监管支持机构 ………………………………（183）
第四节　新三板中的其他中介机构 ……………………………（186）
第十二章　如何经营新三板资源 ……………………………（189）
第一节　新三板挂牌企业的股份转让 …………………………（189）
第二节　新三板挂牌企业的定向增资 …………………………（192）
第三节　新三板挂牌企业的并购重组 …………………………（197）
第四节　新三板的投资者与股份转让 …………………………（202）
第十三章　新三板运行局势分析 ……………………………（206）
第一节　新三板市场取得阶段性成果 …………………………（206）
第二节　中小企业挂牌新三板的利和弊 ………………………（209）
第三节　四大业务促使券商新三板跑马圈地 …………………（213）
第四节　以战略眼光布局新三板衍生业务 ……………………（215）
第五节　VC/PE“围猎”新三板 ………………………………（218）

第四篇　股权市场与场外实践 …………………………………（223）

天津股权交易所（天津 OTC），作为我国区域场外市场实践的开路者与代表，比重庆、上海的同类市场运行分别早出 1 年和 3 年时间，它首开我国股权交易做市商之先河，挂牌企业的数量破百比新三板早了两个多月。它的运行模式和创新机制在很多方面都深具特色，甚至创造出中国第一。本篇将详尽介绍天津 OTC 是如何构建双层次递进式多板块市场体系的，其运营特色、制度建设、监管引导、风险控制怎样？企业挂牌、股权转让、增值扩股的融资特色与效率如何？中介机构、投资者如何参与市场服务、获取收益并融通市场的流程与途径是什么？做市商市场规范运营的价值评估与有效监管机制如何，他们在增强市场流动性、激发市场活力的同时，又能运用盈利模式合理攫取利益的策略和途径怎样等。

第十四章　天津 OTC 市场 ………………………………………（223）
第一节　天津市 OTC 市场概述 ……………………………………（223）
第二节　天津 OTC 的运营特色 ……………………………………（226）
第三节　天津 OTC 企业挂牌条件和流程 …………………………（229）
第四节　挂牌申请的法律障碍和风险防范 …………………………（233）
第五节　对挂牌企业的作用和意义 …………………………………（235）
第十五章　保荐机构、投资者与中介机构 ……………………（237）
第一节　保荐机构条件及注册 ………………………………………（237）
第二节　保荐机构的业务操作 ………………………………………（239）
第三节　保荐机构管理及评价考核 …………………………………（242）
第四节　中介服务机构 ………………………………………………（245）
第五节　投资人 ………………………………………………………（246）
第六节　投资者权益保护的制度 ……………………………………（248）
第十六章　开国内做市商之先河 ………………………………（251）
第一节　做市商注册 …………………………………………………（251）
第二节　做市商如何做市 ……………………………………………（253）
第三节　做市商的盈利模式 …………………………………………（256）
第四节　评价与监管体系 ……………………………………………（261）
第五节　经验与不足 …………………………………………………（263）

第五篇　市场层次与场外未来……………………………………（267）

2012 年 8 月 3 日，是我国场外市场建设具有重大意义的一天。这一天，新三板正式走出中关村，首次向上海、天津和武汉三个国家级高新技术园区扩容，这标志着以新三板扩容来构建我国“全国统一监管下场外市场”的顶层设计得以确认并由此拉开全面建设的序幕。我们需要冷静面对肩负使命的新三板：它目前存在的缺憾、突出问题在哪里，解决的途径，制度的改革是什么？伴随新三板的扩容，政策动向、市场走向、突破性制度的支持在哪里？未来我国场外市场的架构模式、统筹区域市场的策略，依托券商的政策，监管设计及激发市场有效竞争机制等问题浮出水面。本篇将鞭辟入里，重点突出地予以深度解析。

第十七章　我国场外市场现状及对新三板未来要求 …………………（267）
第一节　我国场外市场的构成现状 ……………………………………（267）
第二节　新三板市场存在七大突出问题 ………………………………（273）
第三节　新三板交易制度所需的改革 …………………………………（276）
第四节　新三板未来需要解决的六大问题 ……………………………（278）
第五节　新三板扩容的意义和企业运作的重心 ………………………（281）
第十八章　我国场外市场动向与未来模式 …………………………（284）
第一节　新三板扩容与最新政策动向 …………………………………（284）
第二节　三种关系决定了我国场外市场将分层构建 …………………（286）
第三节　场外市场建设获突破性制度支持 ……………………………（288）
第四节　新退市制度的出台与转板机制的趋势 ………………………（292）
第五节　全国性场外市场建设的帷幕拉开 ……………………………（298）
第六节　我国场外市场未来模式探讨 …………………………………（302）

参考文献目录 ……………………………………………………………（306）

前言：经济转型浪潮下的资本掘金

中央政府从“九五”规划开始，历次规划中都提到经济转型的问题，时至今日，总体成效并不显著。到了“十二五”规划，这一问题又被重点提及，显示出与以往不同的内涵和意义。从规划的内容来看，无论是指导思想、主要目标、政策导向，还是相关篇章的论述，都把“结构调整”、“产业升级”和“转变经济发展方式”等有关“经济转型”的问题作为重大问题来讲述与强调。从这些表述的急迫感、时代感和相关工作规划的坚定信心来看，似乎在暗示，我国目前已经到了必须“推动经济转型”的关键时期了。看来，“十二五”规划已经吹响了整个国家、整个民族“经济转型”的号角。

经济转型是一个国家整体经济可持续发展与社会进步最基础、最核心的动因，它与经济结构调整与产业升级等息息相关，是指一个国家资源配置和经济发展方式的转变，是任何一个国家发展到一定阶段都将面对的问题。世界经济转型的历史实质上既是一部改造提升原有产业的历史，又是一部创造催生新兴产业的历史。

改造提升原有产业，一部分就是对传统产业的改造，即对产业链条上基础性产业的改良和提升。这些产业与人们的衣食住行相关，是社会、国家发展的基础性产业，如亚航对航空业“廉价运营模式”创新，沃尔玛对日用商店经营模式的改良等。另一部分就是沿着产业链条，从低级向高级游动，也就是“产业升级”，比如美国IBM、苹果公司在各自产业领域不断地向更高层次的升级。新兴产业在产生和发展的过程中，存在巨大的风险，需要经过“大浪淘沙”般的时代与市场的洗礼，经过漫长而痛苦的孕育发展后方能成为区域或领域的支柱产业。它们是新经济的推手，往往与传统经济相互融合，比如亚马逊、阿里巴巴等都属于新兴产业中的企业，但又是与传统产业及其需求紧密连接的。所以，并不是所有的传统产业并都会因经济转型而成为终结，相反有些会在经济转型中得到更大程度的改造和提升。

传统产业在改良，战略性产业在升级，新兴产业在创造，于是，整个国家的产业结构调整了，经济发展方式也就自然获得了转变。民生问题、贫富问题、环保问题、资源问题、区域不均衡问题等便能得到持续的改善，这样，整个国家就会成功实现经济转型和社会的可持续发展。

不过，不论是传统产业、战略性产业，还是新兴产业，它们在改良、升级和创造中，必须具备三条核心动因：一是创新能力；二是科学技术；三是资源支持。前两点都与强大而制度化、市场化资源的合理配置与激励支持密切关联。而“经济转型”的实质就是一个国家的资源配置和经济发展方式的转变。“资源配置”这一核心问题，将“经济转型”与资本市场紧密地联系了起来。一个成熟而发达的资本市场是需要根据产业结构的调整适时地、合理地配置资源。面对产业结构中各种不同层次、不同性质、不同地位的产业，资本市场也必须形成多层次的结构体系以促成差别性的服务。而多层次的资本市场的建设与大力发展场外交易市场的建设又息息相关。这在本书的第一篇章中有详细解读。在以场外交易市场为基础的多层次资本市场中，大量的券商、风投、私募等机构、中介及投资者们在推动新兴产业成长、战略性产业升级、传统产业改造的过程中发挥着巨大的作用。这种作用是依赖于场外交易市场的壮大与成熟而与时俱进的，并反作用于这一市场的成长。在这个相辅相成、共促共长的过程中，大量的掘金机会被创造了出来。

我国经过30多年“粗放式”发展所积聚下来的众多社会、经济问题已经将我国推向了“经济转型”的风口浪尖，在“天时、地利、人和”等各种因素积聚与向好的情况下，我国的“经济转型”必然在随后的岁月中步入历史性的快车道，在掀起的洪涛巨浪中，或将上演一幕幕惊心动魄的故事。

本书正是在这种背景下展开相关话题的，为何取名为《掘金场外市场》，这里做三个方面阐述。这些内容或许是各类投融资者、中介等参与者最为关心的问题。

国家能掘什么金？在我国，现今的很多产业都处在全球产业链的低级阶段。在这种产业结构下，GDP增长的越快，透支的环境污染和引发的社会矛盾就越严重。有人估计，生产同样GDP，我国的能耗是发达国家的6到8倍。所以，我们急需对传统产业进行改造，对战略性产业进行升级，急需向产业链的中游或者是上游迁移。这种迁移最重要的一条途径就是促进或能成为未来战略性产业、新兴产业的发展。面对新兴产业的复杂性和高风险性，加快场外市场建设与风险投资业的发展，就成了必然。只有这些战略性产业的升级、未来新兴产业的发展壮大，才能真正推动我国经济的成功转型，实现国民经济的可持续发展。所以，从这个角度上来说，国家通过对场外市场的大力发展，或能掘得的黄金就是能够换来对传统产业的改良、战略性产业的升级和新兴产业的发展，以促成经济转型和国民经济的可持续增长。

企业能掘什么金？通过改革开放30多年的发展，我国股份制公司数以万计，中小企业则有百万甚至千万家。而我国资本市场却显得很单一：证券交易市场的中小板、创业板规模都较小，特别是全国性场外市场的缺失，更让资本市场难以应对我国目前各类产业中数目庞大的不同级别的企业。显然，针对我国不同类型、不同级别的众多产业性企业，应当对应形成多个层次的资本市场体系，对不同的企业有针对性地给予差异化服务。多层次资本市场体系的本质是对风险的分层管理，实现制度的差异化安排。而多层次资本市场体系的基础就是场外交易市场。从理论研究和国际成功经验来说，场外市场应该比包括主板、中小板和创业板在内的场内市场大得多得多。只有这样，才能有效地重构我国现有证券市场“畸形”的结构体系，促进资本市场的良性发展，也才能奠定“优胜劣汰”的转板机制、风险管理的对冲机制，场内市场的“蓄水”机制等得以充分实现的基础，从而为千千万万的企业提供发展的资金和成长的动力。显然，加快场外市场的发展，能够让数以亿计的企业特别是中小、小微企业在不同的资本市场层次上掘得可持续发展的资金和动力。

投资者能掘什么金？任何层次的资本市场要实现健康、可持续发展，需要满足的重要条件是：各种参与者都能够在市场中配对相应的角色，找到自己的位置，找到参与经营的方式与获取利益的模式。对于私募基金、风险投资等机构，场外交易市场符合它们的资金得以最佳退出以兑现价值增值的需求，在促成投资价值高效回报的同时，推进了整个资本链条的良性循环，并持续支持了高科技产业的发展，也持续培养和锻炼了机构投资者群体，使得这一群体走向成熟并得到规模性成长。对于证券公司来说，在场外市场中至少包括四种“掘金”模式：一是进行类似投资银行的业务，即中小企业在券商指导下改制，进行尽职调查，并报送给相关机构，经过一定的流程实现挂牌交易；二是挂牌企业需要发行股票、发行债券、转办、兼并收购、场外市场借壳等，这些也是券商业务；三是券商以直投方式投资企业，然后通过退出机制获利；四是未来或在引入做市商制度后，券商可以通过做市赚取差价。

这四大业务中，前两种业务属于比较稳定性的业务，风险小，利润空间有限；而后两种业务虽然风险大，但是存在掘取可观收益甚至暴利的想象空间和操作空间。对于场外市场中的中介机构，如保荐机构，律师、会计师事务所等参与者，在一定层面上也可以算是投资者，它们在参与市场流通与建设，促进市场规范和繁荣的同时，也能攫取自身相应的利益。对于个人投资者来说，场外市场的未来趋势，肯定是有机会进入市场投资的，其进入门槛的降低也是必然的。当然，证券、私募、风投及中介等机构，都是由个人组成的；个人投资者也可以通过这些机构间接实现自己的投资和资本运作，在场外市场这口大锅中分得一杯羹。

……

所以，场外市场的利益群体众多，掘金的模式、途径非常广泛。该书所涉内容对中小、小微企业经营者，基金、风投、证券、投资银行等的运营者，资本、期货、金融行业的投资者，培训、大中院校的资本金融类学者和学习者等都可能具备一定的吸引力和“掘金”的想象空间。

本书初稿完成于2010年6月并拟定于当年10月份出版。因各种原因推迟到现在面世。不过，在这两年的时间里，笔者参考了有关场外市场的许多著作文献，如《直击新三板》、《伟大的博弈——华尔街金融帝国的崛起》、《中国场外交易市场发展报告（2009—2010）》、《资本盛宴——中国产权市场解读》2008版等。在对原书进行大量删减的基础上，增加了第一篇的部分内容及整个第五篇内容，同时，在书中也参考或采用了这些著作文献的部分观点及看法，这里深表谢意！这里，我们对著名经济学家、金融与证券业著名专家巴曙松研究员在百忙之中对本书的作序推荐深表感谢！对刘建武董事长、王晋勇博士、周建波博士、邱金辉研究员、刘宏海总经理等金融、投行、证券业界的顶级专家、投资家们对本书的评价、推荐深表感谢！对本书的编辑及相关人员，笔者的家属及所有关心与支持过该书编撰与出版的众多朋友深表感谢！同时，对于本书中的纰漏、不当与谬误，敬望业界同人予以批评与指导！

王　骥

2012年10月25日于绵阳富乐山

第一篇
历史必然与场外历程

第一章　历史的必然

第一节　资本市场的第二次革命

在中国资本市场20多年的发展历程中，证券业协会、证监会的产生，沪深股市的运营，投资基金试点，QFII制度推行，“国九条”的产生，股权的分置改革，公司债的发行，中小板、创业板的设立，股指期货、期权的诞生等都是资本市场风起云涌的大事件。正是由于这些大事件的出现或革新，才推动着中国资本市场从微弱与畸形中逐步走向成熟和繁荣。在这个过程中，不知道创造了多少巨大的运营机会和炒作陷阱，催生了多少财富的传奇神话和金融的地狱落败。

虽然这样，我们依然认为，这些大事件都只能算作中国资本市场发展历程中某些关键节点上的一些重大变革，都难以具备里程碑式的革命的意义。既然这样，那么什么才能算是中国资本市场的革命呢？这里先简略地从资本市场的结构谈起。

成熟、良性的资本市场（主要指证券市场）应该包含两大部分：一是场内市场（主要包括目前的股票、债券市场），二是场外市场（以后详细解读）。场外市场对应服务于实体经济中数以万计的中小、小微企业，在一定程度上发挥着场内市场蓄水池和孵化器功能，所以，场外市场应该是场内市场存在和发展的重要基础，也应该比场内市场大得多。而中国正好相反，场内市场很巨大，场外市场还处于地方割据，小、杂、乱而无序，几乎没有一个上规模的“全国性的场外市场”。上面第一段中所提及的20年内我国资本市场的众多大事件都属于场内市场的内容。从这个意义上来说，中国的资本市场是一种畸形的市场，畸形中潜伏着危机，甚至是巨大的危机。这些危机的积聚，必然伴随着市场的动荡和欺诈，市场竞争的严重不公平和金融、经济体系的衰败与危机的孕育。比如，一方面曾经出现过某些大型国企，把持着国有重要资源的同时，还依然通过资本证券市场聚集大量的资金来为经营不善埋单；另一方面，解决社会就业问题，推动高科技、高新技术转化并最能激发社会经济活力的主力军——中小微型企业，却为融不到资金而在生死线上苟延残喘、痛不欲生。又比如，场内市场飞速般的扩容与我国股市国民经济晴雨表功能的大扭曲；股市20年来被杀鸡取卵般的豪夺（先是为股份制企业上市作贡献，接着为国企3年扭亏为盈而输血，随后又为大型国企改制上市作贡献，以及为四大国有商业银行消除坏账而埋单等）与投资基金的财富大缩水及其广大股民被伤得遍体鳞伤等等。这一切一切的矛盾和危机，必然要求中国资本市场从体制、机制，特别是结构上进行变革和重构……

这里，有七点需要注意：

1. 场内市场的发展已经处于瓶颈阶段；

2. 国内社会、政治、经济状况已到了需要大力发展场外市场的时候了；

3. 国民经济发展的基础和生命之源——包括高新技术在内的有着庞大数量的中小、小微型企业融资难、发展乏力，科技创新与转化的动力缺乏等情况越来越严重；

4. 国外成熟资本市场的经验、教训；

5. 国内资本市场20多年建设的经验、教训与基础；

6. 天津场外市场的探索与北京中关村新三板6年来的试点尝试；

7. 政府的困惑与重视及证监会的彷徨与决心。

基于以上分析与七点市场环境因素，我们认为中国资本市场的发展历程必然伴随着两场革命：第一场革命是以“老八股”为代表的“中国股票交易市场”的诞生，这是场内市场的部分；第二场革命是以“新三板扩容”来构建全国统一监管下的多层次场外资本市场。第一场革命已经过去，第二场革命箭已离弦。

既然，资本市场的第二场革命已经潮流涌动，核心是构建全国统一监管下的场外市场。那么什么是场外市场？场外市场的内涵是什么，外延又是什么呢？对于这些问题，我们放到下一章来谈。这里，让我们先对美国占据世界高科技产业顶端的根源，欧日 20 世纪 80 年代后经济乏力的原因，产业升级如何实现经济转型以及大国之梦的必由之路等问题进行分析、研究，来进一步认识场外市场的威力和历史性价值。

第二节　美国占据世界高科技产业顶端的根源

30 多年来，在世界范围内，似乎所有的高科技产业都是从美国本土兴起并繁衍开来的。今天，美国仍然领导着全球高科技产业的创新和发展，而很多国家和地区，甚至包括一些发达的西方国家都是在跟随或模仿美国高科技产业化的过程中收获着利益和灵感，却少有自主创新的能力和表现。

我们先看一看纳斯达克（NASDAQ）排名前 10 位的那些科技巨擘型公司的市值。以 2010 年 8 月 12 日为例，全球消费电子业排名第一的苹果市值 2277 亿美元，软件业世界第一的微软市值 2179 亿美元，IT 业综合解决方案全球第一的 IBM 市值 1638 亿美元，网络设备全球第一的思科市值 1355 亿美元，互联网全球排名第一的谷歌市值 1208 亿美元，数据库全球第一的 Oracle 市值 1190 亿美元，PC 和服务器芯片排名全球第一的英特尔市值 1081 亿美元，打印机全球第一的 Hp 市值 952 亿美元，通信芯片全球第一的高通市值 646 亿美元，存储业全球第一的 EMC 市值 404 亿美元……这些如雷贯耳的名字和它们震撼的业绩，在让我们感受纳斯达克场外市场那沉甸甸的分量时，更能感受出美国在世界高科技领域所作出的巨大贡献和成就。

为什么如此众多的高科技产业都是在美国孕育和兴起？它的发生机制是什么？创新动力来自哪里？为什么美国的高科技公司如微软、英特尔、谷歌、苹果、IBM、思科、Oracle、高通等能够迅速崛起而成为世界范围内的翘楚？

它们成功的秘诀是什么？内在根源又是什么？它们迅速扩张的资本来自哪里？

经过研究，我们才发现这些问题的答案都聚焦到了一个共同的地方——美国的资本市场，特别是以美国纳斯达克（NASDAQ）市场为核心的场外资本市场应时而生和高速、健康的发展。

一、美国新经济的原动力

1945 年第二次世界大战结束后，战争时期被严重压抑的民用需求迅速得到释放。在家电、食品、汽车、建筑等初级消费的拉动下，美国、欧洲和日本都经历了经济恢复性高速增长。但是，在经历了 20 多年的粗犷式的发展之后，从 20 世纪 70 年代开始，初级消费达到饱和，经济增长乏力，西方主要发达国家无一例外地出现了“滞胀”的现象。就美国而言，进入 70 年代以后，随着初级消费需求放缓以及石油危机等因素，社会矛盾凸显，这个从 20 世纪初就超越了欧洲强国的经济巨人似乎风光难再。

从 70 年代末开始，美国奇迹般地走出了经济发展的困境。它的计算机、半导体、生物技术、网络等高科技产业相继涌现并迅速在全球确立了领先优势，这些此起彼伏的科技浪潮推动着美国经济开启了新一轮的产业升级。90 年代后，美国进入了以信息产业为先导的新经济时代，其高科技及附加值高产业的优势进一步凸显，同时，在虚拟经济和实体经济的良性互动，美国进入有史以来持续时间最长的一次经济扩张期。

美国在近几十年里之所以能够在全球高科技产业等经济领域保持着巨大的优势和地位，应该是依靠一个以场外资本市场发展为核心的技术与资本相结合的强大制度设计和运行机制的结果。也就是说，与其说高科技产业是美国经济持续增长的原因，还不如说美国高科技产业的发展是美国场外资本市场适时而生、与时俱进和有效运行的结果。而日本、德国等国在反省 90 年代经济发展的失误时，似乎都无一例外地认识到一个共同问题，那就是：一个缺乏由场外市场所构建成的多层次的强大资本市场的金融体系是某一国家或地区早晚出现经济滞胀和造成经济泡沫与破灭的必然。

二、场外市场与科技领域的全球领头羊

纳斯达克（NASDAQ），全称是美国全国证券交易商协会自动报价系统，

它在2006年（该年后正式申请成为了证券交易所）前曾经是美国资本市场中场外市场的核心，即使是现在，纳斯达克在运营模式、交易手段、资本市场等方面还保留着很强的场外交易市场特点，所以依然可以作为全球最成功的场外市场代表来研究。它成立于1971年，利用现代电子计算机技术，将美国6000多个证券商网点连接在一起，形成一个全美统一的场外二级市场。1975年通过立法，确定这一系统在证券二级市场中的合法地位。NASDAQ的发展与美国高技术产业的成长是相辅相成的，被奉为“美国新经济的摇篮”。

美国的NASDAQ市场，作为美国高科技企业成长的摇篮，在美国高科技产业的发展过程中扮演了极其重要的角色，也是全球知识经济迅速发展的强大助推器。NASDAQ市场培育了美国的一大批高科技巨人。1971年英特尔公司、1980年苹果公司到1986年微软和甲骨文公司上市，奠定了美国计算机行业在全世界的垄断地位；1990年思科公司和1996年朗讯公司的上市，推动了美国通信行业迅猛的发展；1996年时代华纳公司、1996年的雅虎公司、1997年的亚马逊公司和2004年谷歌公司上市使得美国成为网络科技行业当仁不让的超级弄潮儿。这样的例子在半导体、生物制药等其他高科技行业中也是比比皆是。NASDAQ市场对美国以电脑、信息及互联网为代表的高科技产业的发展以及美国近年来经济的持续增长起到了十分巨大的推动作用。90年代，随着高科技产业重要性的提升，像比尔·盖茨、格罗夫、杨致远等已成为家喻户晓的名字。NASDAQ投资者的数量也越来越大，目前已遍及世界各金融市场，尤其是NAS－DAQ的网络股更吸引了越来越多的投资者。近年来NASDAQ股票交易量更超过纽约股票交易所。据统计，美国高科技行业上市公司中的85%是NASDAQ的上市公司：软件行业上市公司中的93.6%是在NASDAQ上市的，半导体行业上市公司中84.8%是在NASDAQ上市的，计算机及外围设备行业上市公司中的84.5%是在NASDAQ上市的，通信服务业上市公司中的82.6%是在NASDAQ上市的，通信设备业上市公司中的81.7%是在NASDAQ上市的。

硅谷的技术和NASDAQ资本市场的完美结合，孕育了信息时代的巨人骄子，使美国成为全球高科技领域当之无愧的领头羊，并创造出美国经济空前持续增长的奇迹。

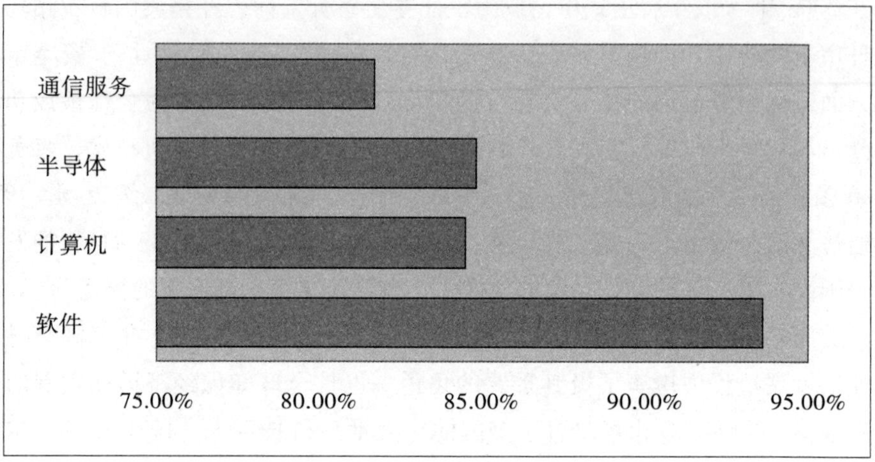

图 1-1　美国 NASDAQ 高科技公司占行业上市公司的比重

（数据来源：www. bea. gov）

三、构筑起美国经济的新模式

分析美国近几十年以高科技产业为主导的新经济发展模式，我们不难发现，场外市场为这一新经济模式的形成和发展起到了核心推动作用，同时，场外市场也是这一新经济模式的核心构建部分。在美国这种新经济中，正是在发达的场外市场的推动下，高科技产业的高歌猛进引领着美国经济的迅猛发展。由图 1-2 可看出，从 1979 年以后高科技产业在美国 GDP 中的比重飞升后，才有美国 GDP 近 30 余年的高速而持续地增长。

高科技产业的发展，除了高新技术本身之外，还与风险投资和资本市场的场外市场共同组成三驾马车，三者缺一不可。以硅谷和华尔街为代表，美国形成了以科技产业、风险投资和场外资本市场相互联动的一整套发现和筛选机制。事实证明，这套机制显示出了强大的制度设计与制度发酵优势。

场外资本市场和风险投资相互联动的市场化选拔机制，是美国高科技产业创新和发展的原动力。风险投资是许多在高科技公司初创期的重要资本来源，这与美国成熟的风险投资机制密不可分。高科技产业代表了最先进的产业发展潮流，具有高投入、高风险和高回报的特点，但多数高科技企业在初创期由于生产能力和市场开拓能力受到规模的限制，大多都面临资金短缺的问题。风险投资的作用就是在这一阶段里，通过集合社会资金为这些企业提供资金的支持。但风险投资提供资金绝不是无偿的，风险投资本身就是以资本高增值为目的。如果没有一个科学的退出机制使风险基金能够顺利地获利退出，则整个资本流动的链条就不能得到良性循环，高科技产业也难以继续获得资本的支持。因此 NASDAQ 的作为场外资本市场的核心，是企业资本的最终供应者，正因为有这样一个强大的场外市场的支持，风险投资者们才能在获取丰厚的投资回报的同时，不断地创造出了像微软、苹果、甲骨文、思科、雅虎等世界级公司，使美国在近几十年的科技产业轮换中独占鳌头。

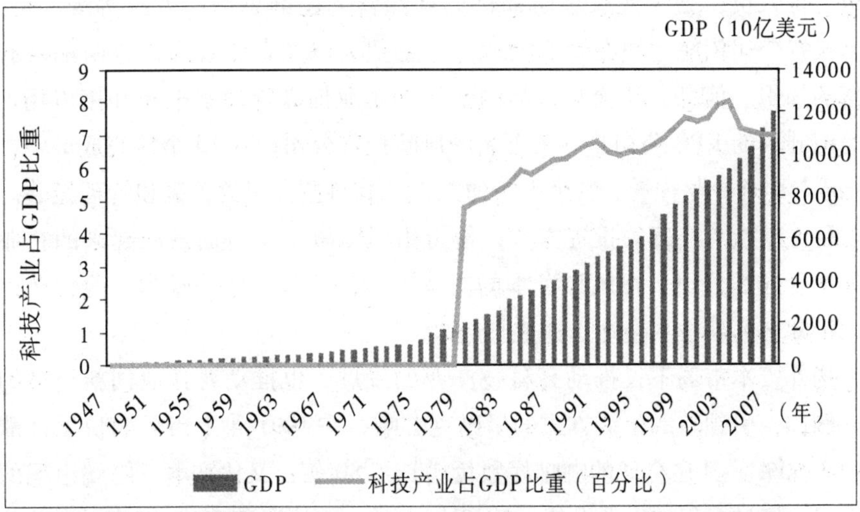

图 1－2 美国高科技产业占 GDP 比重在 1947—2007 年间增长情况

（数据来源：www. bea. gov。并参考了祁斌《建立资本市场与经济可持续发展的动力机制——以高科技产业为例》一文的插图）

场外资本市场激发了科技人员创新与发明的活力，催生了科技向产业转化的雨后春笋效应。由于有场外市场的存在，高科技型企业很容易上市，科技人员及产业转化的价值很容易通过财富回报被社会认同，这会极大地激发科研人员以及创业者的激情。在美国，有许多像比尔·盖茨这样的普通科技人员变成了亿万富翁。截至 2000 年年初，微软 8000 名员工从公司期权中获得了 80 亿美元的财富。正是这种巨大的财富效应，激励了成千上万的科研人员怀着创业梦想，从世界各地涌入美国。据资料显示，在全美从事科学和工程项目的人员中有 72% 来自发展中国家。

场外资本市场不仅为创新企业提供发展、质变所需的资金，而且可以直接通过市场或间接通过风险投资机构为所关心的企业提供各种其他社会资源，使其迅速形成竞争优势。如场外资本市场的股权和期权计划，能够帮助创新企业形成良好的激励机制和公司治理结构；如场外资本市场的中介机构中汇集了世界一流投资银行家的专业财务和管理顾问服务，能够为创新型企业提供真正现代意义上的企业管理与运营模式和服务等。就风险投资机构而言，这些增值服务的范畴更为广泛，包括为创新企业的后续融资提供支持；安排企业与其他公司的合作，或者帮助收购兼并其他公司；帮助被投资公司挑选高级管理人员；为企业管理层提供处理经营问题的思路和方法等等。另外，风险投资公司依靠它们在专业技术、金融贸易以及企业管理等方面都具有较丰富的知识、信息、经验和人际网络帮助企业提高管理水平和开拓市场。比如美国硅谷的 KPC 公司是一家著名的风险投资公司，其 15 个核心成员中，有 3/4 的人具有专业背景，其余 1/4 的人也具有科技公司的销售和管理经验。正是这种主动参与经营的投资方式，使得由风险资本支持而发展起来的企业成长远快于同类公司。在风险资本的支持下，包括英特尔、戴尔、微软在内的一大批知名高新技术企业迅速成长起来。

场外资本市场不仅推动高科技产业的发展，也推动着其他创新经济的发展。例如，引领新的生活方式的星巴克咖啡，在 1991 年上市后股价累计涨幅达到 3500%，其在全球的咖啡厅数量增长了 80 倍；又比如电子终端市场的苹果公司，经过多年的产业升级，2012 年 2 月，市值突破 5000 亿美元大关，成为世界最值钱的科技公司。事实上，原本定位于为高科技企业提供融资渠道的纳斯达克市场也在近年逐步向有成长潜力的创新或其他企业开放。

因此，在很大程度上，美国的高科技产业是依托场外资本市场发展起来的。可以说，以资本市场，特别是近 40 年发展起来的美国场外资本市场为主导的金融体系，不仅是美国高科技产业长盛不衰的根本原因，也是美国新经济超越欧洲各国与日本得以高速增长几十年的核心竞争力。

第三节　欧日 20 世纪 80 年代后经济乏力的原因

20 世纪 50 年代初到 70 年代，西欧各国随着战后重建经济走向繁荣；日本也冲破皇权桎梏，大大解放了生产力，一跃成为仅次于美国的世界第二号经济大国。之后，世界经济出现滞胀。80 年代，一些加工和制造性产业从美国转移到欧洲和日本。虽然欧日等国也注意到高科技产业的重要性，但始终未能培养出大规模自主开发的能力。这些推动一个国家整体产业升级的高科技、高附加值产业的落后应该是造成欧日等国经济滞胀的一个很重要因素。而隐藏在这些重要因素后面的根本原因是什么呢？现在看来，应该是欧日等国的金融体系结构的不合理以及资本市场特别是场外资本市场的落后。

一、金融结构性问题与经济转型的滞后

战后 40 余年，欧日金融体系结构是以银行（间接融资）为主要的投融资系统，我们主要以日本为例来谈。在 1955 年至 1973 年这段时期，对日本来说，追赶发达经济体是制定经济政策时的优先目标，因此，如何才能合理储蓄和配置稀缺资源到重点产业就显得尤为重要。为了达到这个目标，在那段时期内，日本实行有管制的利率并将利率维持在很低的水平，企业绝大部分的融资是通过银行体系实现的。日本中央银行对银行信贷体系实行窗口指导并决定银行把资金贷给谁和贷多少。当时的日本市场是与海外市场隔绝的。股票市场是当时唯一一个自由的市场，日本政府对于发行政府债持谨慎态度，而日文称为“社债”的企业债其实就是另一种形式的银行借贷。所以，在当时情况下，日本的资本市场是很欠发展的，更不用说场外市场了。由于战后整个世界经济复苏与市场粗犷性消费的拉动以及政府适时的刺激性经济政策，使得当时日本平均每年的 GDP 增长率达到了 10%。

严重依赖于银行的日本金融体系于 80 年代发生了变化。80 年代后半期，大企业开始脱离银行，在资本市场上发行股票和债券，这意味着银行失去了优质客户。于是，银行便试图寻找新的商业机会，将资金贷给更具风险性的中小企业和房地产等相关产业。当然，房地产贷款催生了房地产业“难以节制”的蓬勃发展，到了 90 年代，房地产泡沫破灭，资产价格急速下降，造成了银行体系巨额的不良贷款。

通过对日本 90 年代前金融体系的分析，可以看出这种以银行业为中心的金融体系几乎是很难与中小企业和小微型企业，特别是高新技术、创新科技孵化与转化为代表的，最终能引导整个国家产业升级的中坚和基础性的这些初创型企业成功结合的。原因很简单：一方面，银行集中管理资金的运作模

式无法灵活地对小企业进行市场化选择；另一方面，银行本身谨慎的经营原则使高风险的高科技产业很难从银行得到贷款。因此，无论是日本的主银行，还是德国的全能银行，都很难发现和评估处于发展初期的高科技企业，而更多地投资于技术较为成熟或处于发展后期的产业。

二、产业升级的制约

德国新市场（实则为场外市场）创立于1997年3月。在高峰时期，德国新市场有超过300家上市公司。从2000年后，德国新市场指数持续走低，上市公司造假丑闻开始暴露，一些纯粹概念性的公司股价暴跌，市场形象严重受损。基于市场的低迷和德国证券交易所的整体战略调整，德国新市场于2003年6月5日被正式关闭，所剩的企业都被纳入德国证券交易所的主板。造成德国新市场最终关闭的原因是多方面的，主要原因之一是德国新市场为了与欧洲其他市场争夺上市资源，大幅降低上市门槛，上市标准低且不设盈利要求以及相关审核部门对上市企业的审核缺乏一套科学的价值标准，导致了大量仅仅依靠包装或概念炒作、缺少实质性创新业务的企业进入市场。

英国虽然也发展了以资本市场为主的金融体系，但是其资本市场的容量和活跃程度远远不如美国，因此，其风险投资产业未能得到充分的发育。英国前首相撒切尔夫人曾经说过："欧洲在高新技术方面落后于美国并非由于欧洲科技水平低下，而是由于欧洲在风险投资方面落后于美国10年。"而风险投资产业的发展又与场外市场的发展紧密相关，所以说，欧洲高新技术产业落后的根源还是以场外市场为主的资本市场及其附属的风险投资等中介产业没有得到很好的发展的结果。

相比于德国、英国的场外市场，日本的要好些。日本的OTC店头市场成立于1963年，但发展缓慢，在1964年到1983年之间，只有35家企业上市。从1983年起，为促进店头市场的发展，日本政府推行一系列改革措施，到1991年年底，新店头市场有上市公司430家，市价总值12.88万亿日元。随着1997年亚洲金融危机的爆发，日本银行体系天文数字般的呆死账，不仅成为危机的导火索，而且也直接暴露了日本长期以来以间接融资为主导的金融体系的脆弱性。在这种情况下，日本认识到发展中小企业直接融资体系的重要性和紧迫性，加快了金融改革和金融市场自由化的推进速度，于是就出现了争相设立专门针对中小企业的新市场的局面。

1998 年 12 月，新店头市场正式改名为佳斯达克（JASDAQ）市场。与此同时，日本各主要交易所的新市场也纷纷成立。如名古屋证券交易所设立的增长公司市场（Centrex 市场）、东京证券交易所设立的高增长新兴股票市场（Mothers 市场）、札幌证券交易所设立的 Ambitious 市场、福冈证券交易所设立的 Q 板市场等等。特别值得一提的是，由大阪交易所与美国纳斯达克市场合作建立的纳斯达克日本市场也于 2000 年成立并运作。这些新市场的设立，对佳斯达克的发展构成了较大竞争压力。

尽管如此，佳斯达克市场还是在之后的几年内得到了较大发展，但到了 2000 年，受纳斯达克调整影响，佳斯达克再一次进入调整中，其市价总值由 1999 年的 27.4 万亿日元下降到 2003 年 4 月的 7.1 万亿日元，跌幅达 74.1%。当然在这段时间内，佳斯达克仍在继续发展，并且在与国内其他市场的竞争中，还进一步取得了优势地位。到 2003 年 4 月，上市公司为 944 家，较 1999 年增长了 8.8%。2000 年到 2003 年 4 月，共有 294 家公司到佳斯达克市场首次公开发行，而同一时期纳斯达克日本及 Hercules 市场只有 104 家，东京交易所 Mother 市场只有 61 家。直到 2009 年 9 月大阪证券交易所收购了佳斯达克，2010 年 10 月佳斯达克、“大力士” 和 NEO 三个股票市场被整合成一个大的证券市场，名为新佳斯达克市场。

虽然，日本的场外市场取得较大的成绩，但是相对于当时日本庞大的实体经济来说，它还是很落后的，当然与美国相比，更是存在着天壤之别。

由于缺乏高效率的资本市场，特别是场外市场的推动作用，德国、英国与日本等科技型、高附加值企业不能像美国企业一样，在持续融资、优化治理结构、激励机制、并购等方面获得场外市场的持续支持，从而失去了持续发展的动力。

综上所述，欧日等国家在高科技产业发展方面远远落后于美国，资本市场特别是场外市场的发展滞后是关键。2008 年 3 月，欧洲银行协会主席、德意志银行首席经济学家沃特在访华时指出：“从全球经济发展的潮流来看，世界正在逐步走向以资本市场为主导的经济发展模式，在这方面，欧洲已经落后。”

三、欧日经济转型的反思

1989 年的一场经济危机，阻滞了日本经济的高速发展，20 多年过去了，日本经济至今未能走出低谷。2004年日本财政大臣山本有二访华时曾说，日本经济由盛到衰，很多人认为是因为美国人搞了个广场协议的阴谋，他说这个肯定有关，但不是主要的，最根本的原因是日本自己的经济体制和金融体制不完善。日本金融体制最核心特点是高度地依赖商业银行的投融资体系，最大的缺陷就是资本市场相对不发达。日本这么多年来经济滞胀并丧失了活力，最核心的是日本缺乏一种资本主义精神，日本文化跟资本主义有点格格不入，日本人缺乏创业精神。日本人没有硅谷，没有处于领导地位的高科技企业，很多产品都做得很精致，但它都是模仿。

在欧洲，近些年，欧盟发布的《欧盟竞争力研究报告》承认，其科技研发和创新能力落后美国28年。多年前，撒切尔夫人曾表示，欧洲高科技产业落后于美国，并不是由于欧洲技术水平的落后，而是由于风险投资和资本市场的落后。事实上，现代科学之父牛顿和互联网之父贝恩都是欧洲人。近年来，在全球化浪潮的冲击下，欧洲很多原先具有比较优势的产业，如汽车制造业等，因劳动力成本偏高等因素逐步被新兴经济体并购。如瑞典一共就两个世界著名公司，一个叫沃尔沃，一个叫萨博。然而，萨博在2009年12月被我国的北汽收购，沃尔沃于2010年8月被我国的吉利收购了。因为这些企业放在欧洲成本太高了，企业天天亏损。前几年，宝马和奔驰把制造基地搬到中国来，一些人这样“玩笑式”的推测：可能未来10年之内，由于中国人帮德国人造宝马、奔驰了，不仅成本大大下降，而且因为德国缺乏产业升级的能力，从而无所事事。为什么会有这种情况出现呢？这是因为欧日金融结构是以间接融资、以商业化为主的金融体系。在这种体系中，资本市场特别是促进高科技发展的场外市场的“几乎缺失”，使得欧洲缺乏发现新兴产业的市场化机制，缺乏产业升级的动力和基础，进而造成经济转型的困难。从而使得欧洲在全球经济中的竞争力日渐式微，这也可能是当今愈演愈烈的欧洲主权债务危机的深层次原因。

历史上的经验教训值得我们借鉴。经过了战后30年的经济快速发展，20世纪70年代的美国和欧洲、日本同时陷入了“经济滞胀”，但随后，美国以资本市场和高科技的有效结合，带动其在80年代走出低谷，实现了又一轮持续30多年的成长。今天，这一结合机制仍然在发挥作用，不断推出以iPad为代表的平板电脑，和以脸谱公司为代表的社交网络等新兴科技产业，继续领先于全球。美欧日三大经济体的转型成败，说明了一个有效的资本市场，特别是发达场外市场及市场化的资源配置体系对促产业升级和推动经济转型具有重要的不可替代的作用。资本市场，尤其是场外资本市场驱动下的先进的金融体系，才是推动新兴产业产生并发展的根源，这些高科技、高新技术密集型产业，创新模式的服务产业、高附加值的基本性产业等，才是推动一个国家整体产业升级和经济转型和发展壮大的根本原因。

第四节　曾经是缔造大国的催化剂

按照现代社会价值观念，近 500 年来，真正意义称得上世界性大国并称霸过全球的应该只有三个国家，它们分别是荷兰、英国和美国。它们成功的原因很多，但是，经过研究，我们发现，这三个国家大国之路的交互更替，正好与资本市场的萌芽、发展壮大和成熟深入息息相关，似乎是配对着一一对应起来的。具体地说，荷兰崛起时正好对应着资本市场思想和模式的萌芽；英国称霸全球时正好对应着资本市场的发展和壮大；美国领导世界时正好对应着资本市场走向成熟和深入，特别是场外市场的发展构筑起了多层次的成熟的资本市场。这种一一对应的关系是巧合，还是必然？其内在联系是什么？推动机制又是什么？

在探讨这些问题前，我们需要说明的是，在荷兰与英国成为世界性大国期间，那时的资本市场，都是起源于场外市场，从某些方面来说，荷兰基本上就算场外市场；对于英国，发端于 17 世纪末露天市场的伦敦证券交易所无论是从形式，还是从企业准入条件、交易方式以及运营模式上来说，很多都与场外交易市场的特点相同，何况正是由于场外市场交易的高风险利益“追求”刺激了英国民众当时对股票、债券投资的疯狂；在美国，资本市场最初的形式也是场外市场，后来虽然成立了费城交易所、纽约交易所等，但是，很多交易都是通过场外交易的方式进行并激发人们热情的，特别是到了 20 世纪 70 年代后，更是场外市场的蓬勃发展对高科技产业的推动才又延续了美国几十年世界经济的领导地位。所以，与其说这三个国家的崛起与资本市场息息相关，还不如更具体地说，场外市场是这三个国家锻造成为世界性大国的催化剂。这里，我们从荷兰说起。

一、荷兰创造贸易的世界神话

17 世纪的荷兰，面积只有 4.1 万平方公里，人口 150 万，却几乎垄断了整个欧洲的海运贸易市场，其东印度公司的贸易额占到全世界总贸易额的 50% 以上，成为那个时代真正意义上的世界性大国。这种传奇神话是怎么缔造的呢？现代学者和专家们通过研究发现，主要有以下六大因素：一是开创现代企业新模式和资本市场的基础因子，即股份制，1602 年成立了股份制性质的东印度公司，实践了资本积聚与融资经商的思想。二是创立了资本投资与资本交易的思想及模式，即东印度公司的投资人都配发以股票，股票对应着投资资金；股票可以自由买卖，并获得分红；股票估值也随着公司的成长而变动。三是于 1609 年天才般的创立了世界上第一个证券交易所，即阿姆斯特丹证券交易所，并制定了相关制度，促使资本交易市场的诞生和发展，当然，这个证券交易所，几乎就属于场外资本交易市场；这个交易所比纽约的证券交易早了 183 年。四是创立了现代金融的运行核心，即成立了世界上第一家现代意义上银行——阿姆斯特丹银行（尽管最早的银行产生于文艺复兴时期的意大利，但真正将具有现代信用、金融思想融入银行业的，只能算是荷兰）；此银行比英国银行早 100 多年，它是一个吸收存款，发放贷款的城市性银行，集财政和兑换于一体，并曾在世界范围内扩展成立了 15000 个分支机构，带动并支配了当时世界一半的贸易额。五是创立了现代资本、金融、商业的基础与价值核心——信用体制，并通过立法规定了任何人不能以任何借口限制银行的交易自由。六是开启了城市管理的新模式——市民自治，即荷兰人出钱从贵族阶层手中买下城市的自治权，进行自行立法并进行自行管理，这种民主政治模式为荷兰的城市经济注入了强大的发展动力。

以上内容，除第六点外，其余的五点内容都是与现今的大商业、大金融、资本运营大市场息息相关。荷兰不仅创造了世界的贸易神话，更创造了世界大资本与大商业相互联动的思想、模式和秩序的神话，诸如股票、债权、银行、信用、买空、卖空、期权和杠杆等思想和工具。三四百年来，这些思想、模式和秩序成为现代世界商业、金融、资本运营的核心内容，为人类的发展和文明作出了空前而伟大的贡献。我们仔细分析这六点原因，不难发现，其核心内容还是对资本市场积聚功能与杠杆放大功能的发现和创造，其市场交易与运营方式等更多地表现出场外市场的特点。17 世纪的欧洲，这些资本思想逐步汇集了其他自由、私有经济思想，渐渐形成了“资本主义”。所谓资本主义，就是把资本作为主体的社会制度，它尊重资本和财产为私人所有，任何人都不得非法侵占，这就是所谓私有制的含义，私有制是资本主义最重要最主要的内容。同时，资本作为资本主义的主体，它也要求以资本对资源发挥的作用和价值来推动社会发展。所以，虽然说“资本主义”的概念与当时荷兰及现代的场外资本市场思想等有着天壤之别，但是，它们之间也有着千丝万缕的必然的内在关联性。

二、英国称霸世界的原因

在荷兰之后，到了17世纪后半叶，世界的经济中心转移到了英国，由荷兰所创造的包括场外市场在内的资本市场的基础与支撑要素，即股份制度到了伦敦得到了复制和飞速发展。在伦敦最古老的交易所皇家交易所内，与商品混合在一起的俄罗斯公司（1553年创建）、东印度公司（1600年创建）等公司的股票买卖异常活跃。很快，股票交易独立了出来，在市内的咖啡馆里进行买卖。1773年，英国的第一家场外资本市场，即证券交易所在伦敦柴思胡同的乔纳森咖啡馆成立，1802年伦敦证券交易所成立，这虽然属于场内市场，但是，其运行特点等更多地与场外市场相近，更不用说，很多交易所内的交易都被投资者们带到场外去交易了。伦敦资本市场在19世纪20年代主要以西班牙、南美等国家的公债交易为主导，到了19世纪30年代，伦敦交易所开始大量地对美国的州债、银行、运河、铁道公司的证券进行了投资活动。这期间，伦敦资本市场为南美、欧洲，特别是美国的运河、铁路以及银行业的创立与发展等募集了大量资金，在很大程度上支持了这些国家的工业发展。1820—1860年，产业革命取得了成功的英国，场外资本市场在支持本国产业和经济发展方面，作出了很大的贡献，特别是场外交易的投机性诱惑，点燃了民众对股票、债券投资的极大热情。于是，英国当时的运河公司、铁道公司等股票明着是在伦敦证券市场公开培育，暗地里却在交易所外的场外交易中私下投机，并在全国范围内掀起了投机热潮，引发了英国当时在全国各地开设众多的证券交易所。

当时，成为了“世界的工厂”的英国，为了促进工业品的输出，一边加大对海外市场进行资本输出，一边在国内发展纺织业、重工业等，在这个过程中，为了整备产业基础而进行的国家公共事业以及银行、保险等金融业快速发展起来。进入了19世纪50年代，伦敦证券市场再次向海外投资急速倾斜，因为被称为MerchantBank的英国式证券商的活跃，广泛地把美国的铁道债券、印度或澳大利亚的发行证券等加入成了交易对象，从而为伦敦成为世界金融中心迈进了关键性的一大步。从这点上来说，伦敦具有场外性质的资本市场与其说是因为国内产业资本而成长壮大起来的，还不如说是作为海外资本市场在不断扩充中发展壮大起来的。此时，英国经济进入高涨时期，工业生产占世界第一位，到70年代，英国对外贸易占世界贸易总额的22%，相当于德、法、美三国对外贸易的总和。英国资产阶级就是依靠金融、资本市场的推动作用，积累起了巨大的社会和国家财富，树立起了自己在海上、商业和殖民市场的霸权地位，把产品推销到世界各地，特别是殖民地和半殖民地，到处都有它的市场。现在看来，英国成为世界性大国和称霸全球的原因很多，但是，有两大原因应该是很重要的：一是对科学技术及其相关产业的高度重视与发展；二是对荷兰资本、金融思想的继承并以此进行资本市场的扩展来推动自由贸易的发扬光大。所以，我们说，资本及其更多具备场外市场性质的资本市场的发展对英国奠定全球大国地位起到了很大的推动作用。

三、美国崛起的后盾

在英国之后，到了19世纪末，以华尔街为代表的美国资本市场迅速发展起来（据说，当初欧洲去美国移民的民族中，荷兰人去了纽约，他们带去了资本运营的思想和模式），它为美国在从钢铁到化工等各个领域中迅速崛起提供了源源不断的资金，其自身也在这个过程中扩大了规模和影响。到了1913年，美国人均GDP首次超过英国，成为了世界第一经济强国。而几乎与此同时，纽约股票交易所成为世界上规模最大的交易所。同年，纽约取代伦敦成为世界第一大金融中心。历史的戏剧性总是在必然中巧合，这三件划时代的大事在历史长河中同一瞬间发生了。这一发人深省的历史事实或许已经清楚地表明了一个道理，即在现代经济中，虚拟经济与实体经济之间存在着高度的协同性，或许也证明了资本市场在美国超越欧洲列强的过程中起到了决定性的作用。

美国的资本市场从诞生那天起，就和经济社会的发展密不可分，在美国崛起的不同历史时期，资本市场承担了不同的历史使命。19世纪上半叶，美国新生的资本市场立刻成为大规模运河和铁路建设的重要融资渠道，这使得美国这个地域辽阔、运输不便的新兴国家迅速整合成为一体化的经济实体。南北战争时期，北方的联邦政府有效地利用了华尔街的资本市场发行战争债券，从经济和财政上击垮了南方，奠定了胜利的基础，决定了美国的命运。美国的运河、铁路股票、战争债券的集资推动都与场外市场的投机性疯狂有着密不可分的联系，正是这些疯狂激情，才让美国民众省吃俭用，不断地将腰包中的“真金白银”换成一大把大把“废纸”。有一特例是这样的：美国曾出现一个“将铁路修到月球”的招股说明书，这样荒唐主题的股票居然还卖得很好，由此可以一瞥当时美国民众对股票、债券的投资热情了。另外，本章第二节，也讲到第二次世界大战以来，以纳斯达克为主的场外市场对美国重工业及高科技产业发展的巨大推动，这里就不再赘述了。由此，我们可以看出，场外市场的发展对美国崛起发挥了重大的历史性作用。所以，马克思在《资本论》中有一段著名论述：“假如依靠单个资本积累到能够修建铁路的程度，估计直到今天世界上还没有铁路。通过股份公司集中资金，转瞬间就把这件事完成了。”到 2000 年，华尔街的影响力达到了顶峰。美国股市的规模达到 15 万亿美元，相当于美国当时 GDP 的 150%；债市规模 20 万亿美元，相当于美国当时 GDP 的 200%。著名美国金融历史学家戈登曾评论说：“华尔街已经独立于美国，成为了另一个世界强国。”在不到 200 年的时间里，美国迅速超越欧洲列强，在包括高科技产业在内的诸多领域雄踞世界首位，是作为虚拟经济代表的华尔街和美国的实体经济协同发展的结果。

以上是资本市场对大国崛起所起到推动作用的正面阐述，现在，我们找一个反面的例子来分析一下。1895 年发生了中日甲午海战，最终以中国的完败而告终。然而，当时中国的 GDP 是日本的 5 倍，从整体实力上是远远大于日本的。分析原因，虽然清政府政治腐败、民心颓废及战略认识不足等是根源，但是，其直接原因还是整个国家缺乏资本运营手段，缺乏诸如发债等战争集资机制和能力，造成北洋水师的舰队维护和炮弹供应严重不足。而尽管日本很小，但是，他们能够依托其资本市场发行国债，迅速动员了全社会的资源来支持战争，从弱变强。由此，我们可以看到，资本市场对财富积聚和放大的巨大价值效能了。

从上面世界大国曾经交替兴盛的历史来看，我们可以说，当时，更多具备场外市场特征的资本市场的发展与推动对这些大国的崛起起到了重要的作用。

第五节　如今是大国崛起的发动机

我们知道，一个国家的经济能否持续、高速发展，最重要的是要看这个国家的整体产业经济能否持续、高效地发展；一个国家能否成为世界性的强国，关键要看这个国家的整体产业经济是否能够引领世界产业经济的发展。产业经济持续、高效发展的动力就来自于这个国家关键产业能否顺应世界发展潮流，并不断地被创新、改良，注入高科技，或高新技术，或高附加值，或创新模式等以持续地创造产业优势或“创造产业蓝海”，从而带动整个国家的产业升级。所以，我们在谈“场外市场是如今大国崛起的发动机”这一问题前，先来谈谈产业兴替的问题。

一、新兴产业蜂拥呈现

当今世界，由知识经济、信息经济、数字经济、网络经济、虚拟经济等交互融合成的“新经济”，在全球化的浪潮下，不仅表现出对旧产业大规模的改良、淘汰和对新型产业的空前的创造和推进上，而且还表现出以下特点：

1. 产业中的企业不再是面对静态的有限的竞争和基于成本的市场，而完全是能动的以高速成长创业型公司为主导的形式参与市场的新兴经济和竞争。

2. 以信息资源为表征性资源、以智能工具为表征性生产工具所融合的时代社会生产力为特征，对知识、信息进行生产、分配和使用。

3. 依托并融合强大的互联网，将市场经济网络化，并通过云计算等服务将信息流、现金流与物流集成为物联网模式，以在全球范围内实现生产、销售与交换等庞杂过程的“瞬间”实现，这里的“瞬间”是指高效率。

4. 虚拟经济高度发达，虚拟经济目前主要涵盖三方面内容：一是指资本以脱离实体经济的价值形态、以票据方式持有权益、按照特定的规律运动以获取价值增值所形成的经济活动；二是指以信息技术为工具所进行的经济活动，亦即数字经济或信息经济；三是计算机模拟的可视化经济。

5. 虚拟经济与实体经济结合越来越紧密，融为一体、不可再分。虚拟经济成为实体经济成长不可或缺的基础平台和强大的助推器。

在“新经济”模式下，二八定律在很多领域失去了效能，人们的个性化需求，很容易被定制。于是，有了长尾理论的概念，即只要产品的存储和流通的渠道足够大（新经济使它能够实现），需求不旺或销量不佳的产品所共同占据的市场份额可以和那些少数热销产品所占据的市场份额相匹敌甚至更大，即众多小市场汇聚成可产生与主流相匹敌的市场能量。也就是说，企业的销售量不在于传统需求曲线上那个代表“畅销商品”的头部，而是那条代表“冷门商品”经常为人遗忘的长尾。这意味着消费者在面对无限的选择时，真正想要的东西和想要取得的渠道都出现了重大的变化，一套崭新的商业模式也跟着崛起。简而言之，长尾所涉及的冷门产品涵盖了几乎更多人的需求，当有了需求后，会有更多的人意识到这种需求，从而使冷门不再冷门。

在这种力量的催化下，“利基市场”将会欣欣向荣。于是通过对市场的细分，很多企业将集中力量于某些特定的目标市场，或严格针对一个细分市场，或重点经营一个产品和服务，创造出产品和服务优势。那么，这种个性化的创新型企业将会越来越多，这一市场将会越来越繁荣。因为它们的个性化产品很容易通过长尾性“集合器”公司将其与几乎一切消费者对接起来。这样的“集合器”长尾公司如谷歌、亚马逊、阿里巴巴等。谷歌其成长历程就是把广告商和出版商的“长尾”商业化的过程。以占据了谷歌半壁江山的AdSense为例，它面向的客户是数以百万计的中小型网站和个人，对于普通的媒体和广告商而言，这个群体的价值微小得简直不值一提，但是谷歌通过为其提供个性化定制的广告服务，将这些数量众多的群体汇集起来，形成了非常可观的经济利润。目前，谷歌的市值已超过1200亿美元，被认为是“最有价值的媒体公司”，远远超过了那些传统的老牌传媒。

在长尾经济模式下，产品的大量个性化的改良、创新成为了可能，于是以这些创新产品为基础的各类新型产业也将会如雨后春笋般地成长起来，以锐不可当的磅礴之势，促进更多相关产业的产生、成长和升级。

关于当今世界，旧产业被取代，或被改良，新兴产业不断涌现，风云跌宕的现象层出不穷，有一本2005年后畅销全球的书《蓝海战略》中对此有精彩的描述：

> 不妨让我们回顾过去的一个世纪，有多少今天的产业在当时是未知的？回答是：很多基础性产业，包括汽车、录音、航空、石化、保健和管理咨询等，在当时都属于闻所未闻或刚刚萌芽。许多现在已经形成规模的行业，在30年前才突然出现，比如对冲基金、手提电话、燃气发电、生物技术、工厂

直销、快递、微型车、雪地滑板、咖啡吧和录像机等。在30年前，以上行业实际上都不存在。如果把时钟拨到未来的20年，或者是50年，那么又有多少现在未知的行业会出现呢？以史为鉴，这样的行业还会很多。现实告诉我们，产业发展不是静止的，而是持续演进的，因为操作在改良，市场在扩张，市场主体你方唱罢我登场。历史证明，我们在创造新产业和再造旧产业方面具有不可估量的巨大潜力。

另外，在新经济的全球环境下，还有一个重要的现象是产业的发展与财富积累都在加速。比如说世界级企业的成长，过去的一个世纪，从诞生成长到市值1000亿美元的过程，通用电气花了100年的时间，微软花了20年，而谷歌只花了7年。这个事实说明了世界的竞争是加速的，也说明了在今天的世界，企业如果不能与社会化的资源平台，特别是与资本市场的有机结合，在激烈的国际竞争中是很难有机会获胜的。

二、场外市场助推产业升级

前面，我们讲到新兴产业的不断涌现，已经成为当今社会存在与世界发展的大形态、大趋势。而几乎所有的新兴产业最初的萌芽都是来自于生活与实践中的一个个小小的创意。创意思想与现实结合，便孵化出一个个小型微型企业。这些成千上万的初创型小微企业，有如在水中游弋的无数的蝌蚪，它们与传统产业中的企业相比，唯一具备的优势或特点就是，要么属于高科技、高新技术的新型生产力，要么属于高附加值、高成长性的服务运营模式等（为了方便，以下简称“创新企业”）。在这些成千成万的“蝌蚪”型微小企业中，可能有无数的企业正是未来引领国家级，甚至世界级新型产业的原始雏形。比如英特尔、苹果公司、微软和甲骨文公司，几十年前，它们都是一些从创意开始的微型公司，然而，现在却成为引领世界计算机行业的大佬；又如亚马逊公司、雅虎、谷歌和阿里巴巴公司等，几年或十几年前，它们还是不为人们知晓的小型企业，但是，现在却成为世界级网络经济行业的翘楚；还比如说沃尔玛、肯德基，这种夫妻店或小吃店的小型店面，通过创新服务模式后，现在已经成长为世界范围内的商业或餐饮服务行业的领头羊。

这些数以万计的“蝌蚪”型小微企业，因为它们处于初创期，未来的成长存在很大的不确定性，风险太大，它们往往是很难通过银行等传统金融体系融到生存与成长的资金的。在世界范围内的绝大多数国家里，这些企业往往都在“缺衣少食”中停滞成长或无奈地死去。而美国在近几十年内却做得与绝大多数国家不同，这种不同的关键就在于美国看着更长远的未来，做了更长远的事情。在这些前瞻性的思维与行动中，美国发现了支撑这些“蝌蚪”型企业生存与发展的市场机制和运行模式。这种机制和模式就是围绕场外市场、风险投资与创新产业构成的相互联动的“三驾马车”效应。在这三驾马车中，场外市场的发达和效率是关键。它的作用集中体现在以下几方面：

1. 有了场外市场，这些创新型“蝌蚪”小企业，才能很容易通过上市（因为其上市的门槛很低）并融到自身发展的源源不断的资金；

2. 有了发达的场外市场，风险投资才存在通过市场退出获得高额回报的可能，在高回报“利益”的驱动下，这些风险投资公司才愿意积聚大量的社会资金，并不断地投资于这些高风险性的“蝌蚪”型小微企业；

3. 有了场外市场的发展，风险投资作为一种行业形态的优势才得以显现，并由此进入一种全新的历史时期，促成整个行业的繁荣和兴盛；

4. 有了场外市场推动着各种利益的实现，社会科技人员创新与发明的活力才能被激发，科技产业化的激情才能被催生，并蓬勃发展；

5. 有了场外市场的散射效能，“蝌蚪”型创新企业才可能直接通过市场或间接通过风险投资机构获得各种诸如咨询管理、战略运营、治理结构等方面更广泛的社会资源的支持，并迅速形成市场竞争优势。

当然，也正因为有了场外市场的存在，围绕场外市场的一切中介机构如做市商、咨询机构、保荐机构、法律会计师事务所等行业才得以兴旺与发展。而这些行业又使得场外市场与风险投资行业得以在互动中形成了一整套发现和筛选机制。这套机制不仅可以对孵化型“蝌蚪”企业进行发现和筛选，而且还可以对资金、中介、流程、产业价值以及社会资源等进行发现和筛选。事实证明，这套机制显示出了强大的制度设计与制度发酵功能，美国的纳斯达克市场的成功，就是一个典型的场外市场成功的例子，它对于美国现代产业的升级与新经济的成长起到了难以估量的作用。

另外，在一个国家中，有各种各样的产业，产业的形态大小、运营方式以及对社会、人们作用的层次各不相同，它们在成长的过程中，需要各种层次的融资途径与方式。而构建多层次的资本市场是满足这些多层次产业企业融资与发展的极其重要的一个市场和平台。这一市场和平台是推动整体产业发展的发动机。而在这一市场和平台构建的基础就是场外市场的建设与发展。这一问题，也可以从这个角度来说，前面我们讲过，现代新经济最大的特点，就是虚拟经济的高度发达和虚拟经济对实体经济的强大推动性。在虚拟经济中，数字经济或信息经济以及计算机模拟的可视化经济，它是实体产业与信息、数字、网络等高效地结合并发挥超效率功能所提供的平台；而资本市场的作用则是为实体经济和其他虚拟经济体提供或募集源源不断的成长资金，从根本上支撑它们的存在与发展。面对着实体产业中如此多样的差异性与层次性，再加上虚拟经济中如此多样的差异性和层次性，所以，更需要以场外市场为基础的成熟资本市场在层次性需求上发挥更大的效能，在场外市场的构架中发挥更大的基础性作用，以支撑起金字塔般的合理的、科学的多层次资本市场。从这个意义上来说，场外市场是实体经济和其他虚拟经济体快速成长的后盾和发动机。

由上分析，我们认识到，数以万计的创新性“蝌蚪”型小微企业，在场外市场持续融资的孵化和催化下，形成无数个创新产业。在无数个创新产业中，聚集起数个引领国家或世界的新兴产业。围绕这些产业所形成的不同层次、不同类别其他产业群落在场外市场为基础所构建的多层次资本市场源源不断资金的推动下，整个国家的产业经济的发展被带动了起来，国家整体产业升级得以实现。于是，国家经济必然实现快速、持久成长。这样，大国之梦就不再遥远了。

三、复制纳斯达克与潮后思考

被称为“美国新经济摇篮”并缔造了美国世界性科技大国引擎的纳斯达克（NASDAQ）场外市场展现出了它那巨大的光耀和魅力。在20世纪90年代前后，全球几乎所有的经济强国都相继模仿并成立过相应的场外市场（实际上，理解为场外市场可能更为合理，虽然有很多人称其为二板市场或创业板市场），美国式的纳斯达克梦漂洋过海，先后扩展到日本、英国，进而登上亚洲大陆和欧洲大陆，并在全球数十个国家和地区播下过场外市场的种子。1976年日本佳斯达克（JASDAQ）成立，1987年新加坡赛斯达克（SESDAQ）成立，1994年台湾地区OTC成立，1995年英国AIM成立，1996年韩国科斯达克（KOSDAQ）成立，1997年德国“新市场”成立，2003年马来西亚马斯达克（MESDAQ）成立……

纳斯达克的巨大威力和吸引力，可能在一定程度上让人们认识到发展并建立起发达的场外市场是一个国家科技型创新大国崛起的发动机。在这些复制的纳斯达克市场中，我们介绍两个成功的例子。

韩国在1996年7月正式建立科斯达克（KOSDAQ）市场，经历了一段低潮期后，现已发展到上千家企业，位列世界第14位的资本市场。大量的创新企业如NEPES（芯片）、NEOWIZ（网络）、LG、MTEKVISLON（影像科技）、NHN（互动娱乐）等通过场外资本市场的培育，不断发展壮大。同时，近一年来科斯达克市场的涨幅位列世界之首，达91%。科斯达克能够在1998年、1999年世界各国场外市场的寒流中坚持下来，并不断发展，对韩国创新企业的发展起到了至关重要的作用。可以说最近几年韩国国家竞争力的提升，科斯达克市场起到了至关重要的作用。

1998年12月，日本将1963年成立的店头市场正式改名为佳斯达克（JASDAQ）市场，同时，日本完成对《证券交易法》的修改，强化佳斯达克市场的法律地位，把佳斯达克市场重新定位为证券交易法规范下的一个店头市场，也就是与集中交易市场平行的、并与此竞争的独立场外市场。在之后的几年内佳斯达克市场得到了较大发展，主要表现在上市公司数量稳步增长、股票市值波动上升、交易量和交易金额攀升、IPO家数不断增加等几方面。在2000年后，佳斯达克市场在沉浮中前行。后来，可能日本再次认识到了场外市场的巨大作用，以及这么多年的探索和学习，积累起了场外市场建设和发展的众多运营经验。2010年10月12日，日本大阪证券交易所成立了新佳斯达克市场，以提高持续低迷的交易量并推动新企业上市，新佳斯达克市场由面向新兴企业的佳斯达克（JASDAQ）市场、大力士市场和NEO整合而成。新佳斯达克市场的股票总市值达约9万亿日元（约合7167亿元人民币），在亚洲新兴市场中排名第一。在该市场上市的企业达1005家，与韩国新兴市场高斯达克相差无几。新佳斯达克市场由两个板块组成，分别以有一定资产规模及利润的企业和具有成长潜力的创新型企业为服务对象。

虽然我们前面分析认为场外市场是现代国家产业升级并实现大国之梦的发动机，但是，我们必须认识到，场外市场的建设和发展是一个复杂而庞大的系统性大工程，需要时间和国家各类综合条件及配套如科技、风投产业等因素，是不能简单复制的。据统计，在这些全球复制的纳斯达克市场中，1995—2010年间，海外市场关闭率超过45%。实际上，一些学者、专家们研究韩国、日本以及英国等国场外市场曲折的成功之路，并比较于美国场外市场的辉煌历史和现实后认为：纳斯达克促进科技产业的成功绝不仅仅是场外市场单个因素的成功，其背后是美国所特有经济要素的成功。首先，产业领域的创新很大程度上要依赖于基础科学的进步，所以，基础科学是产业成功的根本动力，而科技投入是重要的参考指标。据有关数据显示：1985 年到 2005 年的 20 年里，全球 52 位诺贝尔物理学奖得主中有 34 个是美国人或在美国居住，第二次世界大战之后美国的原始创新占据全球的 78%。这些数字表明了美国对基础科技的重视，美国确实也是在基础研究领域的投入明显高于其他国家。其次，将科学变为技术需要创新文化与创业环境。到 2006 年，美国就有 22 万多个天使投资，向 5.1 万个初创项目投入了资金，创业的投资比在 1980 年占全部风投的 40%，即便 2000 年后，该部分占比仍然在 20% 上下，而日本、德国等约为 10%。这种对创新风险偏好的文化必然营造出优良的创业环境。再次，通过产业链的拉动将产品成功推向市场即产业化。产业化的拉动是多种因素的组合，或可以通过注重长期投资回报的 VC 来实现；或大力发展场外市场，吸引种子基金和 PE 加入；或通过有效的知识产权交易市场促进创新成果的转化。最后，市场资本化会反向影响到整个链条的运作机制。由于场内市场上市本身获利丰厚，大量资金囤积在这里，而很少投资给孵化性新创公司，甚至 VC 都日渐稀少。这正说明场内市场充满了过度投机，资本市场的正当性、合理性没有获得足够的制度保障。这些都需要一个场外市场为基础的健全的多层次资本市场来疏导。

第六节　我国场外市场建设与历史性机遇

改革开放以来，30 多年经济的高速增长和 20 多年资本市场的探索发展，我国经济面貌和资本市场环境发生了深刻变化，大力发展场外市场以全面推动我国多层次资本市场发展的条件已经基本具备，我国资本市场的发展正处在一个新的历史时期，面临前所未有的发展机遇。

一、整体经济深刻变化

改革开放以来，我国国民经济发展迅速，国内生产总值快速增长。据国家统计局数据显示，1980—2008 年，我国 GDP 年均增长 9.9%，远高于同期世界经济 3.33% 的平均增长率。2003—2011 年，中国经济年均增长 10.7%，而同期世界经济的平均增速为 3.9%。中国经济总量占世界经济总量的份额从 2002 年的 4.4% 提高到 2011 年的 10% 左右，中国经济总量在世界的排序，从 2002 年的第六位，先后在 2005 年超过英国和法国，2008 年超过德国，2010 年超过日本而成为仅次于美国的世界第二大经济体。2011 年，我国国内生产总值达到 47.2 万亿元，扣除价格因素，比 2002 年增长 1.5 倍。

除经济总量快速增长外，我国经济结构调整不断趋于合理，经济发展的整体性、协调性和可持续性明显增强。农业基础稳固，工业生产、服务业全面发展。2003—2011 年，第一产业年均增长 4.6%，第二产业年均增长 11.9%，第三产业年均增长 11.1%，均保持较快发展态势。按照国际标准工业分类，在 22 个大类中，我国在 7 个大类中名列第一，新能源、新材料、新医药等新兴产业蓬勃发展，成为经济增长新亮点。服务业不断发展壮大，2011 年，服务业增加值占国内生产总值比重上升到 43.1%，比 2002 年提高 1.6 个百分点。信息服务业、快递业等现代物流业、商务服务业、高技术服务业等迅速发展。服务业对经济社会发展的支撑和带动作用日益凸显。需求结构明显改善，内需对经济增长的拉动作用显著增强，尤其是在应对国际金融危机冲击方面起到了极为关键的作用。2011 年，内需对经济增长的贡献率由 2002 年的 92.4% 提高到 104.1%。城镇化步伐明显加快，2011 年，我国城镇化率首次突破 50%，达到 51.3%，比 2002 年提高 12.2 个百分点，我国城乡结构发生历史性变化。西部大开发、振兴东北老工业基地、促进中部地区崛起等区域发展战略向纵深推进，区域间产业梯度转移步伐加快，中西部地区发展潜力不断释放。

另外，我国经济体制改革最显著的成就之一是民间财富得到了迅速积累，2000 年以来，我国城镇、农村居民家庭收入大规模提高，城乡居民储蓄存款快速增长，2008 年年底我国居民储蓄余额突破 21 万亿元，1991—2008 年我国城乡居民储蓄存款年均增长率为 21.3%。富有阶层个人资产迅速增加，到 2009 年，中国内地的“千万富翁”人群达到 32 万人，其持有的可投资资产规模将超过9万亿元。富有人群的不断扩大和财富的不断积累，是中国资本市场发展的重要条件。

经济总量的巨大增长和经济结构调整的合理化趋向，以及社会和人们财富的大量积累，为我国建设以场外市场为基础的多层次资本市场提供了坚实的基础。

二、资本市场成绩巨大

我国资本市场经过20多年的发展，无论是从总体情况，还是信息化建设，监管制度的完善等方面都取得了长足发展。据证监会披露的相关资料显示，到2009年年底，深沪A股总市值达到了26.5万亿元（最高值是2007年在股市6000点的时候，那时候是32万亿元）的水平，其增长超越了日本，成为全球第二大市值的市场。上市公司数量从1990年的13家发展到2011年的2273家（截至8月底），总市值25.46万亿元；证券公司109家，基金公司66家，期货公司163家，投资者有效账户数1.3亿，是全球最大的投资者群体。目前，我们股票市场既有主板，又有中小板、创业板；债务市场既有国债，又有企业债、公司债；衍生品市场既有现货，又有期货等。从总的来看，中国的资本市场已经从单纯的股票市场或者是单纯的主板市场向多元化、多层次发展。

我国股市的主板市场主要是为大中型企业服务的，它一直是证券市场最重要的交易场所，发展的也是非常迅速。2004年6月25日，深圳证券交易所设立并启动中小企业板，大大缓解了中小企业融资难的问题。到2009年，中小板交易总金额达到48183亿元，比2004年增长了50多倍；交易总量为3276.49亿股，比2004年增长了50多倍。2009年10月，创业板的诞生让中国的多层次资本市场建设逐步走向深入。截至2010年年底，创业板筹集资金1000多亿元。创业板的推出，为高科技企业募集资金和价值投资提供了一个平台。新三板市场经过6年试点也得到了很大的发展。到2010年年初，沪深交易所和银行间债券市场存量债券总金额达到175716亿元，其中包括1999只债（国债133只，地方债50只，企业债527只，央行票据109只，短期融资券338只，资产证券1只，公司债76只，中心票据可转债、分离债等多只）。证券投资基金发展迅猛，截至2009年年底，上证证券投资基金达到了557只，成交金额1000多亿元。另外，现货市场和期货市场相互补充，股指期货市场运行良好；创业投资、产业投资基金、私募股权基金得到长足发展。

在市场总量巨幅成长的同时，我国资本市场的监管体系也日臻完善。公司法和证券法是建立、完善社会主义市场经济体制与规范资本市场运行的基本大法。我国于1993年12月对公司法进行了修订，于1998年12月颁布了证券法，并于2005年对这两大法再次进行修订。修订后的两部法律在维护投资者权益、保护客户资金安全，完善证券发行制度、交易制度、登记结算制度、信息披露制度、监管制度等方面都作出了具体规定，还明确规定客户的交易资金实行第三方独立存管，禁止任何单位和个人以任何形式挪用客户的资金和证券等，另外诸如审批制、保荐制等制度的制定和推行，都为我国场外交易市场的发展提供了可以遵循和借鉴的法律依据，也为我国场外交易市场的建立奠定了初步的法律基础。1992年之前，我国证券市场主要由中国人民银行监管，1992年后的一系列变革，证券业与银行业逐步分离开来。1992年10月到1998年，在确立了国务院证券委员会和中国证监会为我国证券市场的管理机构的情况下，我国逐步形成了以中国证监会实行集中、统一监管，中国证券业协会进行自律监管的监管体系。这一体系为加强包括场外交易市场在内的多层次资本市场的监管、与风险管理提供了组织保证。随着我国证券监管体系的完善，证监会的监管水平也在不断提高，特别是在发行监管和信息披露制度方面近年来取得较突出的进步。

另外，我国的证券业是国内信息技术应用最充分的行业之一。证券交易所从诞生之日起就采用了先进的电脑自动撮合系统，奠定了我国证券市场无纸化交易的基础和电子化的方向。证券业的信息化建设主要包括证券交易所的信息化建设和证券公司的信息化建设。经过10多年的发展，我国证券业不仅已经在全行业实现了发行、交易、清算全程无纸化，并且在决策和风险控制方面也基本实现了信息化管理。

信息技术的广泛应用，监管体系的建设与监管作用的发挥，以及我国20多年资本市场总体水平的巨大提升，这些都为多层次资本市场特别是场外市场的建设打下了坚实的基础。

三、投资者及中介机构不断壮大

改革开放以来，我国的投资者队伍不断扩大，投资理念逐步成熟，为场外资本市场的发展创造了必要条件。自1998年第一个封闭式基金成立以来，我国机构投资者队伍不断壮大。1999年后，央行与证监会在鼓励国企资金、保险资金、企业年金与QFII入市之外，还大力扶持基金的发展。到2007年年底，我国已有基金管理公司59家、证券投资基金346只，基金总规模达到2.23万亿份。除银行业金融机构外，非金融机构的市场参与程度也快速提高。到2008年，银行间同业拆借市场参与者有788家，截至目前，我国已初步形成了由证券投资基金、保险基金、社保基金、企业年金及各类理财产品构成的多元化机构投资者队伍。他们已经积累起了较成熟的投资理念、分析操作经验与运营模式。

四、全国性场外市场构架呼之欲出

我国市场经济的发展和现代企业制度的建立，不仅极大地促进了直接融资需求和资本市场的发展，而且随着资本市场体系的不断完善，其作为企业融资重要渠道的作用也得到了明显的提升。

从认识上来说，人们对股份制及场外市场的认识已经发生根本性的变化。股份制是现代企业制度的基本形式，也是资本市场的最基础元素。1997—2001年我国股份制企业从7.2万家发展到30万家，2003年中共十六届三中全会提出使股份制成为公有制的主要实现形式。股份制改革的推进和企业治理结构趋于规范，为中国建立多层次的资本市场体系，建设和发展场外交易市场奠定了坚实基础。随着我国资本市场的发展壮大和企业对资本市场的认识越来越深刻，企业的融资方式逐渐多元化，上市融资已经成为股份制企业发展的重要目标之一。另外，建设场外交易市场、发展多层次资本市场体系已成为社会各界的共识，在创业板推出后，场外交易市场的建设已被重点提上了日程。

20世纪90年代初，上海、深圳证券交易所自成立以来，我国统一的全国证券市场发生了深刻变化，各类监管、市场引导制度基本健全，多层次资本市场建设已初见端倪：上海证券交易所和深圳证券交易所的主板市场，主要为成熟的大中型企业提供融资服务，进入门槛较高；面向中小企业的深交所中小板和创业板市场已分别于2004年5月与2009年10月30日正式推出，进入门槛较低。在这之前，三板市场，包括为妥善解决原STQA、NET两网系统挂牌公司，或退市公司流通股转让问题的代办股份转让系统以及全国各地地方性的产权交易市场已运行良久。2006年，新三板的诞生，开启了我国场外交易市场建设的探索之路。2008年9月22日天津股权交易所正式成立，成为了推进全国性场外交易建设的试水者。2012年3月，国务院副总理王岐山对北京中关村代办系统市场进行了考察。同时，新任中国证监会主席郭树清2012年年初明确提出了建设全国统一的场外市场的构想。2012年8月，新三板首次走出中关村，向武汉、天津与上海高新区扩容。同年9月，全国中小企业股份转让系统有限责任公司在北京注册成立。2012年10月，为了规范非上市公众公司股票转让和发行行为，保护投资者合法权益，促进多层次资本市场的协调发展，中国证监会颁布了《非上市公众公司监督管理办法》，该办法的发布使新三板扩容以及活跃交易的法律障碍被消除。种种迹象显示我国全国性场外交易市场的发展框架已经呼之欲出了。

总之，以上四方面情况说明了一个问题，那就是我国资本市场已经开始进入一个新的发展阶段，建立全国统一的场外交易市场，促进多层次资本市场体系的形成和不断完善，是实现国家整体产业升级、实现国民经济转型和可持续发展的要求，是历史性机遇，也是我国资本市场在现阶段创新、发展的基本任务。

第二章 资本市场的要求

第一节 场外市场概述

上一章主要从宏观层面讲述了场外市场对大国崛起所产生的巨大推动作用以及对社会的发展进步所起到的深远影响，这一章将从场外市场内涵的解读开始，在详细剖析我国场内市场的众多缺憾中，从微观方面进一步探讨场外市场的不可或缺性及大力发展的重要性。下面，我们从场外市场的概念谈起。①

一、概念

场外市场，全称为场外交易市场（Over the Counter Market，简称 OTC 市场），源自于当初银行兼营股票买卖业务，因为采取在银行柜台上向客户出售股票的做法，又称柜台交易市场和店头交易市场，是指在证券交易所以外的、为满足特定融资主体的融资需求和投资主体的流动性需要，而根据一定的制度安排进行的证券发行与证券买卖活动的所有证券交易市场。场外市场在某些情况下也对在证券交易所上市的证券进行场外交易。它主要由柜台交易市场、第三市场、第四市场组成。场外市场与场内市场（证券交易所）共同组成证券流通市场。近年来，国外一些场外市场发生很大变化，它们大量采用先进的电子化交易技术，使市场覆盖面更加广阔，市场效率有很大提高。同时，这些科技的大量运用，场外市场在外在形式的某些方面，已经与场内市场形成了融合，并没有太大的区别了。

场外市场有广义和狭义的概念之分。广义的场外市场业务包括代办股份转让、非上市开放式基金的发行、在银行发行的非上市债券、金融机构的互换交易和信用衍生品交易等 OTC 交易，以及商品证券和货币证券的交易等。从狭义上来说，场外市场业务也多特指场外股权交易市场业务，是指在主板、创业板市场之外进行高科技、高成长型中小企业股票、退市企业股票交易的市场。我国场外股权交易市场泛指在上海、深圳证券交易所之外进行非上市股票或股权交易的市场，主要包括产权交易市场、代办股份转让系统和股权交易市场。

本书主要从狭义概念上来探讨场外市场的相关问题。

二、特点

1. 场外市场是一个分散的无形市场。它没有固定的、集中的交易场所，

---

① 本节理论参考了高峦、钟冠华等编著的《中国场外交易市场发展报告（2009—2010）》等文献及“百度百科”等网站提供的相关知识等。

而是由许多各自独立经营的证券经营机构分别进行交易的，并且主要是依靠电话、电报、传真和计算机网络联系成交的。

2. 交易对象种类繁多。场外市场准入门槛低，因而在场外市场交易的证券种类比证券交易所丰富得多。除了没有在证券交易所上市的股票外，绝大部分债权和大量非标准化金融产品都在场外市场交易。

3. 场外市场的组织方式采取做市商制。场外市场与证券交易所的区别在于不采取经纪制，投资者直接与证券商进行交易。证券交易通常在证券经营机构之间或是证券经营机构与投资者之间直接进行，不需要中介人。在场外证券交易中，证券经营机构先行垫入资金买进若干证券作为库存，然后开始挂牌对外进行交易。他们以较低的价格买进，再以略高的价格卖出，从中赚取差价，但其加价幅度一般受到限制。证券商既是交易的直接参加者，又是市场的组织者，他们制造出证券交易的机会并组织市场活动，因此被称为“做市商”（Market Maker）。这里的“做市商”是场外市场的做市商，与场内交易中的做市商不完全相同。

4. 场外市场是一个以议价方式进行证券交易的市场。在场外市场上，证券买卖采取一对一交易方式，对同一种证券的买卖不可能同时出现众多的买方和卖方，也就不存在公开的竞价机制。场外市场的价格决定机制不是公开竞价，而是买卖双方协商议价。具体地说，是证券公司对自己所经营的证券同时挂出买入价和卖出价，并无条件地按买入价买入证券和按卖出价卖出证券，最终的成交价是在牌价基础上经双方协商决定的不含佣金的净价。券商可根据市场情况随时调整所挂的牌价。

5. 场外市场是一个拥有众多证券种类和证券经营机构的市场，以未能在证券交易所批准上市的股票和债券为主。由于证券种类繁多，每家证券经营机构只固定地经营若干种证券。

6. 场外市场的管理比证券交易所宽松。由于场外市场分散，缺乏统一的组织和章程，不易管理和监督，其交易效率也不及证券交易所。但是，美国的 NASDAQ 市场借助计算机将分散于全国的场外市场联成网络，在管理和效率上都有很大提高。

以上是场外市场的一般性特点，而我国的新三板、地方股权交易所等场外市场还有自身的独有特色，以后将详细探讨。

三、组成

如今的场外市场已不仅仅是传统意义上的柜台交易市场，有些国家在柜台交易市场之外又形成了其他形式的场外交易市场。

（一）柜台交易市场

它是通过证券公司、证券经纪人的柜台进行证券交易的市场。该市场在证券产生之时就已存在，在交易所产生并迅速发展后，柜台市场之所以能够存在并达到发展，其原因有：

1. 交易所的容量有限，且有严格的上市条件，客观上需要柜台市场的存在。

2. 柜台交易比较简便、灵活，满足了投资者的需要。

3. 随着计算机和网络技术的发展，柜台交易也在不断地改进，其效率已和场内交易不相上下。

（二）第三市场

第三市场是指已上市证券的场外交易市场。第三市场产生于1960年的美国，原属于柜台交易市场的组成部分，但其发展迅速，市场地位提高，被作为一个独立的市场类型对待。第三市场的交易主体多为实力雄厚的机构投资者。第三市场的产生与美国的交易所采用固定佣金制密切相关，它使机构投资者的交易成本变得非常昂贵，场外市场不受交易所的固定佣金制约束，因而导致大量上市证券在场外进行交易，遂形成第三市场。第三市场的出现，成为交易所的有力竞争，最终促使美国SEC于1975年取消固定佣金制，同时也促使交易所改善交易条件，使第三市场的吸引力有所降低。

（三）第四市场

它是投资者绕过传统经纪服务，彼此之间利用计算机网络直接进行大宗证券交易所形成的市场。第四市场的吸引力在于：

1. 交易成本低。因为买卖双方直接交易，无经纪服务，其佣金比其他市场少得多。

2. 可以保守秘密。因无须通过经纪人，有利于匿名进行交易，保持交易的秘密性。

3. 不冲击证券市场。大宗交易如在交易所内进行，可能给证券市场的价格造成较大影响。

4. 信息灵敏，成交迅速。计算机网络技术的运用，可以广泛收集和存储大量信息，通过自动报价系统，可以把分散的场外交易行情迅速集中并反映出来，有利于投资者决策。

第四市场的发展一方面对证交所和其他形式的场外交易市场产生了巨大的压力，从而促使这些市场降低佣金、改进服务；另一方面也对证券市场的监管提出了挑战。

四、交易者和交易对象

在国外，场外市场的参加者主要是证券商和投资者。

（一）参加场外交易的证券商

1. 会员证券商，即证券交易所会员设立机构经营场外交易业务。

2. 非会员证券商，或称柜台证券商，他们不是证券交易所会员，但经批准设立证券营业机构，以买卖未上市证券及债券为主要业务。

3. 证券承销商，即专门承销新发行证券的金融机构，有的国家新发行的证券主要在场外市场销售。

4. 专职买卖政府债券或地方政府债券以及地方公共团体债券的证券商，等等。

（二）场外交易市场交易的证券很多，交易量很大，主要有以下几种

1. 债券，包括国债、政府债券、公司债等各类债券。由于债券种类多、发行量大、替代性大、投机性小、有的期限很短，所以没有必要，也不可能全部在证券交易所上市交易。

2. 新发行的各类证券主要在场外市场承销、代销。

3. 符合证券交易所上市标准而没有上市的证券，主要有金融机构或大公司的零股股票和债券、上市交易后因故停牌的股票。

4. 不符合证券交易所上市标准的证券，主要有规模较小的小公司股票、具有发展潜力的新公司的股票（通常先在场外交易后再进入证券交易所），因业绩不佳而不符合上市标准的风险大、流动性差的股票等。

5. 开放型投资基金的股份或受益凭证。

五、十大功能和作用

场外市场主要具备以下功能和作用：

1. 场外市场是证券发行的重要场所。新证券的发行时间集中、数量大，需要众多的销售网点和灵活的交易时间，它是一个广泛的无形市场，能满足证券发行的需求。

2. 场外市场促进非上市证券的流动性。场外市场为政府债券、金融债券以及按照有关法规公开发行而又不能或一时不能到证券交易所上市交易股票提供了流通转让的场所，为这些证券提供了流动性的必要条件，为投资者提供了兑现及投资的机会。

3. 场外市场为中小企业提供更广泛的融资渠道。中小企业由于规模小、风险高，因此一般很难达到主板市场的上市标准。作为针对中小企业的资本市场，场外交易市场就成了中小企业实现上市筹集发展资金的最佳场所。另外，场外交易市场伴随着中小企业融资的需要发展起来，同时又为那些愿意承担较大风险的投资机构提供了投资场所，使其有机会分享处于高成长期的中小企业创造的高收益。为中小企业解决融资问题的同时，也承担起辅导中小企业上市的准备作用。

4. 场外市场是风险投资发展的必要条件。要发展风险投资，必须提供一个股权流通、转让的场所，国外发达的场外市场为风险投资的退出提供了宽松的渠道，而国内风险资本退出渠道非常狭隘。因此，从长远来看，发展我国的场外市场是风险投资退出的较好选择。

5. 场外市场的发展，为上市公司的退出提供了场所，为场内市场不断孵化出准上市企业，填充了资本市场与实体经济之间的断层，将资本市场更好地融入到金融市场与实体经济之中，并极大地连接并促进了资本市场、金融市场（包含资本市场）和实体经济三者之间的“生态循环”，达到了互促共长的效果。

6. 为打通多层次资本市场各层次之间的转板通道，特别是场内市场与场外市场之间的进退通道，促进资本市场各层次之间的上下转板，为资本市场的良性循环、健康发展奠定了实体、运营与机制的基础。

7. 场外市场能够减轻场内市场审批上市额度的压力。我国目前主办市场容量有限，创业板遥遥无期，监管层不得不进一步严格规定上市的标准。为了争取到上市指标，有些企业甚至采用歪门邪道的办法。这不仅加大了监管层审批上市额度的压力，而且导致寻租行为盛行，给腐败之风敞开了方便之门。即使在核准制下，上市之路依然狭窄难行。发展场外市场，可以让监管层引导部分企业进入，从而减轻监管层审批上市额度的压力，为规范上市机制创造良好的外部环境。

8. 场外市场是资源配置的重要场所。通过公开的场外市场，社会资源朝发展最快的部门聚集，从而可以有效避免目前产权交易中存在的暗箱操作、灰色交易等问题，通过市场竞争，真正选择经营好、业绩优的公司上市，有效实现证券市场优化资源配置的功能，同时更有利于市场投资观念的培养。

9. 场外市场增加了新的投资场所和品种，促进国内资产证券化。场外市场为广大投资者提供了一个新的投资场所和众多的投资品种，可以有效提高大批民间资本的利用效率，而不是在银行里闲置。因此，发展我国场外市场也必然促进我国居民资产证券化。从国外证券市场发展的经验看，资产证券化能够使经济健康合理的发展。

10. 规范发展包括企业债、可转换债券、国债在内的场外市场，可以为企业债券的流通提供广阔的空间。目前我国债券市场举步维艰，主要原因之一就是尚未形成规范的场外交易市场，特别是柜台交易市场。在此背景下，企业债券的流动性差，难以提高投资者的购买热情。反过来，流通市场疲软也使得债券发行比较困难，从而制约了企业债券市场的整体发展。由此可见，大量的债券流通需要场外市场的快速发展。

第二节　场外市场与场内市场的关系

资本市场作为市场经济的一个重要组成部分，它主要由场外市场和场内市场（证券交易所市场）共同构成。有关场外市场和场内市场的关系和区别，我们从多层次的资本市场结构体系谈起。

一、共同构筑起多层次的资本市场

所谓多层次资本市场，是指与企业发展的不同阶段相对应，资本市场划分为不同的层次。通常来说，多层次资本市场包括以下几个层次：一是主板市场，是指在证券交易所内进行集中竞价交易的市场，主要为大型、成熟企业的融资和资本转让提供服务。这类市场如同金字塔的塔尖，是资本市场少而精的部分。二是二板市场，是指与主板市场相对应，专门为处于产业化阶段初期的成长型中小企业以及高科技企业提供资金融通的市场，由此构成金字塔的中间部位。三是场外交易市场（OTC），主要是帮助处于初创阶段中后期和成长阶段初期的中小企业解决资本金筹集、股权流转等问题，场外交易市场构成了资本市场金字塔的底座部分。我国的多层次资本市场主要包括沪深交易所主板市场和中小企业板市场（第一层次）、创业板市场（第二层次）、新老三板以及其他场外交易市场（第三层次）。

从多层次资本市场的结构来看，到2011年年底，美国股票市场中，纽交所有2311家公司，纳斯达克2717家，场外报价市场2385家，粉单市场6199家，灰色市场6万多家，大致呈金字塔状，结构相对稳定合理。而我国市场结构像一个倒金字塔：主板1405家，中小板610家，创业板258家，中关村代办转让系统103家。我国股份制公司有10多万家，仅中关村科技园区符合创业板上市条件的公司就有1000多家，浙江省年销售收入超过亿元的企业就有1万多家。因此，多层次资本市场，尤其是场外市场建设的任务非常紧迫。

二、场外市场与场内市场的区别

为了更好地理解场外市场与场内市场之间的区别，我们先来对场内市场作一个简单的介绍（根据相关文献、网络等归纳总结）。

（一）场内市场概述

场内交易市场，又称证券交易所市场或集中交易市场，是指由证券交易所组织的集中交易市场，有固定的交易场所和交易活动时间，在多数国家它还是全国唯一的证券交易场所，因此是全国最重要、最集中的证券交易市场。证券交易所接受和办理符合有关法令规定的证券上市买卖，投资者则通过证券商在证券交易所进行证券买卖。证券交易所是指经国家批准有组织、专门集中进行有价证券交易的有形场所。证券交易所实行“公平、公开、公正”的原则，交易价格由交易双方公开竞价确定，实行“价格优先、时间优先”的竞价成交原则。

竞价一般有集合竞价和连续竞价两种方式。一是集合竞价指在每日开盘时，交易所电脑主机对开市前（我国是每日上午9：15—9：25）接受的全部有效委托所进行的一次性撮合处理过程。二是连续竞价是在开市后的正常交易时间不断竞价成交的过程。证券交易所有会员制和公司制两种形式，但通常大多数国家都实行会员制。

场内交易市场的特点主要有四点：（1）集中交易：场内交易市场集中在一个固定的地点（证券交易所），所有的买卖双方必须在证券交易所的管理之下进行证券买卖。（2）公开竞价：场内交易市场证券的买卖是通过公开竞价的方式形成的，即多个买者对多个卖者以拍卖的方式进行讨价还价。（3）经纪制度：在场内交易市场买卖证券活动必须通过专业的经纪人，这是多年形成的规矩。（4）场内交易市场的监管严密。

场内交易市场的监管：一是监管当局对证券交易的核准。（1）审核上市交易申请。申请证券上市交易的公司必须在证券发行前的规定时间内，或在证券发行前，向证券监管当局提出上市申请。监管当局据此审查证券的发行日期、数额、方式，以及发行的完成情况、公司一般情况、申请理由等。（2）审查证券交易所的初审意见。申请证券上市交易的公司在向证券监管当局递交上市申请的同时，还必须向证券交易所提交上市申请书。证券交易所进行初审后，上报证券监管当局。监管当局在规定时间内，决定是否同意上市交易，并通知证券交易所。（3）经监管当局同意后，证券交易所出具《上市通知书》通知申请者，并予以公告，同时将证券挂牌交易。二是对上市公司的持续性监管。对上市公司的持续性监管重点是信息披露制度。信息披露制度包括上市公司初次发行的信息披露，以及上市后的持续性披露。前者已经在证券发行监管中论述。至于持续性披露，则指上市公司必须定期向证券监管当局报告公司业绩、财务状况的报表和资料，以及公司的重大变动事项，并向社会公众及时公布。三是制止和处罚交易当中的违法行为。在证券交易中，由于各种因素的影响，存在各种违法行为，如虚假陈述、内幕交易、操纵市场、挪用客户保证金、造谣、欺诈、隐瞒、漏报等。监管当局对上述违法行为，采取警告、通报、罚款或停止上市交易等手段进行处罚，以维护市场秩序，保护投资者的利益。四是制定明确的交易规则和交易方式、方法等。证券监管当局必须对办理客户委托、委托买卖方式、结算交割等，制定详细的规则供市场遵守，并随时监督执行情况，力求建立一个规范、高效的证券市场。五是对证券市场的剧烈波动进行干预。对价格剧烈波动的证券市场，证券监管当局应通过各种手段进行干预，保持证券价格相对合理的稳定，必要时可暂停交易。六是限制有关人员进入交易市场。证券监管当局的工作人员、证券交易人员、发行公司的高级职员等，都有可能获得内部情报，利用尚未公开的内部情报进行交易，必将破坏市场的公开、公平原则，因此应对其进入交易市场进行限制。同时，对交易所的会员、证券交易人员严格要求，通过制定严格的规章制度进行监督。

（二）场外市场与场内市场的主要区别

根据上两节对场外市场的内涵的讲述，对照场内市场的相关内容，其区别主要见表2－1：

表2－1　场外市场与场内市场的区别

	场外市场	场内市场
场所时间	在证券交易所外进行买卖的市场，一般来说无固定的、集中的交易场所和交易时间	有固定的交易场所和交易时间
中介机构	拥有众多证券种类和证券经营机构及中介机构	证券种类和证券经营机构及中介机构有严格的要求
交易产品	除挂牌转让非上市公司股权外，还可以交易其他金融产品及金融衍生品	主要交易上市公司的股权
交易方式	采取报价驱动的做市商制度为主，或兼顾其他方式	指令驱动的集中竞价交易制度
竞价方式	协商议价为主，或兼顾其他方式	集合竞价和连续竞价
准入门槛	主要面向初创期或成长初期的企业，其准入门槛相对低	主要面向大型、成熟或者处于高速成长期的企业，准入门槛较高
承担义务	场外交易市场挂牌的企业，其承担的义务相对来说要少	上市公司，不但要履行严格的信息披露义务，还要接受监管部门、交易所、中介机构、投资者和市场各方的监督，对其规范运作提出很高的要求
市场监管	监管宽松	监管严格
关　系	场外市场与场内市场共同构成了流通的证券交易市场，并共同形成了多层次的资本市场体系	

如上表，我们归纳场外交易市场与场内交易市场（交易所市场）的区别主要有：

1. 交易产品不同。场内市场主要交易上市公司的股权，场外交易市场除挂牌转让非上市公司股权外，还可以交易其他金融产品及金融衍生品。

2. 交易方式不同。场内市场采取指令驱动的集中竞价交易制度，而场外交易市场通常采用报价驱动的做市商制度。

3. 准入门槛不同。场内市场上市的公司，主要面向大型、成熟或者处于高速成长期的企业，准入门槛较高；场外市场主要面向初创期或成长初期的企业，其准入门槛相对低很多。

4. 承担义务不同。场内市场上市的公司，不但要履行严格的信息披露义务，还要接受监管部门、交易所、中介机构、投资者和市场各方的监督，对其规范运作提出很高的要求；而在场外市场挂牌的企业，其承担的义务相对来说要少。

5. 监管程度不同。在场内交易过程中，证券监督部门及证券交易所对从事证券交易各种活动监管严密，以保证场内交易市场高效有序的运行。由于场外市场分散，缺乏统一的组织和章程，不易管理和监督，其交易效率也不及证券交易所。

第三节　从发展途径上看我国场外市场建设的必然性

我们在初步了解场外市场的内涵及我国场外市场的简要现状之后，为了更全面地理解我国场外市场建设和发展的必然性、必需性和重要性，我们现在需要转换个话题，那就是对我国资本市场缺憾的了解。

我国的资本市场，从总体上来说，目前虽然取得了巨大的成绩，但是，依然在市场层次结构、以个人为主的投资主体、风险对冲机制、市场监管体系、重融资少回报的运行模式以及投资者的成熟度等方面都存在较严重的缺憾和问题。这里主要从资本市场的发展途径、层次结构和升降板机制来谈这个话题。现在，我们从资本市场的发展途径谈起。

一、与成熟资本市场发展途径的比较

中国资本市场的发展途径与国外成熟资本市场的发展途径正好相反，前者

是沿着先有场内市场的主板、二板等，然后才开始探索场外市场；后者是先从场外市场萌芽，成熟后再逐步演化出场内市场的二板、主板市场。显然，前者产生的原因属于政策强制导向型，后者产生的原因属于市场诱发型。所谓市场诱发型，就是指事物伴随着时间的推移，在经济、金融环境中众多因素的作用下，通过优胜劣汰的方式，积淀演化而来，故也可以叫作自然演化型。

我国资本市场只有短短20多年的发展历程，其产生、发展及其模式等在世界资本市场史上都是特别的、罕见的。它基本上是在政府强制性政策的引导下，自上而下推进的。20世纪90年代初期，上海和深圳两家证券交易所相继挂牌，主板市场建立；2004年5月，中小企业板建立；2010年5月，创业板成立，中小板、创业板可称为二板市场（行业惯例一般是将中小板归类于主板市场，但从其上市企业规模、可成长性等来看，归类于二板可能更有道理些）。除主板和二板两个场内市场外，中国的场外市场一直都处于探索、实验阶段，普遍认为是指新三板、天津OTC市场和各地方产权交易所。

而成熟发达的资本市场，其发展的主导因素具有明显的内在性，它是在社会资源协调配置下并与之相互匹配、转化的结果，基本上遵循了典型的自发演进性特征，以美国为例，从1725年场外交易市场起步，到1863年纽约交易所成立，再到1971年纳斯达克的成立，经过近400年的漫长历程，美国资本市场从单一层次的场外交易市场，形成了包括交易所、创业板、场外市场在内的完善的多层次资本市场体系。

成熟资本市场的自然演化历程，离不开一个系统，这个系统就是庞大的社会经济体系，其中，包括数量众多、不同规模与不同成长阶段的企业团体，包括货币、资本、外汇和黄金在内的庞大的金融市场，还包括养老基金、共同基金、保险基金等大量机构投资者及对冲基金的存在等诸多条件，甚至还离不开该国的法律制度对于区域性资本市场层次化演进所提供的条件等。正是由于系统中诸多因素形成的合力为资本市场的发展提供了相应的条件和空间，所以，这种资本市场的发展过程，虽然其中存在很多政策导向的因素，但是从整个历程的时间跨度与实践体验上来看，应该属于一种自发的演化过程。在这个过程中，有些市场（部分区域性证券市场）日渐衰败并退出历史舞台，而有些市场（场外市场、部分区域性证券市场）不断发展壮大、生机勃勃，最终形成了成熟的多层次的资本市场体系。

当然，在这种自然演化的过程中，也形成了成熟资本市场成功的运营模式及经验、手段等。

二、时代局限与场外市场的发展

虽然中国资本市场的发展采用拿来主义，应用现代信息、电子技术，广泛地借鉴了成熟资本市场成功的经验、模式、运营方式等。但是，毕竟当时我国在社会、经济、文化、制度等方面存在着整体的、系统性的落后，社会资源处于政府计划下的条块分割格局之中，这种从计划经济体制的巨大遗产中产生和发展起来的资本市场，其运营模式、内部构架、机制设置、运营途径等诸多方面都标注着很深的计划烙印。

可能存在这种逻辑：改革开放之初，中国迫切希望国民经济快速发展起来，而国民经济的发展需要一大批“领头羊”的推动作用。当初，作为经济“领头羊”的国有大中型企业，需要更多更广的融资渠道，作为它们发展、做大做强的“加油站”。而资本市场就是为它们提供“油源”的最理想、最重要的场所之一。于是，我国证券市场的初衷很大程度上是服务于国有企业的改革的。但是，随着国有银行不断积累不良贷款和金融风险，股市的任务开始逐渐转向为解决国有企业的高负债和资金困难问题，股市成为降低国有银行体系所积累的信用风险和减少体制摩擦的国家工具。我国证券交易所的上市标准，基本上是为国有大中型企业量身定做的。在这样的政策引导下，金融资源主要流向国有大中型企业。但是，致命的问题出现了，我国国有企业的资金利用率非常低下，导致国家资金流向的是国民经济中的低效部门。

而另一方面，随着经济改革的不断深化，非国有经济空前发展，以中小微型高科技、高成长型、高附加值或创新模式的企业为代表的民营经济对国民经济增长的贡献度日益提高。它们对资金的利用率虽然很高，却很难融到资金。虽然场内市场后来建立了中小板、创业板，但是，这两个板块存在规模小、制度不健全等众多问题，对于中小企业，特别是小微企业来说，融资的能力和效果依然是很有限的。

很多中小、小微企业，虽然具有高科技、高成长型、高附加值或创新模式等诱惑让人怦然心动，但是规模小、风险高的特征犹如“孪生姐妹”一样缠绕着它们，让人敬而远之。所以，对于这些企业，场内市场不是它们的家园，而场外市场却正是它们的归属地。场外市场依托做市商、风险投资机构和投资者们连接，通过“利益”纽带推动企业的价值交换，从而可以大大促进企业股权、产权的流动性，一方面能够很好地解决这些中小、小微企业的融资问题，另一方面能够有效地为风险投资机构扩展“退出”途径和建立起真正的“价值循环”市场，使得风险投资能够将自身的股权投资等通过市场很快地成倍的变现，由此激发更多社会资金一起参与到对更广、更大范围内中小、小微企业的投资之中。在这种良性循环和“杠杆放大”效应下，成千上万的创新型中小、小微企业“融资难”的问题就会很容易得到解决。当然，通过风险投资机构和做市商获得利益的价值，投资者的兴致和激情也会被持续地调动起来。

所以，为了彻底解决中小、小微企业融资难的问题，为了增强资本市场的流动性，也为了更好地驱动投资者们的价值投资，更为了增强我国未来经济持续发展的后劲，我国必须大力加大场外市场的建设。

第四节　从市场层次上看我国场外市场建设的必要性

成熟资本市场主要包括场内市场和场外市场两部分。正常情况下，场外市场不论是从规模、容量，还是从分布区域上，都比场内市场都要大得多，它是场内市场存在和发展的不可或缺的基础和源泉，甚至起到孵化器和蓄水池的作用。

一、资本市场的基础和重心

如前所述，截至2011年年底，我国资本市场的上市公司：主板1405家，中小板610家，创业板258家，中关村代办转让系统103家。其结构形如倒金字塔，严重失衡，场外市场还处于探索阶段，如图2－1所示。相对于庞大的场内市场来说，场外市场几乎可以说已经缺失了。这种结构存在很大的弊端。为了更容易理解这种结构的弊端，我们从生活中的一个大家熟悉的乒乓球运动的例子讲起。

大家都知道，我国是乒乓球的王国，乒乓球国家队就犹如股市的主板市场中的上市企业，省级球队就犹如创业板，国家、省级乒乓球队属于专业球

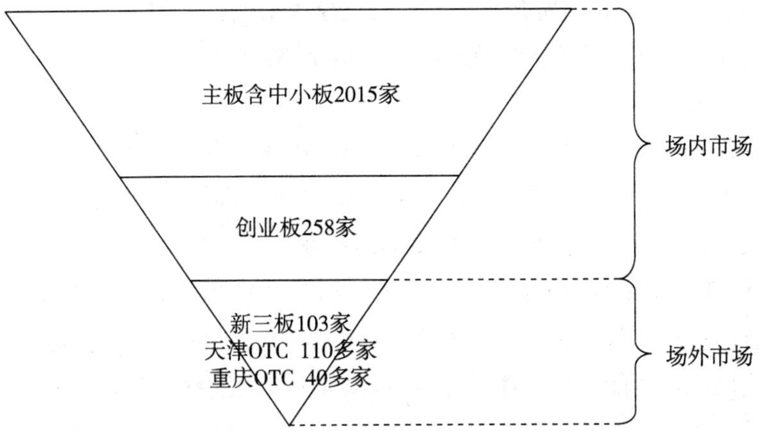

图 2－1　我国多层次资本市场“倒金字塔”结构（数据截至 2011 年年底）

队，国家或地区会专门拨款进行专业运营的，里面的队员一般都有很高的乒乓球特质并经过专业的培养和引导；而各大院校、机构、市、县级的乒乓培训基地或球队组织，犹如证券市场“场外市场”，他们往往更多地属于自发组织，他们的成员虽然没有国家、省级乒乓球队那样专业，但是队球员的培养和要求的方式等还是一样的，只是标准低了些。另外，国内广大的乒乓球爱好者便犹如那些游离于“场外市场”之外的中小、小微企业。我们来看看这样一种结构：

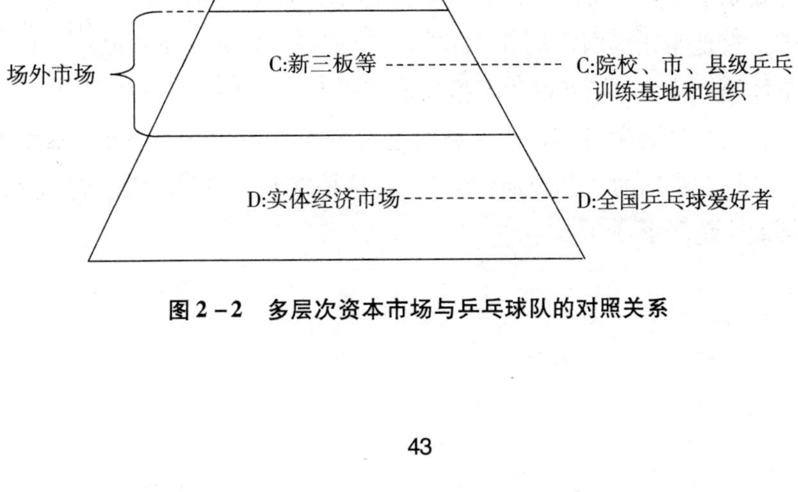

图 2－2　多层次资本市场与乒乓球队的对照关系

如图2－2所示，就所含乒乓人员及规模等来说：

B比A大得多，而C比B和A的总和都大得多得多，当然D更大，呈金字塔的形状分布。

B为A提供源源不断的后续力量，没有B就没有A，同样，C为B提供源源不断的后续力量，没有C，就不会有A和B，当然，D也为C提供源源不断的后续力量，没有D，A、B、C便不复存在。

对A、B、C和D，我们作一个比较，如果B中队员的水平很多都快达到国家队员的水平，很自然就形成了A，只要B中的队员绝对数量要多，素质、水平普遍偏高，就能实现。那怎样才能达到这种状况呢？显然，只有“高水平高素质”的新生队员得到源源不断的补充，这个重任来自“C”，所以，从金字塔的“C”往上看，“C”是关键、是源泉，是支撑一切的基础。

从金字塔的“C”往往下看：“C”紧紧与“D”连在一起，离“D”最近，很自然地便影响到“D”的壮大，因为这些来自于“C”中乒乓球爱好者、队员等比“B和A”多得多，而且更接近于“D”，所以，对“D”无论从数量上、规模上还是实际心理激发等影响上都大得多得多，所以，“C”壮大，可以反向推动“A和B”的壮大，而“D”的壮大，更能助长“C”壮大，滚雪球效应就会自然而然地产生。

由以上的分析可知，“C”在A、B和D中，是最关键的一部分，它起到承上启下的“链接”作用的同时，还有着向上、向下的反向推动、助长的作用，所以，它是A、B得以实现的蓄水池和孵化场，是“D”得以壮大、繁荣的催化剂和扬声器。

虽然乒乓球队与资本市场的可比性有限，但是，从宏观大道上来讲，类比的道理应该是一样的。由此，我们可以看出，在资本市场的机构体系中，场外市场就属于“C”的位置，并成为连接实体经济市场与场外市场的过渡核心地带，它是保证场内市场存在并催生它更新、发展的坚实基础，也是实体经济市场赖以壮大与活跃的重要推动器，犹如一个人的“腰部”，犹如金字塔的底座，它一旦缺失或不得力，就会造成资本市场的空中楼阁，这个楼阁或犹如一把悬在头顶的“达摩斯利剑”，它越是庞大，掉下来的机会越大，产生的破坏效应越严重。

二、成熟资本市场先进的体系结构

在全球范围内，美国的多层次资本市场在市场规模、横向多元化以及纵向多层次化方面都能体现出来很高的发达成熟水平，其发展经验被世界各国广泛借鉴。我们此处以美国为例，来谈谈成熟资本市场先进的结构体系。美国资本市场形成了五个层次的结构体系：主板市场，主要指纽约证券交易所；二板即创业板市场，主要指的是纳斯达克市场（2006 年纳斯达克已经整体转型为“证券交易所”，之前是典型的场外市场，现在也保持很多场外市场的特征）；三板市场包括 OTCBB、粉单市场、区域性交易所及私募股票交易市场等。到 2011 年年底，美国股票市场中，纽交所有 2311 家公司，纳斯达克 2717 家，场外 OTCBB 市场 2385 家，粉单市场 6199 家，灰色市场 6 万多家，大致呈金字塔状，结构相对稳定合理。

美国的场外市场，即柜台公告板市场（OTCBB）、粉单市场和灰色市场非常巨大的，它是美国多层次证券市场体系的基础。虽然说美国纳斯达克市场的电子交易技术、创新交易制度和监管制度推动了场外交易市场的发展，但是，正是由于美国场外市场的巨大规模、规范操作以及发达水平，才孕育了美国的纳斯达克市场。纳斯达克市场的建立与发展，大大促进了美国高科技、高新技术产业的发展，技术创新与资本市场的良性互动，推动并保持了美国世界经济强国的地位。由此，我们可以认为，场外市场是美国资本市场不可或缺的重要基础。特别是为适应当今经济全球化形势下的现代金融与现代商业运营新模式、新规则，场外市场甚至可以说在保持资本市场良性、持续、动态发展方面，起到了很重要的作用。

三、现实需求与场外市场的建设

与层次多样、板块有效连通的成熟的资本市场相比，中国资本市场结构单一，多层次的市场体系尚处于探索发展之中，具体来说：

主板市场尚未成为蓝筹股主导的市场。在国内主板市场上，许多大型企业集团只是部分上市，还有一些大型企业没有上市或者到海外上市，导致现有主板市场的蓝筹股市场特征不明显，不能有效反映国民经济的发展。作为国内主板市场的上海证券交易所和深圳证券交易所，创建时间比较短，规模较小。按照上市公司总市值排名及其他参考依据，上交所、深交所的上市公司与世界其他主要交易所相比仍然有很大距离。

中小企业板行业覆盖面窄。2012 年 1 月份，中小企业板上市公司仅 450 家，股票市价总值 25458.1 亿元人民币，远远不能满足广大成长型中小企业的直接融资需求。其中，中小企业板 75% 左右的公司属于制造业，信息技术、物流运营、现代农业等行业所占比重较低。

创业板尚处于发展初期。创业板市场历经 10 年筹备，终于在 2009 年 10 月诞生。作为我国多层次资本市场的重要组成部分，创业板的推出丰富和完善了资本市场功能，有利于国家产业结构的调整，有益于创新型企业借助融资平台提高技术创新能力。但是，目前创业板市场运行时间很短，市场规模尚小，市场状况与制度框架的设立思路不完全吻合，各种规则也有待进一步健全与完善。

场外交易市场处于探索之中。尽管我国分别做了中关村新三板（2006 年 1 月开始）与天津股权交易所（2008 年 12 月）的尝试，但是，毕竟新三板仍然处于区域场外市场的领域，天津 OTC 全国市场刚形成不久，它们作为中国场外市场的一部分，面对国内相对庞大的场内市场来说，其影响力和效果都很有限。由地方政府鼓励成立的地方性产权交易市场，从整体上来说，模式缺少创新、机制不灵活，运营较差。显然，由于受到我国经济综合实力、发展历程及国企改革的影响，我国场外股权交易市场离统一规则、规范监管的市场还有遥远的距离，而且，各个部分之间业务重叠，彼此信息闭塞，更谈不上资源共享。

由上可知，我国的证券市场（资本市场），相对而言，主板大得惊人；包括中小板、创业板在内的二板市场很小，很不规范；而场外市场更是小、散、乱，几乎可以说在中国资本市场中，场外市场几乎处于“缺失”状态。这种场外市场缺失的结构体系，必然引发以下严重问题：

一是中小微型公司的产权、股权难以转让，这里会产生很严重的问题。中小微型企业一般都属于科技型、创新型、快速成长性企业。这些企业融不到资，发展受限，甚至倒闭，关门。这样会带来连锁反应：（1）很多高新技术、创新科技就会停留在纸面上，不能转化成对社会、国家及人们有用的东西，如生产力等等；当然，这些科技就不能产生价值，也不能带来“货币”利益。（2）这样就会挫伤“高新技术、高新科技”研发者们的信心，也没有“资金”使他们能够继续创造出更高的技术和更新的科技；（3）长此以往，必然会在一定程度上影响到整个国家和民族的“创新”精神和文化。

二是中小微型企业融不到资金，股权、产权难以转让，早期投资于这些企业的天使基金、创业投资、风险投资以及PE等机构的资金便会被冻结，不能流动转卖。退都不能退出，更谈不上什么收益了。我们都知道一个常识，那就是“资金的周转率”效应，比如1000元，如每周转一次产生500元的效益，一年周转5次，连本带资就有3500元的资本。在我国，有很多创业投资者投入的资金几乎七八年都难以退出，甚至更长，很多情况是血本无归；而发达国家的风投、天使投资等甚至一两年便能高效地退出。而中国的天使、风投机构们大多都在“生死线上挣扎”。

三是由于中小微型企业很难得到发展，整个实体经济的基础都会受到动摇，因为在实体经济中，中小微型企业应该是占有很大比重的，它是解决社会就业的主力军，解决民生问题的核心力量，促进地方经济发展的最有活力的重要基础。

四是我国场内市场缺乏退出机制，其中一个很大的原因就是“退市公司”无处可退，也就是缺乏一个足够大的容纳它们的场所，这个场所就是“场外市场”，所以，场内市场存在很多不够条件的公司，这些不公平现象在场内市场很容易滋生大量的欺诈、腐败等问题（以后章节将详细分析）。

由以上分析可知，中国资本市场不健全的一个很大的问题，就是没有建立起足以支撑起主板与二板（场内市场）的较大规模、较大容量的规范的、发达的、全国统一监管的场外市场，进而形成合理的、科学的多层次资本市场的结构体系。所以，场外市场是成熟资本市场得以推行各类先进运营机制并获得高效运转的基础。

第五节　从转板机制上看我国场外市场发展的重要性

一个完善的资本市场不仅可以满足对成本、风险具有不同偏好的投资者的投资需求和不同类型、不同规模企业的筹资需求，进而最大限度地促进市场中各类资本、资金的供需均衡，而且在市场的各大板块之间存在着紧密的连接通道。通过这些连接通道，企业可以在板块之间流转，沿着金字塔升板上行，也可以沿着金字塔降板或退市下行，这就是我们所说的“转板机制”。

一、转板机制与板间通道

资本市场的各个不同层次对应不同的企业应该各有一套不同的筛选机制，使企业有可能递进上市或递退下市，从而形成一套完整的市场板块流动体系。这样既有利于保证上市公司的质量，促进证券市场的健康发展，又有助于风险投资的发展，可以为企业尤其中小企业提供更多的直接融资渠道。

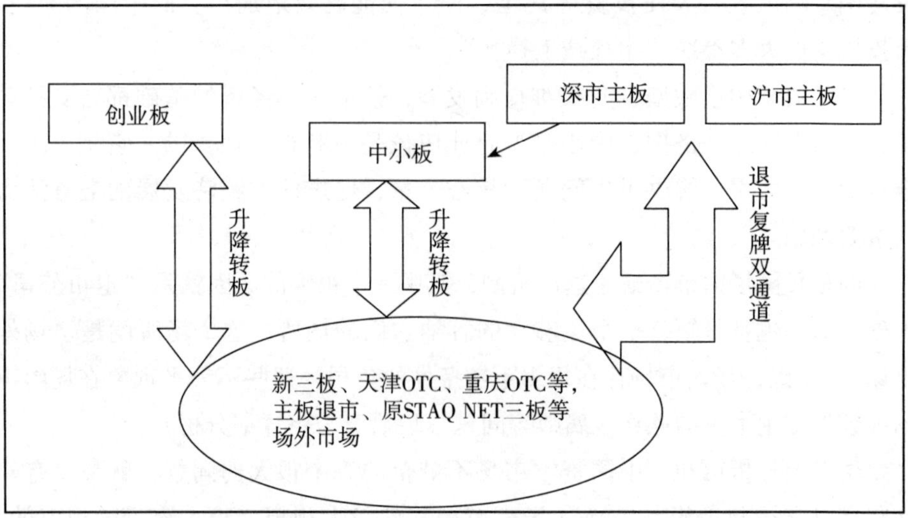

图 2-3　多层次资本市场各板块之间的转板机制

（注：图片来自于网络略作整理，已难考出处）

资本市场各板块之间有上行、下行转板，应该是逐层升降的。当然，也可能跨层级升降，这种情况是存在的，但是这种情况的条件要求应该是非常高，并且市场的监管要非常到位，不然就会引起市场巨大的震荡，这是我们不希望看到的情况。只有逐层升降才体现出资本市场的有序、平稳和监管、运行的到位和高效。

我们假设一个例子，比如在场外市场（如在新三板或天津 OTC 市场）的甲企业，突然达到了主板市场的条件，也冲进了主板市场，首先，我们有理由怀疑甲企业的突然膨胀存在问题，假设没有什么问题的话，诸如通过重组、兼并等方式实现了甲企业的突变式的成长，那么，这种情况的背后便存在很大的可炒作空间，很容易成为市场投机者们借以投机的资源，股价的波动肯定是很大的；如果运行了一段时间，甲企业突然出问题了，连二板市场的条件都不具备了，而且实现了突然降板，直接降到了场外市场。试想，在这种神话般跌宕起伏的过程中，少数投机者赚得盆满钵满的同时，恐怕有无数的投资者赔得血本无归。当然，甲企业也被一棍子打进了地狱，要翻身的话，可能已经难上加难了。

这种情况如果在资本市场多出现几个，其直接、间接影响会成倍地放大，甚至引发市场恐慌，重创市场的监管体系，导致信用危机，这会引起市场很大的震荡，这是我们不愿看到的。我们希望的情况是：

甲企业发展很快，它具备二板市场（甚至主板）的条件了，于是通过一种较简单的程序，它便成为了二板市场的企业，条件成熟后，它也可以再次晋升到主板市场；如果经营不善，它也可以通过较简单的程序，降到二板、场外市场等。这个过程是在各种披露透明、监管到位的情况下逐级实现的，这样的升降，将有利于投资者的利益和风险选择与控制，保护了企业、投资者与中间人的利益，不会引起市场的巨大波动，属于企业自然的成长与衰退。

二、转板机制的基础与动力

我国公司法关于对什么样的公司应该终止上市等条款缺乏一套客观的衡量标准。如果以公司净资产、每股价格和持股股东人数为条件作为退市标准，就会使一家企业随着资产缩水、股价越来越低的情况下，逐级从场内市场退向场外市场，进而离开市场，这可以保护投资人的利益。这样的话，壳资源也就不会变得如此珍贵，市场上就会减少对降板或退市公司各类题材的炒作等，这也是对投资者的有效保护，同时，也会减少股价的大幅波动。

另外，由于有升板机制，退下来的企业通过兼并、重组等方式，资产达到一定的程度，价格逐渐提高以后可以再升板，这样也会减少再次公开上市前的恶意炒作。我们应该在制度上和实际操作中鼓励符合条件的企业实现转板：一者是转板手续应比首次发行股票简单，所耗时间比新股发行短许多。二者是转板上市的费用比新发行股票的企业优惠。三者是达到高一级资本市场准入条件的，只要该企业申请，高一级市场原则上不应该拒绝。

因此，建立升板和降板制度，有利于企业股价的稳定上升和下降，有利于企业的稳定成长；有利于资本市场消除各种黑幕和恶意炒作，更有利于国民经济的健康发展。

要使企业递进上市或递退下市，并减少融资的成本和提升融资的效率，不仅需要各大层次之间对接性的筛选机制，而且更重要的是：各大层次的容量、规模等科学的配比等条件，具体地说，就是资本市场各个层次的规模、容量等要具备金字塔形状，特别是场外市场需要足够的大，甚至可以说是越大越好。为什么这样说呢？

上行转板：这个好理解，只有下一层次板块市场足够的大，才能为上一层次板块提供更多的备选企业，有句诗可能很好说明问题，那就是“问渠那得清如许，为有源头活水来”。

下行转板：一家企业从主板市场、二板退下来，一者需要新生力量去补充，需要场外市场等很大，二者退下来的企业需要休整、疗伤，这个过程不仅仅是保护该企业的举动，而且是保护所有与该企业有关的投资者、中间人、运营商等众多利益个体或利益机构的过程，所以这种休整、疗伤的过程必须是渐进的，如从主板到二板，再到新三板、地方股权交易所等场外市场。这个过程的渐进性也要求场外市场非常大，成熟且要有多个层次，原因有以下两点：

1. 只有场外市场非常大，才拥有各种风险偏好的投资者、中间人与对各类产业感兴趣的运营商等，而且这些投资者、中间人才能拥有足够的资源与资金进行运作，同样，这些运营商们也才能拥有各类产业、实体运作资源用于整合。

2. 只有这个场外市场足够的成熟，各类交易才能在合理的游戏规则和监管体系下公平地进行，这是各类交易成功率与效率的保证。

由于这两方面的原因，退下来的企业才可能在休整、疗伤过程中有效率地获得重组、兼并、新资产注入等等，这个过程很可能让退下来的企业“老树换新颜”，重新繁荣起来，逐渐向上转板。但是，如果这个企业实在太烂，比如在新三板中救不活，那么它可以退到地方性股权交易所，这样还不行的话，还可以退到其更低层次的场外市场。

这里，要特别注意，从新三板到地方性股权交易所，再到更低层次的场外市场，这个渐进的过程，有力地保护了与这个企业有关的一切运营商、投资者、保荐人和中间人的利益。这也是我们强调场外市场不仅要非常大、成熟，而且要具备多层次的重要原因之所在。

所以说，高层次的资本市场与低层次的资本市场是相互联系、相互影响的，二者之间的天然联系不能割裂。发达国家的资本市场体系几乎都是从场外交易发展而来，都遵循了从分散到集中，从场外到场内的，虽然随着技术的进步，交易所集中交易与场外市场的界限慢慢淡化，但是，如果没有发展充分及相对成熟的、低层次的场外资本市场，那么高层次的主板、二板市场就会缺少甚至缺失发展的源泉及退出的渠道，其发展必然会受到非常大的制约。然而，我国的资本市场，却是主板特别巨大，二板较小，场外市场散、乱而小，处于几乎缺失的状态，更谈不上多层次性了。主板好像是特地为国有大中型企业、国有银行准备的，它们不需要在场外市场锤炼，当然，国内本身也没有能够容纳这些国有大中型企业的场外市场。现有的情况是，中国的股市，自从产生开始，几乎所有的企业都是直接在主板、二版上市的，即使是中关村新三板的北陆药业、久其软件等极少数企业，也是先退出场外市场后，再从新申请二板上市的。

2012 年 6 月 28 日，上海证券交易所和深圳证券交易所分别发布《关于完善上海证券交易所上市公司退市制度的方案》和《关于改进和完善主板、中小企业板上市公司退市制度的方案》，这一制度新增和变更了七项退市条件，包括净资产为负；营业收入低于 1000 万元人民币；年度审计报告为否定意见或无法表示意见；公司暂停上市后未在法定期限内披露年度报告；股票累计成交量过低（不适用于仅发行 B 股上市公司）；股票成交价格连续低于面值（不适用于仅发行 B 股上市公司）；连续受到交易所公开谴责（不适用于主板上市公司）等。退市制度的修订虽然对场内市场运行机制的完善带来积极的影响，但是，这只是一个方面的内容，有效的转板机制是一个系统，包含众多因素和机制，从我国整个资本市场来看，目前，主板市场、中小企业板、创业板及场外市场依然相互独立，不管是在上市条件、还是在交易规则上都缺乏一种递进型或递退型的制度安排。各大板块之间的对接性机制的缺失，造成了制度性的保护投机与不公平，严重地伤害了广大投资者的利益，阻碍了我国资本市场的发展。

从上面的分析，我们知道，我国资本市场转板机制缺陷的根源就是场外市场的缺失。正因为没有足够大而且成熟的场外市场，国内资本市场中主板上的 ST 股票，就没有退下来的容身之所，从而夹在各种利益者之间的甲板中不死不活，ST 股成为了被保护的“不死鸟”。虽然新修订后的退市制度可能终结很多 ST 股票“不死鸟”的传奇，但是，成熟的市场制度和模式安排，也是不愿意“不死鸟”立地而死，而是希望从主板逐层退到场外市场中去。在这个渐退的过程中，以保护投资者的利益，同时，也给这些企业一个可以

"从头再来"的机会。但是，最大的问题依然是：必须要有"成熟的有足够容量的场外市场"的存在，这个机会才能真正得以提供。所以，我们必须发展场外市场，加大场外市场的建设。

第三章　20 世纪 80 年代场外市场历程

第一节　从理论交锋到股份制试点

1978 年，在中国封闭的古老大地上，吹起了改革的春风，销声匿迹 20 余年有关证券市场的一些重要名词如股票、股份制、股票市场等被人们渐渐记起。沈阳、北京、深圳、上海等地集体企业先后开始发行股票，由此，拉开了新中国股票发行与股份制试点探索的沉重帷幕。

一、理论交锋

"股票"、"股份制"、"股份制企业"，这些现在看来再普通不过的名词概念，在"计划经济"、"阶级斗争"仍根深蒂固的改革开放初期，绝对是个新鲜事儿，人们对此看法有很大的分歧，争论从理论界延伸到社会的各个层面，问题聚焦在：股票是专属于资本主义的还是非属性地存在于市场经济中，中国能不能发行股票并设立股市场？这些问题直指经济改革中经济理论重构的核心问题。

围绕这些问题，主张进行包括股份制尝试与证券市场建设在内的经济、金融体制改革的社会先觉者们与当时计划经济理论的守护者们展开了长久的论战。这些讨论，甚至大量“反对”意见，使得股份制与证券交易所等理论的探讨更为充分、深刻与客观。显然早期的这些理论探讨，对于后来中国场外交易市场的实践在理论上起到了奠基的作用。

另外，我国到底该按照怎样的路径来实现经济的发展？股份经济能不能生存并成为我国企业改革的大趋势？争论从20世纪80年代中期一直延续到90年代初期，争论不断深入，看法也就不断得到统一，全面推进我国股份制改革的思想获得了从政府决策层到理论界的高度认同。而在此期间，伴随着我国股份制试点工作的实践探索，一些学者将国外相关理论的研究成果、实践案例以及这些国家如何推动股份制发展的经验等介绍进了国内，诸如法国的国有化运动、南斯拉夫的“工人入股”等，这些案例和经验为我国在股份经济发展初期的体制选择提供了参考。同时，美国的企业法律系统以及交易所系统则为我国股票交易所的建设及场外市场的发展引入了可供借鉴的模式。

二、股份制试点与探索

20世纪80年代中国股份制改革的探索历程大致可分为三个阶段：定向集资阶段、半公开发行阶段和规范化过渡阶段。

第一阶段：定向集资阶段

最早的股票发行应该算是1980年辽宁的“红砖股票”和武汉的“花木股票”了。当时，在辽宁的抚顺，由于城市基础设施建设和职工住宅建设等的需要，红砖供不应求。为解决这一问题，该年8月，当地人民银行出面代两个砖厂发行“红砖股票”，募集的280万元资金用于砖厂扩大生产规模，同时，银行一次性获得募集金额1%的手续费。股票发行后，砖厂不仅扩产增效，满足了社会需求，而且创造了多个就业岗位。“红砖股票”名为“股票”，实则更像“退股自由”的“债券”，尽管有着很多不规范的地方，然而在一个以计划主导的经济体制下，这种筹资方法，已经算是一种巨大的进步了。同年8月，武汉也作出类似的尝试，其做法与规范的股份制公司的股权募集更为接近，它是由中国农业银行武汉市分行受东西湖农工商联合企业总公司委托，代理发行股票以筹建一家花木培育股份有限公司。此次募集金额为19.1万元，1000元1股，按年分红，不计利息。武汉做法的价值在于：一是通过股份制的公司组织形式进行资金募集。二是在资金募集、管理及股东权益的规定上明确了股票与债券的差异；但是，其中如允许退股自由，承诺收益保证等内容，仍带有“债券”投资的特征，违背了股份公司“风险共担”的基本特点。

随后，这种更似“债券”的“股票”发行在全国推广开来，诸如西安解放商场募集的爱店券，甘肃武威的乡镇股份制企业，以及在南方普遍出现的林业股份有限公司等。总体来看，这一阶段股票的发行未经过严格的资产评估，且发行对象主要是内部职工，所发行的股票实行入股自愿、退股自由、保本保息分红等方式，具有债券和福利色彩。随着股份制试点的逐步深入，从 1983 年下半年开始，深圳、上海等地的一些股份制企业开始向社会半公开发行股票。

第二阶段：半公开发行阶段

1983 年 7 月，深圳经济特区一家名为三和有限公司的企业获准发行股票以筹措发展资金。该公司的股票分为优先股和普通股两种，计划发行总额 2 亿元，发行 1000 股，每股 1 万元，由 7 家发起单位认购；此后转为向社会公开发行认购，股票被拆细为每股 1 元。股票发行后，在海外产生很大的影响。

1984 年 11 月 18 日，上海第一家以公开募集方式通过股权融资建立来的规范的股份制企业诞生了——上海飞乐音响股份有限公司。它是由上海飞乐电声总厂发起，经中国人民银行上海分行批准，向社会和本企业职工以每股 50 元发行 50 万元股票的方式自筹资金开办的。该次募集股本总额为 1 万股，其中 3000 股面向社会发行，7000 股对内部职工发行。从其股票没有期限，不能退投与可以流转的发行方式上看，“飞乐股票”被认为是自改革开放以来，第一只依据规范程序向社会公开发行的股票。在当时缺乏交易市场的条件下，由中国工商银行上海分行信托投资公司采用原始地摊式的销售方式代理发行，他们在武夷路上海飞乐电声厂门口贴出一张海报，一手交钱，一手交股，发行场面十分火爆，向社会发行的 10% 的股份当天告罄。这一幕场景被日本记者发现，于是，“中国发股票”的新闻不胫而走，众多国外媒体如《美国之音》、《日本经济新闻》、《朝日新闻》等，都在显著的位置刊登了这一消息，并把它作为中国改革开放取得重大突破的标志性事件进行了详细报道。1985 年 1 月 14 日，上海延中实业股份有限公司发行了上海市的第二只股票。1987 年，四川长征机床股份有限公司发行了股票，股息按面值 8% 计入成本，按年发放，红利按面值 7% 发放既定息又分红。

由上可知，这一阶段的股票发行已经具有向社会公开发行的趋向，但仍然有许多不规范的地方。如飞乐音响股票实行“保本保息”的办法，在公司无盈利或亏损时，每年仍按 1 年期储蓄存款利率计付现金利息，因此其股票仍烈带有很强烈的债券色彩。

第三阶段：规范化过渡阶段

1987 年是一个很重要的时间节点，从这一年开始，所谓上海“老八股”中的“真空电子”与“飞乐股份”的发行，标志着中国股份制试点进入扩大和深化试点阶段。

1987 年 1 月，上海真空电子器件股份有限公司向社会公开发行股票 4000 余万股，成为上海和中国第一家实行股份制的大中型国有企业。同年 9 月，上海飞乐股份有限公司成立。这两家企业股票的发行，开启了“国有企业如何通过股份制改组参与股份经济的问题”的实践探索。在理论界，许多学者的研究方向也转向到对股份制改革实质性操作层面上来。

如果说这之前的股份制经济尝试，还停留在地方和企业自发的状态下，那么从现在开始，政府已经从整个国家层面开始了有组织的发展股份制经济。这就是，在这一阶段，为什么很多股份制企业试点被选择在在特区或大城市的原因。

第二节　中国特色的股票类型

我国的市场经济源于早期的计划经济体制，证券市场的股票分类带有浓厚的计划经济过度及后遗特色，这种特色股票伴随着中国资本市场长达 20 余年的成长历程。在这个过程中，它与中国经济体制改革、资本市场众多大事件紧密联系在一起，极大地影响并形成了深具中国特色的资本市场。所以，有必要专门来谈这个问题。

按照国际惯例，股票通常最基本的分类方式是：按照股东权益将股票分为普通股和优先股，并贯彻同一股票具有“同股同权，同股同利”的原则。

一、我国股改四原则

由于受到当时经济体制的约束，我国最初股份制的推行就带有极大的计划经济色彩，无论是从组织系统的构建到股权结构的设计，还是到资金募集方式与股票的发行程序等，都带有过渡时期的制度安排的特征。在国家体改委确定的企业股份制试点的四项原则中就可以清晰地感受到这一特色。这四条原则见 1989 年 2 月 21 日的《长江时报》，内容为：

1. 切实维护国家财产不受侵害。不准化公为私，或变相侵占国家财产，不准以任何方式把属于因家的财产以股份的形式分到个人头上，也不能以搞股份制为名滥发股息和红利，加剧消费基金膨胀；

2. 入股自愿，股权平等，同股同利，利益共享，风险共担；

3. 贯彻产业政策，促进产业结构，企业组织结构和产品结构的调整；

4. 从实际情况出发，按统一试点办法，逐步试行；不要利风，防止一哄而起。

原则的第一条是股份制试点工作中的重中之重，也是形成我国独特的股票划分方式的重要原因。于是，在股份制改革中，先后出现国有股、单位股、企业股、职工个人股、社会股等类别。而在不同地区、不同产业的企业股份制试点中，各企业按照自身的具体情况选择了不同的股权设置方式。这些微小的差异，随着股份制改造的进行，逐步统一并逐渐形成国家股、法人股、个人股和外资股。这四类股票由国家体改委在 1992 年颁布的 31 号文《股份公司规范意见》中予以确认。

二、四类股票

我们先谈外资股、国家股，然后再谈个人股和法人股。

1. 外资股，即外国资本、港澳台地区以及海外华人华侨所认购的股份。其股票在最初也是被限制进入市场流通的。1992 年 B 投出现并于 2000 年前后开始对境内居民开放。

2. 国家股，即国家拥有的股份，指有权代表国家投资的政府部门或机构，向股份制企业出资形成或依法定程序取得的股份。

3. 个人股，包括内部职工股及已经向社会、个人公开发行的股份。内部职工股的“地下交易”一直存在着，尤其是在一些内部职工股票具有上市预期后，其交易情况更是火热。这些市场通常出现在各地大型国企集聚的省会城市。1990 年年末，沪深证券交易所相继建立后，这些个人股中的一部分股票陆续上市，形成了 A 股市场。

4. 法人股，在具有法人资格的企业，以其依法占用的法人资产向股份制企业出资形成或依法定程序取得的股份，分为“国家法人股”与“社会法人股”。其中，“国家法人股”是指国家直接投资设立的国有企业，并以其依法占用的法人资产向独立于自己的股份制企业出资，形成或依法定程序取得的股份，股权归该国有企业拥有。国家国有资产管理局1994年3月发布《股份制试点企业国有股权管理的实施意见》中特别指出，区分“国家股”和“法人股”，是国有企业进行股份制改组时明确产权归属和产权管理的需要，是国有股权管理的内部事务，其差别在于持股单位的性质和股权管理方式不同。

为解决法人股的流通问题，中国证监会与中国人民银行总行在20世纪90年代初曾先后推出“全国证券交易自动报价系统”和“中国证券交易系统”，分解简称为STAQ和NET两系统，但运行时间很短就被关闭了。而大规模的解决方案则是在2000年之后，与此有关的解决思路是2005年实行股权分置改革。其中的STAQ和NET两系统，又被称为“旧三板”，这是目前场外市场中北京中关村“新三板”的最初来源之处，以后专门来谈。

第三节　20世纪80年代场外市场的演进历程

1986年，上海、深圳两地先后设立了证券交易柜台，中国股票正式进入柜台交易阶段。

所谓柜台交易，是指股票经批准在证券交易柜台公开交易。而证券交易柜台则是指经中国人民银行批准，由信托投资公司、证券公司、银行、财务公司等金融机构设置的专营证券交易业务的场所。20世纪90年代初沪深证券交易所成立之前，我国的场外交易市场大体可划分为三个阶段，即交易市场萌发期、柜台交易前期和柜台交易后期。

一、交易市场萌发期

我国早期场外交易市场源于投资者对股票的交易需求而自发产生的。1984年，飞乐音响股票首次发行后，股票持有人相继产生转让要求，交易者自己找交易对象，并到代理发行的金融机构办理转让过户手续，其转让价格为上海分行统一规定的票面金额加银行活期储蓄的利息，这种转让不仅交易成本很高，而且与资本逐利的市场法则相背离，主要表现在：

1. 自找交易对象，交易者需要付出很大的信息搜寻成本；
2. 一对一的交易，谈判双方的预期目标难以实现，成交效率较低；
3. 交易价格和承办过户手续机构存在的限制，使得交易量不能有效放大；
4. 转让价格被限定后，投资者获利预期的空间被锁定。

于是，由于正式交易市场的缺失，随着投资者交易量不断增加与范围扩大，逐渐形成一定规模的地下交易市场。

地下市场的发展产生了一类特殊人群的，即股票掮客，上海称为“黄牛”、在深圳称为“强龙”。他们利用信息、资金和社会关系等资源优势，针对股票持有人分散且对信息了解不充分的情况，低买高卖对市场交易进行控制。该群体事实上形成了改革以来最早的一批股票经纪人。他们的存在，在一定程度上降低了交易成本，活跃市场，也推动了股票交易制度的发展。这些原始经纪人，其中一部分在股票市场建立之后，成为了大券商或投资机构的掌门人。上海西康路一带，深圳、成都、天津、沈阳等地，都曾出现过固定的较大规模的股票地下交易场所，并逐渐向周边市场辐射。随着市场的扩大，缺乏组织管理的问题凸显了出来，并对社会治安造成了较大的隐患。因此，这些地下交易市场很快就被政府清理取缔。

这一时期大致从 1984 年延续到 1986 年，可称之为交易市场萌发期。

二、柜台市场前期

股票地下交易市场虽然存在着众多优点，但是，投资者乃至掮客们也感到无组织的市场交易存在着较大的缺陷，特别是大宗交易中，现金携带与支付都极具风险，因此，有组织的市场需求成为政府与投资者们的共识。于是，各地政府在取缔地下市场的同时，纷纷开始组建柜台交易市场。

1986 年 8 月，沈阳率先开设了国库券交易柜台。同年 9 月，经中国人民银行上海分行批准，中国工商银行上海信托投资公司静安证券部开设股票交易柜台，公开挂牌代理买卖股票，“飞乐”、“延中”两只股票在此挂牌交易。交易第一天开盘出现火爆场面，当日成交 1700 股。但是，由于交易价格没有放开，好景难继，到了当年的第四季度，平均每天成交超不过 30 股。据统计，到 1986 年年底，上海通过柜台交易累计转让的股票 11453 股，只占当时上海公开发行股票总额的 10%（数字来源于马庆泉《中国证券史》2003 年版）。实际上，当时的上海约有140家企业发行了股票，然而只有两家股票获批公开交易。鉴于政府组织的柜台交易存在诸多限制，且交易成本偏高，于是，一直受到政府限制的非正式的黑市交易渐渐活跃了起来，并形成了规模。

1987年1月，中国人民银行上海市分行实施了《证券柜台交易暂行规定》，在限制地下交易场所的同时，实行随行就市的政策，放开了股票交易价格。这对柜台交易业务产生了积极影响，交易人与交易量日趋增多，柜台交易营业点也从1家增加到9家。1988年4月，深圳经济特区证券公司开始代理深圳发展银行的股票买卖，这标志着深圳证券柜台交易正式启动。1989年，深圳市又批准了3家有证券投资和经营资格的信托公司设立证券部，从事股票代理发行及转让业务，柜台市场开始出现较好的发展态势。

尽管如此，与市场需求相比，沪深两地股票柜台交易的成交量仍然偏低，交易价格不统一，市场活跃性不足。由于价格不统一所形成的价差吸引了大量的套利投机者，大规模的投机资金充斥市场，半职业化的股票掮客迅速兴起，穿梭于各大柜台网点之间，利用价差赚取利润。另外，柜台交易网点少、场地小，无法满足大批投资者的需要，这也是黑市存在的重要原因之一。

这一时期大致从1986年到1989年年底，根据其特点和表现，可以称为柜台市场的前期。

三、柜台市场后期

1990年年初，深发展的股东大会确定了深圳发展银行1989年度的分红派息为每10股送5股和配5股，万科、金田等也相继公布了较好的经营业绩。股票的巨大收益带动了整个深圳股市的火爆，吸引了大量的投资者入市。以深发展为例，1月平均股价107.2元，到4月股票拆细前飙升至179.7元。5月份以后，深圳股市加速上扬，仅1990年5月的成交量就高达2.2亿元，比1988年和1989年两年多的股票成交量还要多。安达、万科、原野、深发展和金田分别上涨了17.82倍、17.03倍、14.30倍、6.13倍和8.90倍。

这个时期成为中国股市发展史上的最疯狂时期，企事业单位职工无心上班，居民几乎全员上阵，黑市白市一起操作，出现了24小时不间断的炒股景象。据相关媒体报道：从3月份开始，场外交易已达到社会难以承受的地步。证券公司门前简直是人山人海，把交通都阻断了，警察出动维持秩序……股票买卖不分昼夜，股价越涨越高，市政府和有关部门接二连三出台措施紧急干预。

黑市进行了一系列的交易方式创新，有效减少了交易的不确定性因素和交易成本，以绕过政府管制。据胡继之《中国股市的演进与制度变迁》（1999年版）一书描述，以深圳为例，黑市采取了所谓“黑黑市”和“白黑市”两种交易方式。“黑黑市”主要是熟人、朋友间私下议价买卖。“白黑市”则无论是否认识，统统凭身份证公开到场外交易场所“挂牌”，“竞价”抛售与购买。“黑黑市”是“分散交易”，“白黑市”是“集中交易”；“黑黑市”是“幕后交易”，“白黑市”是“公开交易”。但无论黑市采取哪种方式，其交易的活跃程度都远远超过“白市”，成为深圳最具影响力的股市。黑市的诱惑力在哪里呢？最主要的原因是场外黑市交易价格远远高于场内价格。一般来说，当时黑市价格一般是场内挂牌价的1倍左右，如场内像万科、安达这类股票在5—6月涨幅达400%以上时，就意味着场外价将上涨800%。从当年的7—10月，更多的深圳投资者选择了“黑黑市”进行交易，当面委托，议定价格，签立字据，然后一手交钱，一手交货。10月份以后，黑市交易进入了“白黑市”阶段。在“白市”交易额锐减的同时，黑市交易则如火如荼。与此同时，上海市场从8月以后，来自深圳的“强龙”与上海的“黄牛”联手不断推高黑市股价。为对付3%的限价措施，黑市买卖双方先议定价格，在柜台按限定牌价办理手续，而私下补足差额。由此又催生了另一种行业，即以过户服务为主要业务的地下中介。于是，黑市交易从股票经纪人到与之配套的市场服务中介机构，形成了较完整的股票市场链。

鉴于股票暴涨及黑市交易可能引发的种种社会风险问题，1990年5月底，深圳市政府发出公告，改变之前的场外自由议价成交、由证券公司办理过户手续的办法，实行股票买卖与过户有效证件制度，以及委托买卖股票10%的涨跌幅停板制。6月18日缩小到5%，6月26日更规定了涨幅1%、跌幅5%的非对称规定。在这一番政策打压下，大批股市大户转向上海，引发了沪市1990年7月的暴涨。上海市政府几乎把深圳采取的措施重演了一遍，才遏制住股市与黑市非正常火爆场面。

到1990年年底，共有12只股票在沪深柜台市场挂牌交易，上海有16个交易柜台和40多个交易代理点，深圳有10个股票交易柜台从事相同业务。1990年11月26日，经中国人民银行批准，上海证券交易所宣告成立。1991年7月3日经国务院批准，深圳证券交易所也宣告成立。两个证券交易所的相继建立标志着20世纪80年代以来，围绕着证券场外交易市场暂告一个段落。在这段时期内，场外交易市场的发展也展示了第一次跌宕起伏的演进历程。

第四节　20世纪80年代场外交易市场的发展评价

1986—1990年间中国场外市场，呈现出幼稚化、非理性狂热、黑市交易猖獗等特征。但是，从另一个角度看，场外市场作为改革进程中必经的阶段，这个时期的探索和尝试存在着重大价值和意义。

一、价值和意义

可以肯定地说，没有20世纪80年代场外市场的“先行先试”，也就没有90年代场外交易市场的遍地开花。其价值和意义表现在四个方面。

第一，为企业股份制改革的深入树立了信心。20世纪80年代，在先行实施股份制改革试点的上海、深圳等地，股票交易市场的出现成为改革顺应市场规律的样本。民众对股份制改革的认识、了解、拥护并积极参与，极大地提高了社会各界对股份制的认知水平，也极大地调动了整个社会对股份制改革的参与热情。股票交易促动了股票发行，股票发行进一步推进了股份制改革。数据统计显示，1990年前沪深两地的12只柜台交易股票后来均成为主板市场上交易最为活跃的股票。

第二，为沪深主板交易所奠定了基础。在人们对股票市场几乎一无所知的情况下，场外柜台市场的启动对大多数参与者包括政府管理部门在内，都是一个重要的启蒙。更重要的是，培养和锻炼了市场管理与经纪人队伍，这对初期市场的快速发展起到了奠基的作用。

第三，为证券监管体系的建设提供了实践依据。由于这个时期的股份制改革、股票发行和交易市场都处于“摸着石头过河”的阶段，因此，整个市场尚未形成一套有效的管理与监督机制。市场从自发分散到有组织的集中过程，也是监管制度从无到有的建设过程，其中既吸取了教训也积累了经验。

第四，为场外市场的运营积累了经验。深沪两地自1986年成立柜台交易市场以来，“白市”与“黑市”交替，此消彼长。在此期间据统计，上海全市有将近10%的市民参与了证券交易，深圳更是在1989年之后形成全民参与的态势。这个时期相继出台的《上海市股票管理暂行办法》、《上海市证券管理暂行办法》、《上海市证券交易管理办法》、《上海市证券柜台交易管理暂行办法》以及《上海市证券机构管理暂行办法》等，同时使得市场投资机构、独立投资群体、市场经纪人队伍等都得到了一定的积累和历练，也为90年代之后山东淄博、四川等地出现的柜台交易市场运行及管理规则制定提供了重要的基础和参照样本，为未来场外市场的运营和发展奠定了一定的基础。

二、问题与不足

20世纪80年代我国场外交易市场经历的坎坷历程，存在如下的问题与不足：

第一，柜台交易网点重复、联系分散。这个时期各个柜台都集交易、结算和信息发布功能于一身，相当于一个小规模的证券交易所。这就造成市场效率低下，规模受限，服务功能不足甚至缺失；交易分散与信息流通阻滞，产生了交易统一报价与公平交易无法实现，这为黑市的存在和活跃提供了空间与机会。

第二，无法可依、内幕交易严重。80年代的证券公司既是证券包销商、自营商，又是经纪人，为股市中的舞弊与内幕交易创造了条件。由于市场透明度差，少数证券从业人员自己买卖股票，吃回扣、差价，或同外界消息灵通人士内外勾结，进行内幕交易。

第三，交易价格缺乏公平性，交易清算效率低，投资者利益得不到保障。成本约束与昂贵的“交易费用”使得大部投资者“弃正就黑”，这是导致黑市交易盛行屡禁不止的重要原因之一。黑市交易的存在不仅严重影响了正规市场的健康发展，也直接影响到社会稳定，其结果必然导致这个市场还没有度过萌芽期，就在主板市场出现之后被关闭。

三、结论

回顾20世纪80年代场外交易历程，有如下五点结论：

第一，这个时期的场外交易市场对于股份制改革的推进产生了积极的作用，对于我国资本市场的发展也起到重要的奠基作用。

第二，政府对场外交易市场的规范和引导起到较好的作用，特别是在监管中积累的经验，对以后主板市场风险控制提供了有价值的借鉴依据。

第三，制度设计与法规政策滞后始终是市场发展中的大问题。由于法律规章的不成体系，众多内幕交易和黑市交易等看似违法，却得不到有效监管。

第四，场外市场的从萌芽到“白市”和“黑市”的交织运行，到“白市”的清淡和“黑市”的火爆，再到场外柜台市场的关闭，整个过程明显地体现出“一抓就死、一放就乱”的特征，这与中国历史文化中积淀下来的“人制为主、法制与游戏规则意识”的缺失或多或少地存在一定的联系。

第五，政府监管与引导虽然起到了重要作用，但是，体现出一些不成熟的极端表现。如 1990 年深圳股票场外交易“白市”、“黑市”异常火爆，5 月，政府发出公告，改变之前的场外自由议价成交、由证券公司办理过户手续的办法，由中介机构代理证券交易活动。5 月 30 日，又颁布《关于深圳目前股票柜台交易的若干暂行规定》，实行股票买卖与过户有效证件制度，以及委托买卖股票价格 10% 的涨跌幅停板制；6 月 18 日缩小到 5%，6 月 26 日更规定了涨幅 1%、跌幅 5% 的非对称规定。这场暴风骤雨般的政策打压，致使深圳股市一度出现成交减少和“有行无市”场面，如果政府早些出台政策予以循序渐进地引导与限制，可能这种“骤冷骤热”极端情况就不会发生。又如，1990 年、1991 年成立沪深场内市场交易所后，政府又采取直接取缔场外柜台交易市场办法，导致场外市场在萌芽阶段便被“腰斩”了，这些做法都是有待商榷的。

总之，20 世纪 80 年代的股票柜台交易市场的出现对推进股份制改革、资本市场的发展、证券市场制度的建立与创新等都作出了重大贡献，是中国场外交易市场早期很重要的探索和尝试。

第四章 20世纪90年代及以后场外市场历程

第一节 20世纪90年代及以后场外市场的发展背景

主导20世纪90年代场外交易市场发展的主要原因有五：一是20世纪80年代以来持续的股份制改革；二是国有企业改制引发的对产权关系的明晰与产权流动的需求；三是企业扩张发展对股权融资以及由此引发对股权结构调整及资产优化的需求；四是已经完成股份制改造而不能上市的企业需求通过更加通畅的渠道获得股权融资；五是大量投资者对投资的选择需求日益增加。而交易所市场刚刚起步，规模过小不能满足现实需求，在80年代出现的场外交易市场示范的基础上，依托已有证券登记中心或产权交易机构，部分地区率先推出了以地方发行股票为交易产品的场外交易市场，并迅速向其他地区蔓延，形成了中国场外交易市场一个快速的发展期。

一、场外市场发展的基础

1992年年初，邓小平同志的南方谈话为我国发展股份制经济和建立资本市场提供了政策理论上的支持，极大地推动了股份制改革的进程。1994—1996年股份制改革从东南各省市进一步扩展到全国大部分地区，到20世纪90年代中期，我国已有股份有限公司6000多家。全国股份制改革的浪潮为场外交易市场的出现提供了市场基础。

二、场外市场发展的条件

20 世纪 80 年代末 90 年代初，随着股份公司的大规模出现，股票发行的逐步扩大，非流通股的数量剧增，非流通股票转让要求越来越强烈，加之 80 年代曾经出现柜台交易及黑市交易的示范与洗礼。更多投资者对交易过程与市场风险有了深入的了解，而且，市场已拥有相对成熟的投资群体和证券经纪人队伍。在这样市场环境下，场外交易市场再次实践已成为了可能。

三、利益诱导与场外市场的加速

实际上，利益诱导因素成为 20 世纪 90 年代场外交易市场的快速发展的催化剂。我们主要从四方面来分析。

第一，地方利益的驱使。开办证券交易场所能为地方带来较大的利益。沪深证券交易所对两市经济、税收、就业、金融及其他相关行业带动的示范效应成为地方政府推动“第三家”证券市场（或类似市场）建立的最大的动力。于是山东淄博、四川乐山、湖北武汉、辽宁沈阳与天津等城市纷纷行动起来，在产权交易市场的基础上建立了与深沪两个交易所市场极为类似的区域证券交易中心。

第二，公司利益的选择。经济的快速发展使得国有企业、民营企业、乡镇企业的融资问题更加严重。当区域场外交易市场推出时，各种类型的企业就迫不及待地投入这些市场，并为公司打开了获得资金的阀门，如淄博自动报价系统为企业所筹集的发展资金，促进了全市企业的股份制改造，先后有 124 家企业改造为股份制公司，共筹集资金 15 亿元；通过引进机构以承销和包销形式先后为 8 家公司配股，共筹措资金 1 亿—8 亿元。

第三，投资机构的利益需求。当时，包括证券公司、信托投资公司、基金公司及企事业单位与社会团体在内的投资机构，尽管数量比例不大，但对市场交易的活跃与价格的波动还是有较大的影响。当时在全国各地设立的 75 只基金中，有 38 只参与各地证券交易中心的股票交易。

第四，个人投资者的利益取向。这个时期，在全国 28 家证券交易中心的 100 多个大大小小的地方性市场中挂牌企业超过千家，成百上千万的个人投资者在这些市场开户进行股票交易，大量的内部职工股依托该市场实现了股票过户转让与交易。单日资金流量过亿元，在有些市场中，甚至出现单日交易量超过交易所市场的情况。

各方利益的诱导，催化了这个时期的场外交易，使场外交易市场迅速地发展了起来。

第二节 区域自发市场向规范化市场演化

据统计，到1992年年末，全国约发行企业内部职工股200多亿元，为当时公开发行股票22亿元的近10倍。大规模的发行催生了旺盛的交易需求。于是，非政府组织的场外交易市场自发形成，具有代表的有成都红庙子市场、乐山箩筐交易市场和吉林通化市场等。其中，乐山的箩筐交易市场在后来政府的介入下，逐步发展成为有组织、有制度规范、有固定交易场所和现代交易载体的场外市场。

一、成都红庙子市场：规模曾超沪深股市

红庙子街位于成都中心区域，是一条长约200米、宽约10米的小街道。在20世纪90年代初期，这条不起眼的街道却成为成都股票自发交易市场的发源地，1993年2月开始，红庙子街两旁摆满了自发交易的摊点，桌上堆满了股票、股权证和成堆的现金，场地也以红庙子街为中心，向四周延伸，股票交易异常火爆。财富的增值效应诱使更多的人参与到这场狂热的游戏之中。到了3月，仅交易的股权证就近20种，且各种防伪水印一应俱全。4月，随着乐山电力股票以开盘价37.01元登陆沪市流通后，进一步激发了红庙子的人气，四川境内几乎所有类型的股票、股权证，债券、股票认购收据在市场上“炒作”，品种最多时达到七八十种，人数最多时超过8万人，日交易量在千万元以上，最多时达到3000万元。其规模甚至在某些时候超过了上海、深圳两个交易所的交易额。随后，乐山、德阳、南充、绵阳等地也相继出现了各种“小红庙”。

参与红庙子场外市场的人群分两类：一类是以下岗、退休人员与外来人员组成的经纪人性质的中间商；另一类是包括公司员工、少数专门炒股者以及来自深圳等地的大户。人们在毫无监管、自发进行的状况下，将当时四川

的天歌、乐电、长虹、金路等 8 大股票价格节节推高。人们也盲目跟风，于是，大量的资金源源不断注入这个市场。

随着红庙子市场的日益火爆，积聚的风险随时都可能演变成危机。5 月开始，政府采取了一系列措施实施监管，包括市场先后两次迁址，对入场人员进行管理，对企业发行股票进行规范清理，对市场交易投机进行控制，等等。这些措施使成都红庙子市场逐渐降温，由盛转衰。

二、乐山产权交易中心：卫星电子化的标杆

早期乐山的股票交易市场也是自发形成的，与成都红庙子市场相似，这可能与这两个市场都属于同一区域有关，相同的区域，文化相似，经济依赖性更强，相互影响的效应更大。在乐山，由于当时很多人将股票放在背篓里，从各地赶来交易，故有“箩筐市场”之称。后来政府介入，逐步形成了有组织、制度和场所的交易市场。

1993 年年底，乐山市人民政府联合省内外成量、川纺、红光、乐山无线电等 4 家知名企业，共同发起组建了乐山产权交易中心。该中心从事产权转让交易业务，在同时尝试企业债券、国家股、法人股等品种的挂牌交易。

后来，该中心确立了以股票交易带动产权市场的运作思路。1994 年 2 月以拆细方式代理乐山无线电向社会公众发行 915 万股企业产权。8 月，再次代理四川省川南林业向社会拆售 1120 万元产权。1995 年 11 月，乐山市证券监督管理委员会被正式批准成立，股票交易问题开始提上日程。该中心开展股票交易业务大致经历了股票集中托管、集中分红、挂牌交易三个阶段。

该中心自 1996 年 9 月 18 日起，对乐山部分非上市公司股票实行挂牌交易，9 月 18 日首批 10 家公司股票正式挂牌竞价交易。这 10 只股票，个人流通股总额上亿元，涉及工业、房地产、商业、旅游、金融等行业。截至 1996 年年底，乐山产权交易中心挂牌企业达 14 家，投资者近万人，累计成交量近千万股，成交金额达 2335 万元。1997 年年初，日均成交量逼近百万股，特别是 1997 年 5 月 26 日成交量竟达 25692000 股。

该中心计算机自动撮合系统及多媒体信息网络系统，扩大了交易范围，提高了股票流动性和市场影响，该中心曾拥有十几家会员单位，交易网点分布在乐山市内外，初步形成了区域性股权流动市场的基本框架，成为四川乃至整个西南第一家依靠计算机多媒体信息网络系统开展股权流动的专业市场。

但是，在1998年证监会的清理整顿中，乐山产权交易中心被关闭。

从成都红庙子自发场外市场到乐山产权交易中心的演化历程，我们可以看到：由于当时许多非上市企业股份制改革后，社会上充斥着数额巨大的内部职工股票，这些股票在市场上存在着极高的“转换交易”需求，同时，也体现出人民对经济体制转轨中可能谋求的利益与社会前景展望等有着极大的热情和期待。当场外交易市场萌芽时，当然，各地政府及企业等相关团体、机构等也发现了这一改变区域经济地位，从而换来在改革转轨的过程中，获得经济的先发优势的大量机遇。于是，在这些利益的诱因下，场外交易市场的发生和发展如火如荼地在全国各地上演了。

第三节　区域政策性市场的全国性扩展

20世纪90年代初，出于地方发展的需要，在政府的支持与参与下，国内各地场外交易市场也次第产生并蓬勃发展，从市场规模、管理水平及影响力等方面来看，较有代表性的市场有淄博自动报价系统和武汉证券交易中心等。

一、淄博自动报价系统：区域场外市场的典范

1993年9月27日准备工作长达5年之久的山东省淄博证券交易自动报价系统正式创立，简称“淄博自动报价系统”。淄博自动报价系统的设立与国家农村改革试验方案、股份制试点方案直接相关。

为深化农村改革进行政策准备，1988年4月，国务院在淄博市周村区设立全国农村改革股份制试验区，到1990年，周村区股份合作企业达800多家，并在各区县相继推广。到1993年年底，淄博市共有87家乡镇企业完成规范化的股份制改制，向公众募集资金近9亿元。

1992年11月中国人民银行总行批准设立国内第一家乡镇企业8年期封闭式的投资基金，基金总规模3亿元，首期发行1亿元，基金60%的份额将投资于乡镇企业的股票和股权。该基金于1993年8月登陆沪市交易。为完成国家乡镇企业制度改革试验任务，经多方论证，淄博自动报价系统得以正式成立。该系统是以交易乡镇企业改制股份公司股票为特色的区域性的场外交易市场。

报价系统1993年3月启动，至1995年5月，发展会员40余家，其中异地会员12家，挂牌股票22只，登记注册的投资者达14万人。并成功实现了与济南、青岛、成都等8个地方的联网，吸引了3家外地股票挂牌。1996年年末，挂牌股票增至40只，联网城市则辐射上海、深圳等大城市，注册投资者近50万人。股票企业的股本总额平均增长25%，总资产平均增长30%，是当时仅次于上海证券交易所和深圳证券交易所的场外市场。1997年10月份股票市值50亿元，共有8家绩优企业通过配股筹资1.8亿元。

后来许多专家考察后，认为淄博的自动报价系统为国内多层次资本市场建设做了有益的探索。

1999年10月，运行了6年的淄博证券交易自动报价系统在清理整顿中被关闭。挂牌的56家公司，以回购收购方式摘牌的25家，以持股分红方式摘牌的24家，以单独上市、重组、捆绑上市等方式摘牌的7家。2003年4月，经中国证监会批准，淄博证券交易自动报价系统与中信证券有限公司签订转接协议，改称为中信证券淄博营业部。

淄博经验主要有三条：第一，股权交易为企业的改制和发展服务，企业、基金和报价系统互相促进；第二，把中央有关部门、专业研究力量和地方政企各界的努力有机地结合起来，参照国际经验，立足本国转型经济的现实，精心设计，精心操作，奠定超越一时一地短期利益的市场制度、组织和程序；第三，以严格的监管来确保交易的公开、公平和公正，积累最重要的无形资产——品牌。淄博的经验证明，我国有能力逐步发展为中小企业融资服务的、现代化的场外交易。

二、武汉证券交易中心：中国2/3的国债曾在此流通

武汉证券交易中心，简称为“汉柜市场”。是由中国人民银行湖北分行和武汉分行于1992年4月17日出面组建，是当时国内最早、影响较大、管理相对规范的场外证券交易场所之一。其市场的组织形式采取会员制。根据其制定的《武汉证券交易中心章程》规定：“武汉证券交易中心是办理有价证券集中交易的场所，是不以营利为目的的会员制的事业法人。”从事国债现券与期货交易、国债回购业务及现金交易。武汉证券市场的国债交易在全国国债市场中占据举足轻重的地位。

汉柜市场当时每天交易各种有价证券均超过1亿元，高峰期则达到6亿—

7亿元。1994年第一季度，国债现货交易突破220亿元。累计达到830亿元，占全国国债集中交易总量的2/3以上，成为全国最大的国债交易市场，其交易价格也成为当时全国国债市场的指导价格。汉柜市场的股票交易从1993年起，逐年大增，后来增至26只，其规模和影响与淄博柜台不差上下，最火爆时，武汉、南京、珠海等地的70多家证券营业部开通了武汉汉柜交易，最高日交易额达到5000多万元。到了1996年年底，汉柜有7家挂牌企业成功转板沪深股市。

但在1997—1998年的清理整顿中，汉柜市场也同样被作为非法经营组织强制限时关闭。

三、四大区域性场外交易市场比较

20世纪90年代相继出现的这四个市场，是中国场外交易市场的发展的典范，各具特点。

表4－1　四大区域场外市场比较

模式	存在时间	规模	竞价方式	监管
成都红庙子市场	1992—1993年	日交易额近千万元	自由或协商定价	市场自律
淄博自动报价系统	1993—1998年	1997年年底股票市值超50亿元，挂牌企业56家	集合或连续竞价	有详尽的规章制度
武汉证券交易中心	1992—1998年	日交易额最高5000万元，挂牌企业26家	试行报价商制度	有一些规章制度
乐山产权交易中心	1996—1998年	日交易额近百万元，挂牌14家企业	集中且连续竞价	有一些规章制度

（注：表格来源于高峦、钟冠华等编《中国场外场外交易市场发展报告》（2009—2010）P78，略作修订）

从组织形式上来看，除了成都红庙子市场是自发形成以外，其他市场的形成都是由相关部门出面组建。从交易品种来看，这四大区域场外市场，红庙子市场为唯一的自发性市场，乐山市场最初是自发性市场，后政府介入，变成与淄博、汉柜市场相同性质的市场，即政府相关部门组建。这四大市场从根本上说，具有太多的相似之外，但各有侧重：红庙子交易品种最多，时间最短，典型的市场供需的自发性爆发；汉柜偏重于国债“老基金”交易，存在时间最长；乐山实为经营股票的产权交易市场；淄博则重于对乡镇中小企业型农村改革的探索。

这四大场外市场是我国20世纪90年代经济改革与市场发展的产物，具有时代典范的作用，虽然存在时间较短，但是对我国当时资本市场、金融创新的探索都作出了重大贡献。

第四节　20世纪90年代“两网”市场的兴衰

1994年7月，我国定向募集的公司达到6000多家。而当时的沪深股市，只是个人股流通的场所。为了解决数量巨大的法人股流通的问题，中国证券市场研究设计中心和中国证券交易系统有限公司先后在北京开办了STAQ系统和NET系统，即所谓的“两网”。这是继深沪股市后，专门提供法人股转让交易的二级市场。

一、STAQ与NET市场的组建

（一）STAQ系统

STAQ系统，即全国证券交易自动报价系统（Securities Trading Automated Quotations System）。于1990年12月5日开始运行。该系统是一个基于计算机网络，以法人股交易为主，涉及国债、金融债、企业债4大类15种证券的有组织的综合性场外市场。

STAQ系统本身属于非营利性的会员制组织，全体会员大会是系统的最高权力机构，由全体会员大会选举理事会。STAQ系统的日常事务由执行委员会主持。该系统采用做市商制度和严格的自律管理办法。

这个市场从创办初期就是一个被政府认同并获得中央政府支持的，是一个有组织的全国性的市场，其系统中心设在北京，连接国内证券交易比较活跃的大中城市，为这些城市的会员公司提供有价证券的买卖价格信息以及结算等方面的服务。开办之初，无论企业还是投资者对该系统都寄予很大的期望，并形成对市场发展的多种预期。因此，市场一度非常活跃，先后有10家公司在该系统挂牌上市交易，1992—1993年是这个系统发展的黄金时期，

1993年8月达到高峰，10只股票的交易额创下17亿元的交易纪录，但到这一年年底，该系统暂停上市。直到这个系统于1998年被关闭。

（二）NET系统

NET系统是由中国证券交易系统有限公司，简称中证交开发设计，并于1993年4月28日由当时主管金融的中国人民银行批准投入试运行的。该系统中心设在北京，利用覆盖全国100多个城市的卫星数据通信网络连接起来的计算机网络系统，为证券市场提供证券的集中交易及报价、清算、交割、登记、托管、咨询等服务。NET系统由交易系统、清算交割系统和证券商业务系统这三个子系统组成。

当时，在NET系统进行交易的只有中兴实业、东方实业、建北集团、广州电力、湛江供销、广东广建和南海发展等7只股票，市场规模较小。按有关规定，凡具备法人资格且能出具有效证明的境内企业、事业单位以及民政部门批准成立的社会团体，均可用其依法可支配的资金，通过一个NET系统证券商的代理，参与法人股交易。

由此，NET系统迅猛发展，系统券商和交易迅速增加；从系统设置的时间来看，NET系统比STAQ系统成立的时间要稍晚一些，但其获得的政府的肯定与官方化背景更为明确。成立之初的1993年6月，江泽民总书记在视察中国人民银行清算总中心时，同时视察了NET系统的监控中心，陪同视察的中国证监会主席刘鸿濡也给NET系统题词“加强合作”。这实际给全国人民一个信号，该系统获得政府的高度认可，并将成为中国第一个有望成为正式制度安排的场外交易市场。这个信号极大地刺激了投资机构与企业，大量的企业开始将此作为深沪市场之外的上市融资的目标市场，机构投资者也纷纷准备进入该市场，社会资金出现向这个市场聚集的趋势。① 但仅仅几个月，政府的限制性政策出台，暂停这两个市场新上市公司的审批，由此，NET系统与STAQ系统交易江河日下，并于1998年的清理整顿工作中被关闭。

二、“两网”运行状况

不管是STAQ系统还是NET系统，虽然具体的组织形式有一定区别，但作为资本市场所具有的功能作用是一样的。两者都以交易上市的法人股为主。

---

① 高峦、钟冠华等编著的《中国场外交易市场发展报告（2009—2010）》P81。

因此，它们一度被称为“法人股流通市场”。

“两网”系统从1992年开始共有17家公司的法人股挂牌交易。开始交易并不活跃，但到4月份，“两网”交易量迅速增大，4月份STAQ系统指数涨幅达23%，交易急剧放大到10371万股。5月7日，STAQ系统成交金额创历史纪录，达2.7亿元。5月10日，STAQ股指飙升到241点。NET系统也随之升高，5月11日达到历史最高点225点，两市所有的股票均创下历史最高价。

在高利润的诱导下，投资者以法人单位为主转向了以个人投资者为主，法人股市场中风险日益加大；很快，在限制政策传闻的作用下，从5月12日，两系统开始大幅度回落。5月20日，中国证券业协会向两系统发出“暂缓审批新的法人股挂牌流通”的通知，6月21日，证监会公告停止两网新股募集上市后，“两网”交易连连下跌。从此，STAQ、NET市场步入了漫长的清理整顿时期。

1996年7月，国家有关部门对STAQ系统内会员之间的股权债务进行重点清查，标志着STAQ系统进入生命终点的倒计时。1997年，NET更名为“中央国债登记结算有限责任司”，业务范围中取消了“股票交易”，1999年9月9日，为整合中国证券市场多头管理以及防范亚洲金融危机，“两网”停止运行。

“两网”宣布关闭后，原在“两网”上市的公司采取了三种退出途径：符合条件的可以在证券交易所上市；原有流通股可依法置换到其他拟上市公司；不具备法定上市条件的公司，委托有关证券公司代办原有流通股份的转让业务。其中，海南航空、南京中商与南海发展通过IPO退出，同时向“两网”的法人股东按10:5配售A股；蜀都股份则是持法人股直接转为A股。其他的则是按第二、第三种方式退出。这些补偿政策，实为政府在清理整顿中的特别“关爱”，比当时许多法人股东幸运多了。

三、2000年后场外市场的创新与探索

2000年之后，国内产权交易市场与股权托管业务陆续繁荣起来，2006年5月中关村科技园区非上市股份有限公司开始进入代办股份转让系统（所谓“老三板”，即由主板退市企业和原STAQ、NET系统挂牌企业构成）进行转让试点的“新三板”尝试，再后来，分别于2008年12月、2009年12月、2012年2月成立的具有全国场外交易性质的天津股权交易所、重庆股份转让中心和上海股权托管交易中心等。这些创新都对我国场外市场建设作出了重

大贡献和有益探索，它们共同构成了现行中国多层次场外市场体系雏形，本书将在以后专门用三篇内容来详细研究和讲述。

第五节　对20世纪90年代我国场外交易市场的评价

20世纪90年代，从STAQ和NET“两网”开通，各地证券场外交易市场出现，再到1997年、1998年的清理整顿，中国场外交易市场在组织变迁、制度安排，政府管制与交易状况等方面，都经历了巨大的起伏，回顾其历程，对构建中国未来多层次资本市场体系的建设具有重大意义。

一、作用和意义

20世纪90年代各类场外交易市场组织的出现并极具生命力的成长，对于沪深市场及我国多层次的资本市场的建设，具有重要的作用和意义。

1. 对未来场内、场外市场的建设提供了创新、借鉴的平台。20世纪90年代出现的场外交易市场，虽然存在这样或那样的问题，但是，其风险机制运作模式、监管体系等都为场内市场或以后的场外市场建设提供了创新、借鉴的平台，如“T+1”的交易机制就是率先由淄博市场提出的。

2. 拓展了中小企业的融资渠道。国有中小企业、乡镇企业、民营企业能通过在深沪交易所上市融资的机会几乎没有，而能够从银行获得信贷资源不仅总量有限，而且成本较高。在国家资源配置严重不公的环境下，场外交易市场的出现无疑为中小企业分享社会金融资源提供了路径。

3. 为现代企业制度的探索确立了方向与依据。现代企业制度至少有两点是明确的：第一，该制度必须是建立在产权明晰的基础之上；第二，该制度必须更能激发并实现生产力的释放与提升。场外交易市场提供了产权明晰的途径，也提供了对一种企业制度效率评价的社会选择机制。在20世纪90年代场外市场交易及利益的推动下，各地大批优秀企业脱颖而出，以明确的效率提升证明一种先进制度的确立，如淄博、武汉、四川的柜台交易市场上，绝大多数企业以其高比例的分红证明了企业的高成长性。

4. 为拟上市企业提供了很好的演练场。就淄博、武汉等柜台交易市场来看，都有一些企业从这里走向场内交易所市场。这些上市企业，如果没有这些场外市场的历练，上市成功的概率应该是很小的。从风险控制的角度看，实际上场外市场柜台交易模式，同时也为资本市场转板机制及制度的设立作出了重要的有价值的探索。

二、存在的问题

20 世纪 90 年代场外交易市场本身已经有意识地进行组织化、制度化、规范化的建设，但是，政府主管部门缺乏指导性意见，无明确的市场准入标准和程序，缺乏有效的监管体系，导致市场的无序与混乱，而后期的治理采取简单的“一刀切”的办法，导致市场大波动，缺乏连续性与递推性并留下很多遗留问题。

1. 组织形式混乱，监管制度缺失。资本市场发展的制度环境不仅要符合多数市场主体利益选择及原则认同标准，而且需要监管部门裁判的公平与有效。一直以来，中央政府采取的是“先试、再看、谨慎推进”的方式探索改革开放之路，时左时右，或不左就右的态度与监管方式让市场疲于应对往往场外市场创新的成本还没收回时，又陷入制度缺乏与持续的巨大风险之中。同时，在高收益的追逐下，诱使大量的跟随者盲目进入，低成本的复制导致市场混乱的同时，高筑起更大的风险之墙。

2. 市场区域性强，信息透明度低。20 世纪 90 年代，除 STAQ 和 NET 系统是全国性的市场外，大多数都是区域性市场。地区性场外市场相当多的仍然是原始的人工交易，这导致交易信息不通、不透明、欺诈等非法交易出现。即使在上述具备现代交易手段的市场，也因为区域行政控制和切割，很难实现信息透明、市场公开、公平而公正。

3. 清理整顿简单化，只顾眼前，却把重大危机推向未来。1993 年和 1998 年两次整顿对场外市场的发展虽然有其积极作用，但是对规范发展较好的市场造成了致命打击。“一刀切”的清理行动，暴露了政府极左的不成熟、简单化的监管思想和方式，对场外市场的建设和发展产生了深远的、持久的不良影响和后果。

总之，20 世纪 90 年代的中国场外交易市场虽然经历了巨大的波折起伏，但对我国经济体制改革的探索与金融体制的发展发挥了巨大的作用，也为建设我国多层次的资本市场体系探索了途径，并积累了丰富的历史经验。

第五章　场外市场的自律与整顿历程

第一节　早期中国场外市场的自律监管

在政府监管制度缺失与经验不足的情况下，中国场外交易市场早期萌芽与发展中的市场自律监管成为了必然，并发挥了重要的历史作用。那么，这些自律监管的模式和形式如何，其历程又是怎样的呢？我们将从以下三个方面展开这个话题。

一、券商碰头或联席自律会

从有关资料显示，1988 年，上海 8 家从事证券柜台业务的机构在中国人民银行上海市分行协调下，发起设立了“周六碰头会”。这应该算是我国改革开放后场外市场最早的自律组织。该组织成立的初衷是相互通报柜台交易行情、协调市场价格，后来逐渐发展成为行业协调自律性质的组织。主要活动的内容有：一是主动沟通市场价格等信息及分析市场走向等状况，维持交易秩序并寻求市场稳定；二是协调组织成员行动，以保证市场运行符合各成员利益并能稳步推进行业的繁荣；三是协助政府相关部门完成制度设计的同时，保证政策及制度能够被有效地得到贯彻执行。

在这之后，深圳于 1990 年 8 月发起成立了更具行业自律性质的组织，即“证券商联席会议”。该组织由深圳所有的合法注册的证券商共同发起设立，参与会议的各证券商之间享有平等的权利并承担相应的义务与责任。会议主席由各证券商轮值担任，每周定期召开成员会议。组织成员享有权利：涉及行业重大问题的决议时有一票表决权；轮值主席代表组织参与政府及相关部门的会议，具有维护行业总体利益的话语权；轮值主席有权在特别情况下召集特别会议。据马庆全 2003 年版的《中国证券史》记载该联席会议的宗旨为：该组织作为广大投资者及发行公司之间相互沟通的桥梁，执行政府有关的证券法规，配合政府证券管理部门管理市场，促进市场的健康发展；加强证券商的自律与相互监督及职业道德教育，遵守行业规则，维护券商的公众形象；维护券商的合法权益，制约券商从业人员日常行为规范以及证券商的权利与义务。它的出现对于券商配合证券管理部门的监管活动，保障从业人员的待遇以及维护券商的合法权益起到了积极作用。

上海、深圳场外市场萌芽时期出现的自律组织，在当时政府监管系统尚未建立的情况下，对场外市场的秩序维护、市场主体的规范、市场功能的效率提高等都起到重要的积极作用。不过，深圳的“证券商联席会议”比上海的“周六碰头会”更规范，更具组织自律的约束效应。

二、协会自律

1991 年 8 月 28 日，全国性的行业自律组织中国证券业协会（以下简称协会）正式成立。协会成员包括具有资格的从事证券业务经营和中介服务的专业证券公司、金融机构、证券交易所及类似机构。协会的宗旨是贯彻执行国家有关方针、政策和法规，发挥政府与证券经营机构之间的桥梁和纽带作用，促进证券业的开拓与发展，加强证券业的自律管理，维护会员的合法权益。协会属于非营利性质的会员制社团组织。

结合中国证券市场的发展状况和国际惯例，协会成立之后制定了一系列规章制度，以强调自律管理在组织中的重要作用。其设定的职能提出：要根据国家政策法规监督会员自觉遵守法律法规，维护市场秩序及行业信誉，调解会员之间的纠纷，实施对会员及从业人员的奖惩机制，组织市场调研，收集整理相关信息，积极参与政府部门的相关政策的制定并推动执行，对会员进行定期培训及考核，并为会员提供信息咨询。

中国证券行业协会替代了深沪早期的行业自律组织，在中国证券市场的发展中做了大量工作。目前，协会制定并执行的行业自律制度包括四大类，即从业人员管理、会员机构管理、业务规范和代办股份转让规则。由此，我国进入了政府监管与自律监管相结合的证券体制监管时代。

三、市场自律管理

实际上，中国证券行业协会自从1991年成立以来，主要并长期服务的对象是沪深交易所市场，而对场外交易市场来说，其自律管理涉足较小，而且存在较大的局限性。因此，场外交易市场发展的各个时期，市场的规范管理主要建立在自律管理的基础之上。

2000年之后，我国场外交易市场的发展呈现出多种模式和途径，其中，产权交易所（中心）及股权托管市场受到历次清理整顿的影响陷入了诸多矛盾和问题之中。面对大量的具体问题和“无法可依”的状况，成都股权托管中心做了大量的有益的探索。2002年成都托管中心发起并举办了首次全国股权托管市场机构的联谊会，并得到了全国各地相关股权托管机构的响应，于2002—2009年连续成功举办了8次。依托这一平台，各地股权托管市场机构就一些市场运行中问题进行了充分的沟通，并制定了积极而有效的解决方案，起到了一定的市场自律监管作用。

2008年12月，全国性的场外交易性质的市场，天津股权交易所成立，其在市场自律管理的制度建设方面作出了极富价值和意义的探索。为场外交易市场自律管理的经验摸索作出了重要的贡献。

第二节　1993年第一次清理整顿

20世纪90年代以来，中国场外交易市场发展经历了三次较大的清理整顿。

一、整顿的原因

1992年，邓小平同志的南方谈话，激发了中国经济的跨越式成长并很快出现发展过热的迹象，于是，经济波动因素及前期各种隐伏的矛盾暴露了出来，如货币过度投放，金融秩序混乱，财政困难加剧，出口增长乏力，进口增长过快，物价上涨过快，通货膨胀加速态势等。面对这一系列问题，政府重点从解决金融领域的稳定问题着手，加大了调整力度。而就在这个时期，证券交易所市场违法投机事件大量出现，场外市场地下交易，法人股市场的非正常交易泛滥等，引发了政府对资本市场尤其是其场外市场的较大规模的清理整顿。

另外，为解决内部职工股的转让问题，上海、深圳市政府分别于80年代中期和末期组织建立了柜台交易市场，但内部职工股交易转让市场则没有建立起来。于是，现实中大量累积而滞转的内部股票，在沪深交易所火爆交易的影响下，地下交易再度活跃。于是，很多城市，由股票持有人和黑市掮客自发聚集形成的私下交易市场随处可见，让人感觉到，好像大的危机正在形成且一触即发。

二、整顿的措施及效果

基于以上背景，1993年4月3日，国务院办公厅转发了国家体改委等部门制定的《关于立即制止发行内部职工股不规范做法意见的紧急通知》（以下简称《通知》）提出了六条规范意见：1. 内部职工持股的定向募集股份有限公司，要继续按规范要求进行试点。2. 地要严格执行《股份制企业试点办法》和《股份有限公司规范意见》的规定，定向募集股份有限公司内部职工持有的股份，采用记名股权证形式，不得印制股票。3. 自本通知下发之日起，各地要立即采取措施，尽快将发放在个人手中的定向募集股份有限公司的内部职工股股权证，由公司委托国家认可的证券经营机构集中托管。4. 任何机关、团体、部队、企事业单位和个人不得利用职权索取和非法购买企业内部职工股，也不得以法人（含社团法人）名义购买法人股后分发给个人。5. 凡已经出现内部职工股权证非法交易的地方，当地人民政府要组织有关部门立即采取坚决而又稳妥的措施，加以制止和取缔。6. 对违反本通知和国家有关规定的定向募集股份有限公司，要进行严肃查处，今后一律不得转为社会募集股份有限公司。

显然，《通知》明确规定了“以法人名义购买法人股后分发给个人”这一现实变通行为的违规性；并且将内部职工股私下交易行为定义为“非法行为”，严格制止和取缔类似交易行为。

针对清理整顿的问题，中共中央、国务院也于1993年6月发布了《中共中央、国务院关于当前经济情况和加强宏观调控的意见》（以下简称《意见》)给予了明确而肯定的表态，并提出了有关加强和改善宏观调控的16项措施，其中12项都与金融系统有关，强调要“进一步完善有价证券发行和规范市场管理；各地区、各部门必须严格执行国家下达的股票、债券等证券发行计划，不得擅自突破”，“内部职工持股的定向募集股份有限公司，要继续按照规范要求进行试点，严格执行《国务院办公厅转发国家体改委等部门关于立即制止内部职工股不规范做法意见的紧急通知》，股权证要集中托管。要坚决取缔有价证券的黑市交易，维护合法、规范的市场交易活动”。

与此同时，为贯彻中共中央，国务院决定并力求有效清理整顿资本市场次序，为经济发展过快退烧，国家体改委也制定了《定向募集股份有限公司内部职工持股管理规定》(以下简称《管理规定》)，《管理规定》对内部职工持股的范围、管理等细节问题作了详细解释和规范。

这些规定及所伴随的较大规模的清理整顿，从“公司募集股份的发行与内部职工股的转让流通”等源头上有效地遏制了场外市场及其黑市的大量违法违规操作，有效地控制了资本市场集聚的高危风险，有效地调控了当时经济增长过热的危险态势。

第三节　1997—1998年的第二次清理整顿

一、背景和原因

1998年前后，东南亚发生的金融危机逐步向整个亚洲蔓延，我国在受到较大冲击的同时，也让国家领导者们意识到改革开放是一个稳步推进的事业，我国目前已经到了要控制发展速度的时候了。这是外部环境影响得出的结论。

从国内情况来看：我国改革开放经过30年发展，客观上存在调整的压力，另外，经济已经从短缺、粗放式发展目标逐步转向结构性调整为主的目标上来。保证金融系统的平稳运行，已经是国家宏观调控的重要工作。

再来看看场外市场的情况：与第一次清理整顿前情景极为相似的是，1994年到1996年短短的3年时间里，我国股市再次出现异常火爆的态势，甚至出现大盘三天就可翻一番状况。与此同时，第一次清理整顿后的场外市场在沉寂了一段时间后，再次快速发展起来。不同的是，这次在各地出现的场外市场不再是自发的无组织的市场是在各地政府支持并积极参与下建立的，以证券交易所（中心）的形式出同，是规范化、制度化的现代场外市场的特征。

由于这些市场都或多或少地对照了深沪交易所市场的许多特征，并不算是严格制度安排下的场外交易市场，而是在政府的默许下诞生，并获得了足够的发展空间。这似乎暗合了中央政府这个时期在这个问题上所采取的“试试看，看看再说”的处理方式。

介于中央的暧昧态度，前期政策的不规范以及沪深股市上市预期（之前，有些地方性证券交易中心的挂牌股票，挂牌当年就可以转到沪深上市）的影响，区域场外市场中的国债、“老基金”、非上市公司的股票、股权证等交易火爆了起来，其中非上市公司的股票、股权证的发行和交易正是前期清理整顿的重点。

为抢分一杯羹，全国各地都纷纷急迫上马创立市场，甚至很多不具备设立市场条件的地区也盲目而动，于是，各种掩盖的矛盾与问题逐渐显露，各种高危风险再次显现。良莠不齐的市场成为风险转为危机的最大隐患。

基于1997年爆发的“亚洲金融危机”可能的严重引发效应及内外环境中潜在的各种调整压力，1997年11月17—19日，中共中央、国务院召开了改革开放以来第一次规格和级别极高的全国金融会议，从中央各部到地方省部、自治区、直辖市党政及金融（包括证监会、银行业、保险业等）等各级负责人悉数参会，会议讨论的问题涉及未来几年我国金融体制改革与金融工作的重点，得出重要结论是建立相对成熟、完善、健康的金融市场，才能有效抵御金融风险，为经济的平稳运行保驾护航。于是，一场比1993年清理更大的整顿风暴形成了。然而，市场上大部分投资者都没有意识到这是一次改变他们命运甚至影响他们一生的政府性大行动。

二、过程及措施

在如上背景和原因下，国务院办公厅于1998年3月25日转发了证监会《关于清理整顿非法股票交易方案的通知》，此通知明确针对“未经国务院批准擅自设立的产权交易所（中心）、证券交易中心和证券交易自动报价系统等机构，所从事的非上市公司股票、股权证等股权类证券的交易活动”。具体措施为：

1. 对有条件的挂牌企业，可按照市场价格赎回其流通股。

2. 在自愿的前提下，鼓励其他企业收购有发展前景的挂牌企业的流通股，作为长期战略投资。这部分股份不得再进入市场流通。

3. 允许行业相同或相近的上市公司或拟上市公司吸收合并资产质量较好、有发展前景的挂牌企业。此类挂牌企业的流通股可在转换为上市公司的股份期满3年后上市流通。

4. 少数效益较好、偿债能力强、具备发行企业债券条件的挂牌企业，经国家发展计划委员会会同中国人民银行、中国证监会依法严格审批后，可将其流通股转换为企业债券。

5. 对少数业绩较好、规模较大、符合上市条件的挂牌企业，可依法推荐单独上市；对一些业绩较好、行业相同或相近但规模不大的挂牌企业，可经过资产重组后推荐上市。推荐挂牌企业上市，要列入所在省（自治区、直辖市）的新股发行上市计划，并按规定程序履行审批手续。

6. 对不具备上市、发行企业债券等条件的挂牌企业，要动员现有股东（特别是内部职工）继续持有股份，享受股东权益；有关地方人民政府要给予相应的优惠政策，支持、督促其做好分红派息工作。

7. 非法股票交易场所全部业务清理完毕之后，由所在地人民政府予以关闭。少数非法股票交易场所经整顿符合条件的，报中国证监会批准后，可组建证券营业部。

由以上内容可以看出，虽然政府考虑到了挂牌企业的不同情况，但是，并没有从证券交易角度考虑彻底解决非上市企业的股票流通问题。显然，这次整顿是很严厉的，明确的工作步骤是按先停止扩容，再清理业务，最后关闭场所的顺序进行，并强调要统一部署，加强上下沟通，做好善后处理。

1998年9月30日，国务院办公厅又转发了证监会《清理整顿证券交易中心方案的通知》（以下简称《通知》）以表明规范证券市场的决心，加强清理整顿工作的力度的同时，并将清理工作扩展到与上交所、深交所的联网业务，并且列出了包括北京、沈阳、四川、山西等证券交易中心共26家。需要清理整顿的证券交易中心的名称。原因是对象范围是所有未经中国人民银行或证监会批准，擅自设立的从事上海证券交易所、深圳证券交易所联网交易业务以及非上市公司股票、股权证和基金挂牌交易业务。其具体清理整顿的做法是：首先委托有证券从业资格的会计师事务所，审计核查资产，然后在取缔非法证券交易的同时，分流业务以保障原有有关网交易客户的交易，最后撤销证券交易中心，改组、重组为新的证券交易业务部或证券经纪公司。

三、整顿的后果

在这次清理整顿中，曾一度兴盛的淄博证券交易自动报价系统，武汉证券交易中心，以及STAQ、NET系统等场外证券交易市场都相继关闭。虽然，政府清理整工作保障了证券市场以及整体经济稳定的大局，但是，并没有也不能从根本上解决非上市公司股票的流通等问题。一些遗留的“问题证券交易中心”的改组工作一直延续到2000年。

第四节 2006年的第三次清理整顿

一、背景和原因

进入21世纪，中国经济在成功实现“软着陆”之后，迅速驶入了经济发展的快车道，至2006年，我国经济总量已成功突破了20万亿元大关。股市本是一国经济的“晴雨表”，但是，连续4年来中国股指的低迷与中国经济增长强劲形成鲜明对照，这不仅导致场内资金的流出，而且也使得场外资金流入其他市场。与此同时，非上市企业的股份流通又在各地暗潮涌动。非法证券的发行和交易大量出现并向全国蔓延。好在陕西出现了“保赛案”为代表的一批大案、要案涉及面广，影响大，受害者大多是下岗职工和离退休人员，若处置不好、不及时极易引发社会群体事件。而且，在这些案件中，一些股权托管机构、产权交易所起到了推波助澜的作用。

二、具体措施及效果

2006年12月12日，国务院办公厅发出《关于严厉打击非法发行股票和非法经营证券业务有关问题的通知》（以下简称《通知》）。以遏制场外市场大量非法活动在全国范围内的蔓延。通知总结了各地非法证券活动的特点和形式，即“非法证券活动具有手段隐蔽、欺骗性强、蔓延速度快、易反复等特点，涉及人数众多，投资者多为退休人员、下岗职工等困难群众，容易引发群体事件。当前，非法证券活动的主要形式为：一是编造公司即将在境内外上市或股票发行获得政府批准等虚假信息，诱骗社会公众购买所谓的‘原始股’；二是非法中介机构以‘投资咨询机构’、‘产权经纪公司’、‘外国资本公司或投资公司驻华代表处’的名义，未经法定机关批准，向社会公众非法买卖或代理买卖未上市公司股票；三是不法分子以证券投资为名，以高额回报为诱饵，诈骗群众钱财”。

这次清理整顿，国务院明确要求由证监会牵头，联合工商总局、银监会、公安部，并邀请最高人民法院、最高人民检察院等有关单位参加，成立了非法证券活动协调小组，负责打击非法证券活动的组织协调、政策解释、性质认定等工作。同时对各省、市、自治区、直辖市等作了详细的规定和部署。在清理整顿中，对当事机构、个人根据其性质，违法违规等不同情况给予行政、经济处罚，甚至立案查处和依法追究刑事责任等。制止、处罚的行为与事项主要包括如下内容：

1. 严禁擅自公开发行股票。向不特定对象发行股票或向特定对象发行股票后股东累计超过 200 人的为公开发行，应依法报经证监会核准。未经核准擅自发行的，属于非法发行股票。

2. 严禁变相公开发行股票。向特定对象发行股票后股东累计不超过 200 人的，为非公开发行。非公开发行股票及其股权转让，不得采用广告、公告、广播、电话、传真、信函、推介会、说明会、网络、短信、公开劝诱等公开方式或变相公开方式向社会公众发行。严禁任何公司股东自行或委托他人以公开方式向社会公众转让股票。向特定对象转让股票，未依法报经证监会核准的，转让后，公司股东累计不得超过 200 人。

3. 严禁非法经营证券业务。股票承销、经纪（代理买卖）、证券投资咨询等证券业务由证监会依法批准设立的证券机构经营，未经证监会批准，其他任何机构和个人不得经营证券业务。

2007 年 2 月，国务院同意建立整治非法证券活动协调小组工作制度，上述的临时整治手段被制度化。2008 年 3 月，证监会成立了“发行二部”，即“非上市公众公司监管部”，编制达 520 余人，占目前整个证监会编制的 1/3 以上。该机构成立的目的就是加强对场外市场各类交易行为、活动的规范与监管。

与前两次清理整顿相比，这次规模虽然较小，但是力度却更大。而且决策层明显吸取了前两次清理整顿的教训，对各地的股权交易市场进行了“差别对待”。一些对行业、地方金融、经济发展起到了积极作用并且规范运营的股权交易市场得以保留。同时，一些长效机制由此相继建立；一批大案要案得到了查处，有关责任人员被追究法律责任，也从根本上遏制了非法证券活动蔓延的势头，维护了社会稳定。

第五节　市场自律监管与三次清理评价

中国场外市场的萌芽和发展是在缺乏一切经验的基础之上，从市场自发演化开始的。所以，当初政府对其如何引导、如何监管几乎连思路都没有，更谈不上出台行之有效的政策和制度加以管理了，所以，市场是在“摸着石头过河”。在这个历程中，这些尝试和清理固然对场外交易市场的发展起到了重大的历史推动作用，但是，也从另一个层面展现出“尝试创新”与“矫枉过正”所产生的巨大现实、机会成本及“曲折多难”的政策迷茫。在回顾场外市场演进历程与自律、清理监管历程之后，我们现在来简略地叙述它们的历史作用和意义。

一、对自律监管的评价

实际上，对于我国场外市场的监管，在我国的制度监管体系框架内一直都没有常规的监管制度设计，这要从两种情况来解释：第一，早期地方政府批准设立的场外交易市场，按照中央政府三次清理整顿下发文件的界定属于“非国务院批准的非法设立的市场”，但是，淄博市场是在相关部委多次调研的基础上获得国家认可设立的市场，并被纳入“农村改革股份制试验区”的改革试点方案。第二，在 2008 年 12 月成立的天津股权交易所之前的市场都是在中央相关部门的批准下设立的，但在 2008 年 3 月证监会成立“非上市公司监管部”，即“监管二部”之前，其监管归属一直不明确，其中 STAQ 和 NET 系统是法人股交易市场，所以其监管归属问题也不明确。所以，对于中国的场外市场来说，第一，如20世纪80年代的上海静安柜台交易市场到90年代的淄博、武汉等证券交易中心，虽然市场监管所依据的主要是地方政府出台的管理办法或管理条例，监管执行部门理论上由当地的中国人民银行或政府专设机构负责，但是，实际上执行的是市场自律监管组织的自律管理。第二，从90年代初出现的全国性STAQ和NET法人股转让系统，到2006年5月出现的现行中关村代办股份转让系统，在2008年证监会成立“监管二部”之前，其监管主要还是自律监管。

自律监管在中国场外交易市场萌芽与发展的不同时期里，虽然具有重要的历史意义，但也存在着较大的局限性。一方面，尽管场外市场的组织机构本身对自律监管具有较高的共识性，但始终没有制度化，但是始络缺乏类似行业协会这样的协调组织机构承担自律监管机构出现，如类似于引进协会什么的，当然自律也就很难制度化。1991年成立的中国证券业协会，主要负责沪深场内交易所活动的券商及中介、经纪公司进行协调与自律管理，到目前为止，很少涉及场外市场的自律监管，当自律监管被染上浓厚的“自行监管”的色彩时，在市场利益的驱动下，自律监管很难建立并获得有效的保障机制。另一方面，地方政府在场外交易市场监管制度的形成与建立中，本应具备主导与引导作用，但是，实际上这方面功能却更多地缺失了。当地方利益与市场监管发生冲突时，政府组织通常采取漠视甚至纵容的态度，从而导致自律监管事实上的失灵。

自律监管的不足与失灵是中国场外交易市场从萌芽、发展到现今一直都没有得到解决或没有很好解决的历史与现实问题。

二、清理整顿的作用和意义

纵观中国场外市场的三次较大规模的清理整顿，第一次是改革以来首次大规模地针对内部职工股发行及交易市场而展开的。在这一时期里，很多市场包括成都红庙子市场被关闭。第二次是在东南亚金融危机扩大化以及国内经济长期增长后存在调整压力的情况进行的，当时盛极一时的淄博证券交易自动报价系统，武汉证券交易中心，以及STAQ、NET系统等场外证券交易市场都相继关闭。虽然，政府清理整工作保障了证券市场以及整体经济稳定的大局，但是，并没有也不能从根本上解决非上市公司股票的流通等问题。一些遗留的“问题证券交易中心”一直延续到2000年陆续被清理或被改组为证券经纪公司、证券营业部或证券服务部才得以结束。第三次是在中国股指2002—2006年严重低迷与中国经济强劲增长严重背离的情况下，各地非法证券的发行和交易大量涌现，并有蔓延全国之势的情况下进行的。目的集中查处一批非法证券的发行和交易典型案件，震慑犯罪分子，教育人民群众，以维护社会稳定和场外市场的健康发展。其意义主要表现在：

1. 初期的场外市场确实满足了内部职工股的交易需求，但在政府、市律监管缺位的情况下，很快就发展成为一个过度无序投机的市场，随着大量投机资金的疯狂涌入，市场与社会风险集聚并对金融秩序形成很大的冲击，金融秩序稳定的破坏将给中国改革带来严重的后果，因此，必要的清理整顿具有重要意义。

2. 在利益的诱导下，全国各地的许多公司股票的大肆滥发与交易并不意味着社会与国家真实财富的增加，但却吸引了大量的国家法定流通货币的投入，其结果是严重地冲击了证券、二级市场的有序运行和稳定发展，所以，政府的清理与监管，是对尚处于幼稚成长期资本市场的一种保护。

3. 中国是一个经济制度转型且需要快速发展的大国，经济稳定与持续增长是国家的首要任务。经济增长停滞甚至是放慢所带来的社会问题的严重性，要远远大于场外交易市场清理整顿所带来的问题。因此，牺牲局部利益保障全局利益是这个时期的根本指导思想，所以，当亚洲金融危机爆发和国内经济存在重大调整压力的时候，政府对发展有序的淄博自动报价系统、武汉证券交易中心等在内的第二次全国金融大清理，可见其良苦用心。

4. 每次清理整顿，国家相关监管机构的联合行动不仅体现了政府解决场外市场有序发展的力度与决心，也提高了政策调控的效率，从积极意义方面来讲，这几次的清理整顿行动都对中国资本市场监管制度的设计与完善进行了有效的探索。

三、清理整顿的反思

从历史发展的观点来看，虽然这三次清理整在保持经济持续发展与社会稳定大局方面有着重大意义，但是，也暴露出政府在市场监管的思路上存在一些问题，主要表现在：

1. 三次清理整顿的思路都停留在“围堵”的层面，而难以上升到引导疏通的层次。这种“围堵”的方式虽然可暂时从表面上获得迅速解决问题的效果，但实际上并没有找到问题产生的根源。非上市企业股份的流通问题才是中国企业改制与资本市场及其场外市场形成与发展的根本性问题，这也是中国场外市场及其地下市场屡屡火爆异常，各种违法乱纪事件层出不断的原因。所以，建设多层次发展的场外市场是社会与国家快速、健康发展的重要任务之一。

2. 矫枉过正成为政策制定所遵循的原则，三次清理整顿都给发展中的市场带来巨大冲击，其冲击波甚至会延续到若干年后。其中，市场组织者、上市挂牌公司、金融机构、地方政府都承受了巨大的损失，但受影响最大的却是众多的普通投资者，他们的财富一夜之间大幅缩水，用真金白银换来的股票变成了一文不值的废纸，甚至背上巨额债务，这也是数次清理整顿的伤痛。

3. 在制度缺失的情况下，政府好像无所适从，监管思路似乎显得盲动：在市场发展的初期，政府通常表现为不公开支持、也不明确反对，这种态度很容易被解读为默许，于是，彷徨的观望者迅速转变为盲目的跟进者市场在疯狂中失控；在市场快速成长阶段，由于政府缺乏一套系统的、规范的制度，导致市场良莠不齐、竞争无序，其结果是原有的约束和规则被打破，这时，无论政府的监督，还是市场本身的自律机制都失去了效力，于是，市场在失控下一浪一浪地向高潮推进，各种神话在市场秩序荡然无存的情况下被制造，各类风险的集聚渐渐向金融、社会危机方向演化，在这种情况下，政府唯一能采取的策略就是“断臂割股”，于是“一刀切”的政策出台了，无论良莠，无论好坏，一关了事。这样，政府主动调节市场的一切优势都难以实现，其结果如市场调节一样，以巨大的代价实现强制性修正。

第二篇
产权市场与场外探索

第六章　中国早期产权市场的发展与历程

第一节　产权与产权交易市场概述

中国场外交易市场的发展与产权交易市场有着密不可分的关系，一定程度上讲，改革开放之后的中国场外交易市场发展史就是中国产权交易市场探索、发展的历史。20世纪80年代到90年代末，大部分可以观察到的非正式制度安排的有组织的场外交易市场，相当一部分是依托产权交易市场建立起来的。在了解我国产权交易市场发展历程以及市场如何服务各类产权交易进行有序流转等诸多问题之前，我们先根据相关文献资料归纳、整理并了解一下产权、产权市场等的概念及内涵。

一、产权的概念和内涵

产权是指财产所有权及与财产所有权有关的财产权。财产所有权是指所有权人依法对自己的财产享有占有、使用、收益和处分的权利；与财产所有权有关的财产权是在所有权部分权能与所有人发生分离的基础上产生的，是指非所有人在所有人财产上享有占有、使用以及在一定程度上依法享有收益或处分的权利。产权可以从不同的角度进行分类，一般有七种形式：

1. 按历史发展形态的不同可以分为物权、债权、股权、知识产权等；

2. 按归属和占有主体的不同可以分为原始产权、政府产权和法人产权；

3. 按占有主体性质的不同可以分为私有产权、政府产权和法人产权；

4. 按客体流动方式的不同可以分为固定资产和流动资产；

5. 按客体的形态不同可以分为有形资产产权和无形资产产权；

6. 按具体实现形态不同可以分为所有权、占有权、收益权和处置权，即所谓的“四权”；

7. 按产权所有制性质的不同可以分为国家所有权、集体所有权、个人财产所有权等。

产权的功能是指产权作为一种社会强制性的制度安排所具有的界定、规范和保护人们的经济关系，形成经济生活和社会生活的秩序，调节社会经济运行的作用。主要有四大功能：一是产权的激励功能：任何产权主体对其产权的行使，都是在收益最大化动机支配下的经济行为，没有收益的产权是不可思议的；二是产权的约束功能：产权对产权主体在行使产权的经济活动中所施加的强制；三是产权的资源配置功能：产权的资源配置功能指的是产权制度的安排本身所具有的调节或影响资源配置状况的作用；四是产权的协调功能：现代化市场经济条件下财产关系更加复杂和多样，这就要求社会对各种产权主体进行定位，以建立和规范财产主体行为的产权制度，从而协调人们的社会关系，保证社会秩序规范、有序的运行。

在市场经济条件与法律的界定与保护下，产权的属性主要表现在六个方面，即产权排他性、独立性、可交易性、可分解性、收益性和价值的变通性等。

一是排他性：产权的排他性首先是要明确所有者主体，即明确资产归谁所有、归谁使用等问题；其次就是要明确所用者的客体，即到底是什么东西归谁所有的问题。产权主体明晰，资产归属明确是产权的基本特征之一。二是独立性：只要产权关系一确立，产权主体就可以在合法的范围内自主地行使对产权的各项权利，谋求资产收益最大化，而不受同一产权上其他产权主体的随意干扰。三是可交易性：产权是商品经济高度发展的产物，它体现为资产交易市场中的动态性财产关系，还规定了交易过程中的资产权利界定。产权的“四权”（即占有、使用、收益与处分）既可以作为一个整体成为交易对象，其中的任何一项或任意几项的组合也可以成为交易的对象。产权的转让又有两种形式：一种是包括所有权各项权能在内的整个所有权的转让，另一种是保留股权而将所有权的占有、使用、收益与处分权转让。四是可分解性：是指对特定财产的各项产权可以分属于不同主体的性质。例如土地所有权、占有权、支配权和使用权可以分解开来，分属于不同的主体。五是收益性：是指产权所有者凭自己对财产的所有、使用而获取收益的权利，是产权所有者谋取自身利益，实现资产增值的主要手段。六是价值的变通性：由于不同的投资人有着不同的投资偏好，有着各自不同的实际情况，他们对同一份产权有着不同的预期，因此同一份产权对于不同的投资人来说有着不同的价值判断。

其中，产权的流动性是产权最本质的需求，是产权市场得以形成与资源得以有效或高效配置的核心力量，是产权中介机构得以寄生与推动市场的依靠和方式，这也是产权市场中上演各种跌宕起伏、扑朔迷离故事的根源。

二、产权交易市场的特征

产权市场是产权交易的场所、领域、活动和交换关系的总称，不仅包括产权交易机构本身，还包括了围绕产权交易机构建立起来的市场服务平台、交易服务网络、中介服务体系、市场运行规则、市场服务以及与之相关的各种交换关系等。从形式上来看，包括产权交易所（中心）、资产调剂市场、承包市场或租赁市场等。

1. 内涵丰富与交易活动广泛。产权市场所涵盖的范围不仅包括产权交易机构、产权交易的买卖双方及其相互之间的关系，而且还包括卖方的促销活动，买方的调查、分析、评价和决策以及市场中介的各类活动等。从交易形式和服务内容上来看，包括承包、租赁、参股、拍卖、收购、兼并、重组、企业主辅分离、中小企业融资、股权登记托管、股权拆分买卖和上市培育等；从交易的偿付方式上来看，包括现金支付、分期付款、资产抵押、证券抵押、承担债务等。

2. 具有较强的专业技术性。产权交易市场接纳的对象不是普通的商品消费者，而是投资者和企业家。由于行业和部门的不同，各种企业的技术、产品等差别比较大。对这种商品，不论是买卖双方，还是经纪人等服务中介机构，对其评估、研究、运营等方面都需要具备很高专业技能。

3. 具有较强的制度性。产权交易不仅关系到国家财产和企业、职工的利益，而且和国家宏观调控、产业结构、就业结构等都有密切的关系，而且需要涉及国家有关部门如财政、金融、国有资产管理部门、工商、税务、法律、劳动部门及投资单位在产权交易问题上进行密切合作。所以，产权交易市场的产生和发展在一定程度上取决于国家的政策和制度。

三、产权交易市场的功能

1. 信息积聚功能。产权交易市场能提供所有产权交易价格和其他相关信息，使交易者通过市场建立固定的联络渠道，使具有交易意愿的买卖双方或潜在的买卖双方通过恰当的形式相遇。

2. 价格发掘功能。产权交易市场能为潜在的交易者对交易价格作出合理的预期，以减少交易费用、促进交易双方顺利达到双方满意的交易价格。

3. 制度规范功能。是指产权交易市场对产权交易过程中所发生的各种行为包括信息的形成与传递，创立公开交易行为制度，杜绝暗箱操作，形成价格规范，公平竞争等提供规范。

4. 中介服务功能。是指产权交易市场通过实行进场交易委托代理制，简化了产权交易手续，缩短了产权交易过程，提高了产权交易效率。同时，培育了中介服务机构，提高了经纪人员的业务素质。

另外，在中国，产权交易机构是构成产权市场的主体之一，产权交易机构，是指以从事产权交易活动为主要内容，具有独立法人资格的专业机构。截至目前，中国的产权交易机构都是经过地方政府部门审批设立的，专业从事产权交易的法人机构，全国已有300余家。在组织形式上，大多数采用事业法人制，少数机构采用公司制。

第二节　20世纪90年代及之前的产权交易市场

一、市场背景与形成原因

早在20世纪50年代，国家通过“赎买”政策下的公私合营方式，将民族资本主义企业逐步转变为社会主义国有企业，完成了新中国成立以来的第一次最大规模的产权转移，即所谓的“社会主义改造”，属于政治安排下的非市场行为的“产权交易”。随后的近30年计划经济，很少再有国有资产的有偿转让行为。直到1978年12月，中共十一届三中全会拉开经济体制改革的序幕，同时也为产权交易及其市场的产生提供了孕育的空间。紧接着，1979年7月，国务院通过一系列文件要求为扩大国有企业经营管理自主权、实行利润分成等改革措施进行试点，到了1980年，这种“放权让利”的改革试验扩大到全国6600个国有大中型企业并进行了“利改税”的政策。这些改革举措虽然取得了一些阶段性成果，但是，国有资产诸如资金投入效果差、经营物质消耗过高、资产闲置等问题没有从根本上解决，甚至成为当时制约国民经济进一步发展的重要因素。鉴于这种背景，产权重组、产权交易的思想种子开始萌芽了。1984年10月，党的十二届三中全会作出《关于经济体制改革的决定》，企业产权转让开始普遍引起重视。1987年10月党的十三大明确提出了“一些中小型全民所有制企业的产权，可以有偿转让给集体和个人”的思路。1988年3月中央政府在《政府工作报告》中明确提出：通过深化企业改革以逐步确立新经济体制的主导地位，而深化企业改革要“实行企业产权有条件的有偿转让，使闲置或利用率不高的资产得到充分利用”。至此，企业产权的有偿转让才被列为国有企业改制重组的一项重要举措并以多种探索形式或模式在全国各地迅速扩展开来。

二、80年代的兴衰与交易类型

1988年5月27日，武汉企业并购事务所成立，这标志着新中国产权交易机构和交易市场的诞生。该事务所是由武汉市工商银行、财政、税务和审计局等单位组成的，采取发布信息、办交易会和定期挂牌等方式进行产权交易活动。随后，四川乐山、成都、保定、福州、南京、深圳等地也纷纷成立了产权交易机构，产权市场经历了第一个发展高潮。截至 1989 年年底，全国共有 25 家产权交易机构正式挂牌，皆由政府直接投资，由财政部门主管，大多采用国有法人的组织形式。1989 年 2 月和 8 月，国家体改委会同财政部、国家国有资产管理局分别发布了《关于出售国有小型企业的暂行规定》和《关于企业兼并的暂行办法》，一些省市也结合本地实际制定具体办法，为第一批产权交易机构开展产权交易业务提供了一些政策依据。

随着我国经济体制改革的深入，商品经济的不断发展，企业在经济体制转型的过程中，产生了分化，一部分企业发展成为综合管理水平高、效益好、竞争优势明显的先进企业，一部分企业因思想理念或环境条件不利成为了经营不善、亏损严重的落后企业。于是，先进的企业希望通过兼并等方式壮大自身实力，落后企业则可以通过并入先进企业的方式摆脱困境，获得重生。在这种内在需求的催生下，中国产权市场的初期业务主要是围绕国有企业之间的兼并、重组事项提供诸如改制、资产评估、寻找投资人、转让登记等服务内容。由于我国的产权交易刚刚起步，各方面的条件有限，交易还主要是以企业整体的让渡，即企业兼并这种比较单一的形式，而且，转让的是出资人的经营权，而非所有权，即交易双方大都是国有企业，实行转让后仍是国有企业，所有者没有变，只是经营权发生了换位。

另外，这一时期的产权交易处于探索阶段，资产评估、价格确定、交易方式等交易程序都很不规范，交易行为一般是双方协商，或由政府出面干预下进行，市场化程度较低，产权市场应有的价格、投资人发现功能等都不可能得到充分发挥。

到了 80 年代末期，有关国家性质的问题，即“姓‘资’还是姓‘社’”的问题的争论冲击了我国经济体制的改革，企业产权交易也受到一定程度的影响，尤其是将国有中小型企业向集体、个人出售的改革方略，被认为是有损于社会主义国有经济的行为。从 1989 年下半年以后的 3 年时间里，国民经济进入全面治理整顿阶段。此间，产权交易受到抑制，产权市场建设进入了低谷时期。

三、90年代的第二次兴衰

1992年1月，邓小平的南方谈话指出：必须坚定不移地全面贯彻执行党的“一个中心、两个基本点”的基本路线，“改革开放胆子要大一些，要敢于试验。看准了的，就大胆地试，大胆地闯”。这些思想极大地鼓舞了全党全国人民，改革开放进入了一个新的历史时期。1993年11月，党的十四届三中全会作出《关于建立社会主义市场经济体制若干问题的决定》，明确了“明晰产权关系”和实行“产权流动和重组”的经济体制改革要求。随后，围绕产权交易的理论探讨和探索实践迅速升温，产权市场也因此活跃起来。1994年，上海城乡产权交易所、北京产权交易中心、天津产权交易中心先后成立，深圳、山东、四川、武汉、江苏、江西、河南、河北、辽宁、吉林等地也纷纷组建产权交易机构。这些机构，虽然有的叫产权交易中心，有的叫产权交易市场，但基本功能都是一样的，都是围绕国有企业改制重组和产权交易提供服务的机构。在这一时期，全国各地先后设立了200多家产权交易机构。

随着改革开放的全面推进，企业的改制、并购、重组等活动空前活跃，产权市场跳出了以债转股份和兼并为主的业务模式，积极探索非上市公司股权交易等新业务形式，具有代表性的就是成都、淄博、武汉、乐山等地的“场外交易”，同时还诞生了全国证券交易自动报价系统（STAQ）和全国电子交易系统（NET）。关于成都、淄博、武汉、乐山等地的“场外交易”以及STAQ和NET系统，在本书第四章中已经详细介绍了，这里就不再展开了。

改革开放推动着产权市场迅猛发展。然而，产权市场在缺乏政策支持、法律规范和有序监管的情况下，空前的繁荣必然集聚起高危的风险，引发起一系列的金融和社会问题。到了1998年，中央政府为了防范亚洲金融危机的扩大以及解决国内多年经济快速发展所沉淀下来的各种积弊，在全国范围内展开了较大规模的金融市场清理整顿工作。实际上，在这次清理整顿中，绝大多数的产权交易机构被关闭。1999年前后，全国只留下了北京、上海、天津、湖北、江苏等地的30多家产权交易机构。

第三节　2000 年后产权市场的再度崛起

21 世纪，人们对“科学技术是第一生产力”有了更深入的理解，技术如要转化为生产力，一个重要的标志是技术成果需要流向生产领域，转变成实实在在的产品。这就需要进行技术转移，需要一个围绕科技创新、科技成果产业化进行资源有效配置的“场所”。

显然，技术的首创只能提高单个企业的生产率，技术的转移才能提高行业乃至国家的生产率。早在 1984 年，我国领导人就提出了“技术市场”的概念，随后，在政府科技管理部门的推动下，技术市场在全国范围内开始萌芽。但是，一方面由于国家刚从“文化大革命”中走出来不久，整个经济还很落后，思想意识和运作模式等不足以支撑“技术市场”的发展；另一方面，技术作为一种特殊的要素资源，是无形的资产，它的价格形成不仅取决于买卖双方的交易意愿，还受到国家的产业政策、市场规范程度、技术商品的供求关系、技术竞争力、经济效益前景、技术转化周期、交易成本、企业承受能力等多方面的影响。所以，当时，虽然社会上每天都有成千上万的技术成果在买卖成交，但要将它们拉到正式的交易场所来进行交易，困难重重，交易成本、交易价格、交易信用等都成为难以成交的障碍。到了 90 年代末期，刚刚起步的“技术市场”不久便所剩无几了。

面对这样的现实，技术市场要发展，就必须在交易制度上进行创新，于是“成果产权化、产权股权化、股权资本化”的技术产权交易发展思路出炉了。正是由于看到技术交易模式可能被打破的机会，许多政府设立的技术市场也次第行动起来，将原有的技术市场转制成为技术产权交易市场。另外，许多产权交易机构为了能够度过当时市场的低谷期，以谋得生存，纷纷抓住这一历史机遇，借助自己在产权领域的经验和原始积累，将技术交易引入产权交易中，在拓宽业务领域的同时，为进行产业结构调整的企业提供更多的选择。于是，北京、上海、广州、深圳等地区陆续成立了区域性技术产权交易机构，同时，各行各业的技术产权交易开始广泛地在各地市场上进行了。据统计，截至 2002 年年初，在全国各技术产权交易市场登记的高新技术项目或企业达到了将近 10 万项，在技术产权交易市场上挂牌参与交易的项目或企业信息有近2万项，交易规模也出现快速增长势头，交易的涉及资产额达到2000多亿元，充分体现了技术产权交易市场作为资源配置主要渠道的作用。

技术产权交易市场的出现与发展，给当时处于困境的产权交易市场注入了新的活力。并为国有产权规模性的入场和交易奠定了重要的物质和技术基础。

第四节 国资监管改革与3号令的出台

一、国资监管改革的背景和原因

20世纪90年代末，从国有经济布局和结构来看，在一些市场化程度比较高、竞争比较激烈的加工业和一般性竞争服务行业，国有经济的比重仍然偏高；国有资本集中度仍然处于较低水平，“大企业不大，小企业过多”的局面仍未根本转变；国有资本有进有退、合理流动的机制还没有形成，还有一大批需要破产关闭的企业没能退出市场。而且，国有企业主业不清晰不突出的问题十分严重，企业办社会职能的情况比比皆是，曾经就有人这样比喻，有些国有企业，除了火葬场之外，其他包括医院、食堂、学校、商店和银行，甚至连警察都有。可以想象，让这样的企业去参与国际竞争，它们的负担和劣势是多么的明显。

进入21世纪，随着经济全球化与我国加入WTO后所直面的国际竞争，我国国有经济产业布局和结构调整也进入了一个关键的时期。国有经济调整的方向也逐步清晰：国有资本将更多地投向关系国家安全和国民经济命脉的重要行业和关键领域，其他行业和领域的国有企业，将通过资产重组和结构调整，在市场公平竞争中优胜劣汰。同时，改革国有资产监督管理体制，组建国有资产监督管理部门被提上了议事日程。实际上，这之前，众多的政府部门都可对国企行使管理职能，但是，又没有一个部门对企业经营效果负全责，政出多门的结果是往往使得企业无所适从，所以，国有资产管理被外界称为“九龙治水”。而且，全国的国有产权转让无章法可言，通常采取行政性划拨、政府部门批准转让等方式进行，缺乏必要信息公开、交易撮合与规范监督，不规范行为和国有资产流失现象屡禁不止。全国人民作为国有资产的所有者，连对国有资产处置的知情权都没有，更谈不上参与了。

显然，为保证与加快国有经济结构调整中产权的有序流转，更需要有规范发达的与有效监管的产权交易市场的支撑与推动。

二、地方性实践与市场的规范运行

2003年之前，一些地方政府部门便看到了国有产权进场交易所取得的良好效果，于是，纷纷要求当地的国有产权进入产权市场公开进行有偿转让，并出台了相关的法规和政策予以规范和引导，为产权交易机构在市场资源配置中发挥作用提供法规保障。如青岛、福州、上海和天津等市纷纷出台相关政策与法规。在这些政策性文件的促进下，各地产权交易机构一方面建立起了各自的健全的产权交易规则和业务流程，另一方面通过不断完善交易服务功能等以积极配合当地主管部门规范国有产权进场交易的流程和方式。

这些政策性文件和各地产权交易机构的实践经验主要表现出以下特点：一是将产权定义为财产所有权以及与财产所有权有关的财产权，并把知识、技术等产权包括在内，这是我国产权实践的一个重大进步，但是，产权概念的内涵和外延没有明确和统一，还需更大的创新与规范。二是对于交易主客体的界定基本上明确，即出售方为国有资产管理部门或企业的上级主管部门或政府，受让方为法人和有独立民事行为的自然人，基本上排除了地区、行业、所有制和境内外的限制。三是国企出售基本上是国有资产管理部门进行审批，根据企业类型、资产规模、行业、所有制等方面的不同，分别由相应的国有资产管理部门进行审批。四是诸如对交易方式、交易场所、交易资格等作了明确规定，交易规则和交易程序基本清晰，但是，由于产权市场的属地性及区域分割，加之各地的规则，规范管理的层次差异，很大程度上限制了国有产权的跨地区有序流转。五是对国企出售的资产评估、价格确定、职工安置和国企收入的确认、资源的管理和使用进行了的规定。六是各地对个体私营经济、外商购买国有企业等不同情况的交易制定了一定的优惠政策。但是，因为区域政策不同，不仅可能产生地区间的交易套利行为，也可能因为对这些优惠政策的把握程度不一导致国有资产的流失。七是对国有产权交易的监督实行多头监督，容易产生执行上的冲突和协调上的不便，导致监督的缺失。

总之，各地方政府出台的各类相关政策以及区域产权交易机构多年的经营经历，都为国有产权公开大规模地进场交易探索了路子，积累了经验，虽然其中也夹杂着许多失败的例子和教训。

在这样的环境下，2003 年 3 月 24 日，国务院国有资产监督管理委员会成立，代表国家履行出资人职责，监管国有资产并确保其保值增值，进一步搞好国有企业。随后，各省、市国有监管部门相继成立，我国的国有资产管理进入了一个全新的历史时期。同年 12 月 31 日，经过艰苦的修订和讨论，国务院国资委、财政部联合下发了《企业国有产权转让管理暂行办法》。这是国资委成立以来发布的第 3 号令，故被业界称为 3 号令。

第五节　MBO 探索和 3 号令实施的意义

2003 年 12 月 31 日，国务院国资委、财政部联合签发的《企业国有产权转让管理暂行办法》（3 号令）及其随后的一系列配套文件，不但对当时国内热闹的国企 MBO 形成了巨大的冲击，而且从根本上对中国国有企业的产权转让及其产权市场的交易活动等作出了系统性的规范。

一、国资产权 MBO 探索

由于当时我国国企产权改革的探索和政策制定的需要，MBO 被当作一种先进的国际经验得以引进，所以，我们在谈“3 号令”的意义之前，有必要对其作一个简单的回顾。

MBO，即 Management Buy – Outs 的缩写，意为“管理者收购”，是公司管理层通过收购公司股权或资产进而引起公司所有权、控制权、剩余索取权、资产等变化的一种收购行为。一种理论认为，从公司的角度看，MBO 是解决现代企业所有者与经营者分离而引起的委托代理问题，内部人控制、信息不对称、道德风险等所谓问题的良方。持这种观点的人士普遍认为，MBO 后，因为管理层持有很大比例的公司股份，并拥有公司的控制权和利润分享权，企业的利益也就成为管理层的利益，企业成功与否关系着他们的切身利益，所以这种股权结构可以吸引、留住优秀的管理人员。同时，他们认为，MBO

可以为提高企业生产效率改变股东结构和权力结构，提供合乎企业发展的产权结构，进而通过经济手段整合公司内外资源，淘汰低效的管理方式和管理者。所以MBO自20世纪70年代在美国产生以来，很快风行一时，很多企业纷纷效仿。

由于体制和机制上的原因，我国国企的管理层没有雄厚的自有资金，自从1997年MBO被引进中国以来，其收购只能通过融资方式实现，即杠杆收购（LBO）。这种收购是利用借债等融资方式所得的资金购买目标公司的股份，从而取得公司的控制权，进而改变公司所有权结构、控制权格局以及公司资产结构的一种金融工具。一般而言，利用杠杆收购来重组目标公司的实施主体，可以是其他公司、合伙人、个人以及机构投资者，也可以是目标公司内部的管理层。当杠杆收购的实施主体是目标公司内部的管理层时，一般意义上的杠杆收购就成了管理层融资收购，即MBO。

关于MBO的引进，从在国内实行之日起，质疑都没有停止过，一些专家认为，在国有资产出资人监管角色尚未到位的情况下，大规模实行管理层持股容易给企业带来五大风险：一是定价环节中的风险，例如行政干预，协议转让等；二是信息不对称，暗箱操作的风险，例如，先做亏公司再低价购进；三是收购者融资渠道不明的风险；四是运作风险；五是收购主体合法性不能保证的风险。同时，MBO在中国国企产权改革中受到质疑有几个原因：首先，MBO在国外的使用得不多，比如在美国只有1%的企业实施了MBO。其次，真正意义上的MBO应该是溢价收购在外的股份，而现实中的MBO变成了收购不能流通的国有股，成了MBI（Management Buy In）了，而且还自己制定价格。最后，地方政府以某种条件做交易，对国有资产没有按程序进行核价，也没有引入公平竞价的机制就低价把国企出售给私人。实际上也是这样，MBO被引进国内后，马上变了味道，失去了控制，而且成了一部分位高权重的国企管理层，暗箱操作大肆变相贱卖国有资产给自己，化公为私，不但导致了国有资产的巨额流失，还严重侵害了国有职工的基本利益。于是，2003年3月，MBO被财政部叫停。据统计显示，截至同年3月，在16家已经实施MBO的公司当中，MBO收购的价格是相当低的。其中，法人股转让价格往往要在净资产基础上进行折让，而国家股转让价格也只是略高或等于净资产，这只是因为国有资产转让有硬性规定，即必须按照不低于净资产的价格转让，才使国有资产没被更贱卖。紧随着许多著名企业MBO传闻中一般都暴露出该企业巨亏事实。对此，一种说法是管理层故意账面做亏企业，以便于其低价进行MBO收购；另一种说法是，巨亏的那部分资金被管理层挪走，然后变个名目和身份，用这部分资金回来对自己的企业进行MBO收购，以重新注资的方式平账。于是，国有资产便可以“廉价”被转移到管理者自身的名下。

2003年3月，代表国家行使国有资产所有权和管理权的最高机构“国家国有资产管理委员会”挂牌成立，财政部的相关职权移交给国资委。至此，国资委拥有了MBO的绝对话语权。同时随着该年年底“3号令”的出台，彻底让全国各种正在上演着的国企MBO大戏从台前转到了幕后，最终又从幕后转到阳光之下。

二、3号令实施的重大意义

“3号令”中关于国企产权改革和交易的重要内容包括产权转让程序，产权交易参与各方的职责，转让行为的批准，转让的信息披露，转让方式的选择，转让合同的签订，转让的价款结算，以及涉及协议转让、上市公司股权性质变化、外资收购、管理层收购等特殊事项的一系列要素内容。其意义主要有以下四个方面：

1. 优化国资存量结构，提高国资产权市场化效率。3号令要求国有产权进入产权市场进行公开交易，正是利用产权市场的信息聚集功能、价格发现功能、资源优化配置功能和中介服务功能来实现资产的流动，引导资源重组，让那些闲置的、效益低下的和竞争力弱的资产流向急需的部门；让效益好、竞争力强的企业兼并效益低、竞争力弱的企业，同时，促进社会资源在不同地区之间、不同行业之间、不同企业之间进行优化性流动。

2. 在市场的有序流转中促使国有产权的保值增值。作为具有中国特色社会主义的特殊产物，产权市场较为有效地促进了企业国有产权的有序流转，促进了资源的优化配置，并从源头上堵住了国有资产流失的漏洞。3号令的出台，不仅明确了政府的监管定位和规范了产权市场的资源配置机制，而且对国有产权的进场交易作出了恰当的制度安排，通过各类意向受让人的竞争可以有效发现价格，其交易效率能够满足国有企业改革的需要，其交易费用远远低于转让产权进场获得的增值，为促进国有产权在有序流转中的保值增值奠定了制度保障。

3. 兑现社会公众对国有产权转让的知情权。依照3号令的规定：“转让方应当将产权转让公告委托产权交易机构刊登在省级以上公开发行的经济或金融类报刊和产权交易机构的网站上，公开披露有关国有产权转让信息，广泛征集受让方。产权转让公告期为 20 个工作日。”在这期间，标的、报价及其他一切情况，都会受到公众的关注，甚至质疑和举报。

4. 防范商业贿赂。严格的法律、成熟的市场机制是减少商业贿赂的必要条件。我国政府也高度重视商业贿赂的治理，并将治理商业贿赂的重点确定为六大领域，产权交易就被列为其中之一。国有产权进场交易的规定，体现了“公开、公平、公正”的原则，通过公开挂牌、公平竞争、规范操作，防止暗箱操作、黑幕交易，从机制上、源头上杜绝腐败行为的发生。

3 号令的出台，不仅为产权市场的规范运行提供了政策基础，而且也为产权市场的交易活动带来了稳定的交易产品，这对于促进产权市场建立健全交易规则、完善市场服务功能和做大交易规模等起到了具有里程碑式的推动作用。

第七章　国资入场与产权市场的繁荣

第一节　国有资产为什么要进入产权市场

关于国有资产该不该卖的问题，一些人认为：国有企业改革的关键在于完善代理人制度而不在于改革产权制度，认为出售国有资产是私有化，是要姓“资”而不姓“社”了，会削弱共产党的执政基础。这种说法，在当时情况下，有这种担心是很正常的，现实的实践已经证明这是错误的。此外，关于国有产权该怎么卖的问题，有人认为要卖也是由政府来批准，没有必要进入产权市场增加交易环节和交易成本。关于这个问题要从我国国情和产权市场的状况说起。

一、国资进场的原因

我国的产权市场是一个深具中国特色的资本市场形态，是以有形的产权交易所或产权交易中心的形式存在的，不同于国外的产权交易。国外的产权交易绝大多数是围绕私人产权展开的，且其法律法规体系比较健全，社会信用制度比较完善，社会中介机构服务水平较高，监督机制健全，其产权市场基本都不是有形的市场，一般由买卖双方代表、法律顾问、财务顾问、经纪人等专业机构人员，组成无形的业务网络，通过这一网络，买卖方传递信息、互通有无。

国有产权进入产权市场公开交易，至少具备如下好处：交易信息量大，范围广，传递快，有利于充分发现各种潜在的受让方；竞买者较多，便于集中竞价，从而发现价格，生成合理的市场成交价；不进产权交易市场的私下交易，会造成很多纠纷，致使产权不能够被保护甚至造成不可预见的直接的和间接的损失，其隐性成本要比交易所收费大得多；交易公开、阳光操作，不仅可以防止腐败行为，而且有利于维护交易双方的合法权益等。

二、国资进场的意义

按照3号令规定，国有产权进场交易需要通过中介服务机构，且需公示至少20个工作日，这的确增加了一定的时间成本和费用成本，但是，这相对于行政性无偿划拨所潜在的道德风险和私下转让的低效率以及国有资产流失风险等来说，国有产权通过产权交易市场这种专业化的平台进行阳光交易，从制度安排上来看，这无疑是一种改进。具体来说：

一是对于企业国有产权，一般来说，交易标的价值额度较大，难以拆细、分割，交易周期长，交易监管因为涉及面广及政策性、技术强等原因而难度很大等，如果完全靠国有监管部门对每一笔交易行为进行全程审批和监督检查的话，单从人员的配置上来说，就需要庞大的数量，而诸如怎么检查，按什么标准审批，怎么保证工作人员规范执法和秉公运作等，这一切的一切，几乎是不可能做到的工作。但是，如果让企业国有产权在“公开、公平、公正”的市场环境中实现“阳光交易”，交易由市场负责，监管由政府国资委负责并建立起国有产权进场的各类交易制度，这样，不但能加强对国有产权交易的监管力度，而且能有效避免企业国有产权转让过程中的失控与腐败现象的发生。这对于国资监管部门加强国有产权交易监管应该是一个很好的选择途径。

二是国有产权在进入交易市场前，根据产权交易程序必须经过企业内部决策和产权持有人批准，完成诸如清产核资、资产评估、财务审计等准备工作，进场后需要通过信息充分公告，买方的广泛征集，确定交易、竞价方式和交易价格，需要明确付款方式和付款期限，需要制订职工安置方案，落实债权人利益，等等。每一个流程每一个环节，都具备可监督性，便于监管产权交易行为的合规性和合法性，促进企业国有产权的有序流转。同时，还可以通过产权交易市场的信息集聚功能、竞价机制与专业化服务手段，有效地发掘和发现投资人以实现最优交易价格，促进国有资产在有序流转中实现保值增值。

三是国有产权转让交易是一个要经过相当长时间才能完成的复杂过程，转让、受让双方的潜在违规行为很可能会给对方造成极大的损失或影响转让效率，这种矛盾主要是由于我国企业信用制度相对不完善，卖方担心买方的信用问题，想先拿到钱再办理产权交易和变更登记手续，买方则担心卖方的信用问题而希望先完成产权变更登记手续后再付款。这样，在实际交易过程中极有可能因为双方不能达成一致意见，导致最终难以成交。显然，通过产权交易机构的专业化服务有利于解决这一矛盾，卖方交易款先放在产权交易机构指定的账户上，待双方履行完一切手续，不再有什么交易上的问题时，产权交易机构作为第三方将交易款支付给买方，这样便能有效保护各方合法权益且提高产权交易效率。

另外，国有产权进场交易，通过规范的产权市场公开披露信息和交易过程，有利于实现社会公众的知情权和监督权，甚至有实力且有意向者还可以参与竞买活动，同时，这种方式和过程还有利于加强监管部门的廉政建设和促进社会的和谐发展等。

因此，要求国有产权进入产权市场进行公开交易，是总结了10多年来产权市场服务国有资产交易实践的经验基础上，经过社会理论派、改革实践派和政府相关机构充分论证的结果，是规范国有产权有序流转的正确选择。

第二节 国资入场与制度体系的完善

国有产权进入产权市场交易，促成国家相关部委、地方政府及相关机构等对国有资产有效流转过程中的监督管理以及产权市场的规范运营和发展等建立起了众多的制度规范，形成了规范国有产权交易的政策体系。

一、国家级制度系

围绕3号令的实施，从2004—2006年年底，国务院国资委、财政部、发改委、监察部、工商总局、证监会等先后发布了10份文件，奠定了规范国有产权交易的政策基础，使国有产权转让有章可循，将国有产权转让纳入了规范化、法制化的轨道。见表7-1：

表7-1 围绕3号令的十大文件罗列表

颁布日期	文件名称	颁布部门
2003.12.31	《企业国有产权转让管理暂行办法》（第3号令）	国务院国资委、财政部
2004.2.6	《关于加强国有产权交易监管有关工作的通知》（国资发产权〔2004〕176号）	国务院国资委
2004.2.23	《关于中央企业加强产权管理工作的意见》（国资发产权〔2004〕180号）	国务院国资委
2004.3.8	《关于做好贯彻落实〈企业国有产权转让管理暂行办法〉有关工作的通知》（国资发产权〔2004〕195号）	国务院国资委
2004.7.14	《关于做好产权交易机构选择确定工作的指导意见》（国资发产权〔2004〕252号）	国务院国资委
2004.8.13	《关于开展企业国有产权转让管理检查工作的通知》（国资发产权〔2004〕261号）	国务院国资委、财政部、监察部、工商总局

续表

颁布日期	文件名称	颁布部门
2004. 8. 25	《关于企业国有产权转让有关问题的通知》（国资发产权〔2004〕268 号）	国务院国资委
2004. 8. 26	《关于做好企业国有产权交易信息统计试点工作的通知》（国资发产权〔2004〕269 号）	国务院国资委
2005. 4. 11	《企业国有产权向管理层转让暂行规定》（国资发产权〔2005〕78 号）	国务院国资委、财政部
2005. 11. 17	《关于做好企业国有产权转让监督检查工作的通知》（国资发产权〔2005〕294 号）	国务院国资委、财政部、发改委、监察部、工商总局、证监会
2006. 12. 13	《关于企业国有产权转让有关事项的通知》（国资发产权〔2006〕306 号）	国务院国资委、财政部

（本表来源于熊焰《资本盛宴》一书的第六章第一节表 6 - 1“一拖十”文件）

二、地方性制度系

在中央出台各类规范国有产权交易与产权市场运行规则的同时，全国各地方政府和地方国资监管部门根据 3 号令的精神，结合地方实际情况，在修订之前相关制度措施的基础上，出台了一系列推进国有企业改制、促进国有产权合理流动的制度和政策措施。如北京市出台有《关于修改〈北京市产权交易管理规定〉的决定》、《北京市企业国有资产产权登记业务办理规则》、《关于换发企业国有资产产权登记表证的通知》、《关于加强企业国有产权转让监督管理工作的通知》等决定和规则。

这些政策的出台，在国有产权挂牌转让的必备条件，信息披露要求、时限，对受让条件要求，国有产权交易方式、流程及其交易行为等内容进行了很好的规范，而且，随着国有资产监督管理部门进一步加大国有产权交易的监管力度，以及国务院国资委“企业国有产权转让信息监测系统”在全国的部署，产权市场交易规则和业务流程逐步趋向科学化、规范化和合理化。这些制度规范以及其实施的积极效果客观上促进了产权交易市场的活跃和快速发展。

第三节　国资入场与市场的立体构架

2003年以来，国资委的监管及3号令的实施促成了国有产权规模性地入场挂牌交易，并逐步形成了多层次的市场立体构架体系，且各产权交易机构之间的交流与合作也得到了进一步的加强。从长远来看，这样的整合重组及其他们之间的合作，对于推进产权市场的合理布局、缓解产权市场的无序竞争和促进产权市场的健康发展起到了积极的推动作用。

一、市场立体构架体系①

全国性的市场立体构架体系包括三个层次，即央企国有产权交易机构、地方国有产权交易机构和其他产权交易机构，具体介绍如下：

（一）央企国有产权交易机构

2004年3月，国务院国资委出台的195号文件，即《关于做好贯彻落实有关工作的通知》中明确提出："暂将上海联合产权交易所、天津产权交易中心和北京产权交易所作为试点，负责发布中央企业的国有产权转让信息，并由其或其所在的区域性产权市场组织相关产权交易活动。至此上海联合产权交易所、北京产权交易所和天津产权交易中心成为国务院国资委选定的首批中央企业国有产权交易机构。

这之后，京、津、沪三家产权市场在努力提高规范化程度，完善市场服务体系的同时，为适应中央企业国有产权遍布全国的特点，加强了与各地产权交易机构的合作，在共同促进中央企业国有产权有序流转的过程中获得了快速发展。以2005年为例，京津沪三家产权交易机构转让企业国有产权3622宗，成交金额1080亿元，占全国产权交易规模的一半以上；成交额与资产评估值相比增加64.7亿元，平均增值6.4%。其中，竞价交易项目增值率达到24.8%，约有1/4的竞价交易项目增值率超过40%。通过发展中央企业国有产权交易业务，上海联合产权交易所、北京产权交易所、天津产权交易中心

① 文字数据主要来源于熊焰《资本盛宴》一书第六章第二节。

也树立了在全国产权市场的主导地位。这三家机构的交易规模、运营模式、市场影响力都在全国居于领先地位，并为扩大产权市场的带动力作出了很大的贡献。2007年5月23日，国务院国资委正式确定重庆联合产权交易所为中央企业国有产权交易平台。这是继北京、上海、天津之后第四个央企国有产权交易场所。

（二）地方国有产权交易机构

为了贯彻国务院国资委、财政部颁发的《企业国有产权转让管理暂行办法》的精神，落实国务院国资委《关于做好产权交易机构选择确定工作的指导意见》（国资发产权〔2004〕252号）的要求，地方政府纷纷出台相关文件，指定地方国有产权转让的法定场所，并就加强企业国有产权交易的监督管理、规范企业国有产权交易行为、促进产权交易市场的健康发展出台相应的政策措施。地方政府指定当地产权交易机构的原则，是根据该机构是否具备3号令规定的基本条件，是否有利于打破地区、行业限制。产权交易监管制度建设是否规范，产权交易操作是否规范，并充分考虑交易信息系统与交易服务的水平、交易规模、交易历史和诚信守法情况，信息渠道的通畅与专业人员的素质等情况，同时是否能够发挥区域性产权市场的作用，促进提高产权转让运作效率，降低交易成本。

目前，各级国有资产监督管理部门指定了近70家国有产权交易机构，范围覆盖了除台湾、香港、澳门和西藏外的所有省、自治区和直辖市。

（三）其他产权交易机构

当时的产权市场中，除了前面提到的中央企业产权交易试点机构和各级国资监管部门指定的地方国有产权交易机构之外，还存在着为高新技术企业和中小企业提供投融资服务的技术产权交易机构。这类机构兴起于2000年前后，目前有100多家，在促进地方高科技企业投融资服务方面发挥着重要的作用。

总之，在3号令的指引下，产权市场步入快速发展阶段。产权市场以国有产权进场交易为契机，实现了规范发展，服务内容已经从最初的信息撮合、办理手续等发展到政策咨询、信息查询、协调操作、并购策划、投资融资、非上市公司股权登记托管等方面，产权市场正在成为我国多层次资本市场体系的重要组成部分。

二、共同市场或联盟的建设与合作

早在1997年7月至2002年4月之间，由上海产权交易所联合四川、青海、湖北等9个省及直辖市成立了长江流域产权交易共同市场，由青岛产权交易所联合11家交易机构成立黄河流域产权共同市场，由北京、天津等16家交易机构组建了北方产权交易共同市场，加强了区域合作。

3号令实施以来，地区之间的合作不论在信息发布、竞价机构、规则规范上，还是在合作模式、交易额度、效率效益上都达到了更高与更深的阶段。这些共同市场或联盟，对促进各类产权的跨地区有序流转起到了重要的推动作用。

表7-2　全国产权交易共同市场或联盟

共同市场或联盟	成立或合作时间	成员数量	说明
长江流域共同市场	1997年7月，2004年加强了合作	15个省市51家成员	2004年成交1058.55亿元，占市场的55%；2006年成交1523.69亿元；2007年成交1766.58亿元，占市场的50.29%
北方共同市场	2002年4月成立，2004年后加强了合作	22个省市73家成员	2003年成交1055.47亿元；2004年成交689.04亿元，占全国36%；2006年成交1308.62亿元，占全国40.97%；2007年成交1429.23亿元，占全国40.59%
黄河流域共同市场	2000年发起，2004年成立	6个省市12家机构	唯一一家公司制
西部共同市场	2004年7月成立	由7家机构提出	
央企交易平台	2004年开始合作，2008年2月实质性联合	北交所、上海联交所、天交中心、重庆联合产交所	统一系统和交易规则，联合信息发布
泛珠江共同市场	2007年6月框架初成	11家区域省级机构	借助省级政府合作建立的区域性产权交易共同市场
中原经济区联盟	2008年12月成立	13家地市级创始机构	首个地市级联盟

（来源于《中国场外交易市场发展报告》（2009—2010）P103的表格，并作修订）

由于产权交易具有跨区域的特点，在产权市场区域分割的情况下，产权交易机构之间的业务合作已成必然。2004年前后，相继出现了西部产权交易共同市场和黄河流域产权交易共同市场。西部产权交易共同市场由陕西、四川、云南、甘肃、贵州、重庆、新疆等地的7家产权交易机构共同发起建立，这对于资产总量大、企业户数多的西部地区国企资产盘活和有序流转起到重要的推动作用。黄河流域产权交易共同市场是由黄河流域6个省市12家机构构成，是目前国内唯一一家实行公司制的产权市场共同体，它的成立，为整个黄河流域相关省市的国企改革以及产权交易发挥了更大的作用。

如表7-2，共7大共同市场或联盟，其中有5大共同市场，要么在2004年成立，要么从此时开始加强了相互之间合作，即使是后来出现的泛珠江共同市场及中原经济区联盟，也不同程度上受到当时政策的影响以及全国整个产权交易市场快速发展的推动作用。

第四节　产权市场的服务功能日臻完善

2003年以后，随着国有产权规模性地进入产权市场交易转让，对产权市场的服务功能提出了新的挑战和要求。为应对这些挑战和要求，各地产权交易机构纷纷行动起来，进行制度创新、管理创新、技术创新和模式创新，事实上促成产权交易市场的服务功能日臻完善。

一、综合基础功能的提升

客观上讲，国资规模性入场交易，对于国内产权交易市场包括国资产权交易鉴证、市场网络覆盖、投资资源整合与价格发现等综合性基础功能的提升起到了很大的推动作用。

一是基本形成了覆盖全国的市场服务网络。3号令出台以后，为适应产权交易跨地区、跨行业和跨所有制结构的特点，产权交易机构之间不断加强交流和业务合作。

二是国有产权交易鉴证功能得到规范和加强。依据国家和各级地方政府有关产权交易法律法规，特别是3号令及其配套文件的相关要求，产权交易机构不断完善业务操作流程控制体系，在产权交易的信息发布、征集受让方、交易活动组织、结算及行为、资格审核、鉴证等方面都得到很好的规范和加强。

三是投资资源的整合得到了很大的提升。国有资产规模性进场交易后，越来越多的投资人聚集到产权市场之内，通过这一信息平台，发布项目出让信息，建立投资人信息库，搭建为项目和投资人提供自动配对与促成交易的服务平台。协助投资人开展尽职调查，项目策划、撮合交易等服务。

四是创新交易方式充分发现价格。产权交易机构在采用协议拍卖、招投标等传统方式的基础，还推出了网络竞价方式以求价格发现的充分性。

二、代理机制及中介体系的健全

国资规模性入场交易，不仅使产权交易市场的综合基础功能得到了提升，而且，试行符合国际惯例的经纪人机构代理交易制并形成了完善的中介服务体系。

产权交易经纪人，就是为出让或受让产权的委托方提供订立交易合同信息、机会、条件，或者在隐名交易中代表委托方与合同方签订合同，而据此获取佣金的、依法设立的经济组织和个人。产权交易经纪人或机构，其职能主要是为企业提供改制、重组、收购兼并、管理层收购（MBO）和经营等方案策划及服务，保荐拟挂牌企业在相应产权交易中心（所）挂牌，代理企业产权或非上市公司股权出售、转让，代理投资者进行挂牌企业股权买卖，为各类产权纠纷提供咨询等。产权交易经纪机构的发展程度、业务水平，以及与产权市场的紧密联合度，对产权市场的发展有着至关重要的作用。实行经纪机构代理交易制符合国际资本市场的惯例。目前，北京产权交易所、上海联合产权交易所和天津产权交易中心等规模相对较大的产权交易机构，都已实行经纪机构代理交易制度。

产权交易是一个需要审计评估、律师事务所、会计师事务所、拍卖公司、财务顾问公司、投资银行机构、专业产权经纪公司等各类机构的积极参与复杂过程。产权市场在高度重视中介服务功能的情况下，经过多年的努力，目前，全国具备一定规模的市场都基本上已经形成了完善的中介服务体系。如目前的北京产权交易所和上海联合产权交易所，分别拥有包括产权经纪机构、审计、评估、律师事务所、拍卖、招投标、网络竞价等服务的中介机构分别为200多家和100余家。

三、综合配套功能的完善

国有产权规模性进场以来，产权市场不断完善配套的服务功能，比如说为保证交易结算资金的安全，产权市场建立了交易资金结算的配套制度。这一制度是指产权交易中的受让方通过产权交易市场结算账户，向产权出让方支付产权价款的财会结算行为。这套制度对健全产权交易制度，保护产权交易双方的利益，防止国有资产流失，保护企业职工权益，都起到了很好的作用。另外，经国家外管局批准，天津产权交易中心、北京产权交易所开设了产权交易的外汇结算专用账户，可以办理美元、欧元、日元等外汇及港元结算。解决了境外投资者收购国内企业外汇结算这道难题。除此之外，企业国有产权转让后还涉及工商、土地管理、房产管理和税务等部门变更登记管理要求，则要按照相关管理部门的要求及时办理相关手续。产权市场充分发挥与政府有关部门协助交易、手续办理的良好关系的作用。

总之，自从国资委颁布3号令及其一系列文件，国有产权规模性进场交易以来，中国的产权交易市场得到了很大的发展，其市场服务功能得到了前所未有的改善和提高，这为中国产权市场的健康发展作出了重要的贡献。

第五节　国资处置与产权市场的丰硕成果

围绕国有产权交易业务，各地产权交易机构积极开发相关的增值服务业务，拓展了产权市场的业务领域，增强了产权市场服务各类产权有序流转的能力。

一、国有产权转让与国资处置成果

传统的国有产权转让行政审批制度，因为缺乏监督导致不规范行为发生，比如有明确意向的受让人，受让方由于没有竞争者，有理由争取最大限度的优惠，其结果是国有产权转让价格大多低于评估值，国有资产流失严重。但是，在产权市场实施的是报盘制、单边价。即转让方确定一个价格底线作为挂牌价，并公布全部受让条件；通过产权市场公开征集受让方，让有意向的投资人都有机会参与国有产权的受让活动。在形成多个意向受让方的情况下，大家以公允的价格为起点以竞价的方式确定最终的受让人和受让价格以形成多卖一的局面，最后，由出价最高者获得产权从而使国有产权获得一个好价钱。

正因为有这样的核心价值关系，国资委 3 号令才明确规定国有产权必须进入产权市场进行交易。但是，3 号令没有在产权工商变更登记方面作出相应的制度安排，在一定程度上影响了进场率的提高。在实际操作过程中，地方政府部门协调工商部门一同把关，进行相关的宣传和监督，如北京、上海、天津等地方政府专门出台相关政策，要求国有企业办理产权变更登记时，必须持有产权交易机构出具的交易凭证。在多方努力下，国有产权交易的进场率保持了较高的水平。2004 年，企业国有产权进场率达到 85%；在北京、上海、天津等地，地方所属全民所有制企业国有产权的进场率基本达到 100%。根据国资委统计，2005 年，京津沪三家产权交易所转让的国有产权平均增值 6.4%；2006 年，转让国有产权 3168 宗，转让金额 901 亿元，增值率 18.8%。2006 年，国有资产监督管理部门选择确定的 64 家产权交易机构共完成各类产权交易项目 17074 项，成交额达到 2715 亿元，其中国有产权交易项目 9184 项，成交额 2015 亿元；2007 年年底，这 64 家产权交易机构共完成国有产权交易 27509 宗，交易额 4713 亿元，增值率 17%。可以说，3 号令规范国有产权进场交易、促进国有产权有序流转过程中的保值增值目的得以初步实现。

在国有产权进入产权市场交易取得较大成绩的同时，国家国有资产监管部门还将国企主辅分离、国资涉讼处置、不良国资处置以及海外并购等国资处理纳入产权市场进行：

一是产权市场在国务院国资委员的指导下，为国有企业主辅分离辅改制提供配套服务。比如北京产权交易所发起设立的“中央企业主辅分离服务中心”，通过汇集国内外有丰富实际操作经验的知名中介机构，为中央企业主辅分离提供财务、法律、评估、审计等全方位中介服务等。

二是产权市场为涉讼国有资产的规范、公正处理提供了一个公开的平台。2005 年，重庆市高级人民法院下文指定民事涉讼国有产权进入重庆联合产权交易所公开交易。这相对于过去直接由法院和拍卖行解决这类问题作出了重大的制度革新，这不仅能够很好地遏制司法腐败，而且可以依托产权交易市场发达的资讯网络，迅速变现涉诉财产，从根本上维护债权债务人的利益，提升司法效率和法院的公信力。

三是金融不良资产的市场化处置。产权市场经过多年的发展，在国有资产处理方面积累了丰富的经验，在业务规范发展方面建立了一整套行之有效的办法。这些经验为产权市场开展不良金融资产市场化、商业化的处理奠定了重要基础。近几年，北京、重庆、天津、大连、沈阳、浙江等地的产权交易机构纷纷开展金融不良资产市场化处置的实践探索，取得了一定的成果。

四是为境内企业海外并购提供服务。20 世纪 90 年代以来，国家相继出台了一系列政策鼓励国内企业开展境外投资、实现跨国经营的政策。产权市场作为服务企业并购的专业化场所，积极探索服务国内企业“海外并购”的有效手段。有条件的产权交易机构纷纷通过发展国际会员、设立境外分支机构、开展境外推介方式等，帮助国内企业实现与国际资本市场的对接和融合，开展海外并购。

显然，通过产权市场来完成国有资产的处理问题，无疑是政府与产权市场的一项创新活动，这些创新实践，在保证国有资产保值增值的过程中，大大地提高了国资转移与交易的效率。

二、市场成果

国资规模入场几年后，产权市场整体交易状况呈现出以下特点：（1）产权交易越来越向大机构集中。2005 年全国产权交易前十名的机构成交金额占产权市场交易规模的 81.56%，其他机构所占比例不足 20%，产权市场呈现出大机构主导的明显格局；且以北京、上海、天津为代表的产权市场交易活跃，规模持续增长，在全国市场中占据主体地位。（2）国有产权交易业务占据主导地位。以 2005 年为例，国有产权交易占总成交金额的 80%，而非国有产权交易仅占 20%。（3）近些年来，跨地区产权交易数量明显增多，但整体来说，产权市场还是以本地交易为主，条块分割仍然比较严重。（4）2005 年数据显示，上海、北京、天津等占据全国产权交易前十名的产权机构主要集中在沿海发达地区，合计成交 2595 亿元，成交金额占全国比例的 89%，这也表明未来产权市场发展将向经济发达地区的大机构、大市场倾斜。

另外，产权市场还加大对知识产权、科技型成长性企业融资、吸引外资并购、股权托管与转让等方面作出了广泛地探索。从市场总体情况来说，3 号令实施以来，产权交易得到了规模性的持续增长，成交宗数从 2004 年的 23025 项增长至 2005 年的 31532 项，增幅 36.95%；成交额从 1914 亿元增长至 2926 亿元，增幅达 52.87%；2006 年、2007 年也保持了快速增长。同时，从 2004 年以来，产权市场完成了一大批社会影响广泛、行业带动明显的经典案例，如雪津神话，双汇与兴业银行股权转让等。这些经典案例对于产权市场积累经验、扩大影响和带动各类产权进场交易等起到了明显的促进作用。总之，中国产权市场快速发展，正成为国资有序流动、民资外资进入、产业结构调整的重要平台，在国民经济发展中正在扮演越来越重要的作用。

第八章　业务创新与场外市场的关系

第一节　高效创新与市场多元化发展

从上一章可以看出，自从国务院国资委 2003 年成立并于同年 12 月 31 日发布 3 号令以来，国有产权开始了规模性地进场并极大地促进了我国产权市场的发展。

一、产权市场的高效创新

据国资委公开的数据显示：2004 年、2005 年和 2006 年，我国产权交易市场交易项目总数和总交易值分别为 23025 宗、31532 宗、33541 宗和 1914 亿元、2926 亿元、3194 亿元；2007 年中国产权市场共计完成产权交易 35718 宗，同比上升 6.49%；成交金额总计为 3512.88 亿元，同比上升 9.99%，占当年全国融资总量的 6.6%。看来，2004—2007 年产权市场的交易规模与交易金额大幅度地增长，展示了产权市场的活力与效率。但是，我们再来看看这组数据：在2005年、2006年和2007年全国产权交易成交金额中国有产权分别占80.04%、76.26%和59.08%，其中，2007年国有产权交易同比下降17.18个百分点，非国有产权交易的比重由上年的23.74%上升至40.92%。另外，从2008年年初至9月，海外企业收购中国公司的跨境并购共有539宗，成交金额超过176亿美元，较上年来看实现了从国有资本“一股独大”到国有资本、民营资本及外资共同驱动的转变。从另一个角度来看，随着国有产权进场交易份额的减少，产权市场开拓新的业务，进行新的市场尝试的序幕已经拉开。

实际上，在2005年以后，我国的产权交易市场从国有产权进场交易到非公产权进场交易，交易范围从物权、债权、股权向更广泛的领域发展，知识产权、金融产权、环境能源交易、股权托管、矿产权、林业产权、黄金交易、企业托管、土地转让等交易品种相继进入产权交易市场，这标志着产权市场已从最初解决国有企业资产转让单一功能的市场转型为多元化复合功能的市场。这些新型业务创新，我们从国内较大的、具有代表性的产权交易所机构的设置、演化的途径等也可以看出其中的关联性，如北京产权交易所各分支、控股机构等设立的时间线路及其业务发展范畴等便能或多或少地体现我国产权市场发展的脉络。见表8-1：

表8-1　北交所集团以及子部门、公司成立时间表

成立时间	控股或参股的产权交易平台
2004年2月14日	北京产权交易所
2007年1月	北京股权登记中心有限公司
2007年8月	北京产权交易所黄金交易中心
2008年8月5日	北京环境交易所
2009年8月13日	中国技术交易所
2009年11月17日	中国林业产权交易所
2010年5月30日	北京金融资产交易所

（说明：资料来源于北交所网站等并整理）

二、创新成果累累

现就产权市场的业务品种创新，作一些介绍。

信托受益权转让。信托受益权转让是产权市场的一个创新业务。信托受益权是基于信托法而设立的财产权利，从法律含义而言，类似于项目公司股权；从操作层面来看，又像债权；因此，它是一个不同于股权、债权的产权品种。比如2005年后，山东省（鲁信）产权交易中心在信托产品转让业务上不断地进行探索，截至2008年已经做了8只信托计划，转让金额将近8亿元，受到广大投资者和信托公司的高度肯定。山东省的两家信托公司——山东省国际信托和英大信托，因为在山东省（鲁信）产权交易中心实现了信托受益权的转让，信托产品供不应求，取得了比较可观的经济效益。

金融资产交易。早在1999年开始，大连产权交易所开始介入金融资产处置业务，经过几年的探索实践，形成了一定的优势。北交所于2003年探索性地启动了金融资产处置业务，与四大资产管理公司等机构联合搭建起“中国金融资产超市”，是一个专门为处置银行金融资产设立的“虚拟超市”。经过几年的市场化运作和探索，金融资产处置业务实现快速增长，取得了良好的社会效益和经济效益。

知识产权交易。积极开展知识产权交易业务，不仅是产权市场本应承担的历史使命，更是产权市场拓展业务领域、增强自身可持续发展能力的需要。北交所于2006年3月成立了知识产权交易中心。中心根据知识产权交易的特点，利用专业化中介服务机构搭建起专业化的市场平台，重点推动专利技术、商标、文化创意产权和数字产权的高效流动重组等知识产权交易。

企业托管业务。如广州产权交易所在同行中首创了“企业脱钩—所有权托管—企业重组整治—转制出售”的交易模式。他们在对不同企业的经营情况、资产结构、财务状况、产业政策、市场环境等进行综合分析及评价的情况下，设计了有效的重组、并购和转制方案，帮助这些企业进行关、停、并、转、破，使得90%的企业成功实现了各种形式的产权转让与改制等。6年间先后托管了各种所有制企业250多户。

黄金交易业务。2004年后，北京产权交易所、杭州产权交易所、宁夏科技资源与产权交易所等相继设立了黄金交易中心，开展黄金交易业务。

矿业产权交易。近年来，矿业经济蓬勃发展，已成为中国经济发展的一个重要动力。但是，由于缺乏一个专业化的矿业权交易与矿业企业融资服务平台，导致矿业权流通不畅、监管乏力、矿业企业融资困难且融资成本高，极大地制约了矿业经济的进一步健康发展。于是产权市场成为了为矿业权交易和矿业企业融资提供专业化服务的市场平台，如北京国际矿业产权交易所、天津矿业产权交易所相继于2010年9月、11月成立，核心运营思想是以矿业权交易为核心、以信息发布和服务咨询为基础、以矿业资本为动力，不断规范和完善交易规则及交易流程，实现平台、通道、服务三大功能，成为政府、国有地勘单位、商业性地勘公司、社会投资者、金融机构、中介机构等多方共同参与的资源—资产—资本一体化市场。

环境能源交易。产权市场向着环境能源领域扩展，环境能源权益交易是集环境能源领域的物权、债权、股权、知识产权等权益交易服务于一体的专业化权益性资本市场服务平台，是利用市场化手段和金融创新方式促进节能减排、解决环境问题，开展国际环境合作、服务节能减排、促进生态进步、创新环境能源金融衍生品市场的环境能源交易市场。2008年，我国成立了三家环境权益交易机构——北京环境交易所、上海环境能源交易所和天津排放权交易所。到了2009年，受到低碳经济的影响，中国的环境权益交易机构大量涌现，山西吕梁节能减排项目交易中心，武汉、杭州、昆明等环境能源交易所相继成立。值得注意的是，深圳联合产权交易所、深圳国际能源与环境技术促进中心及香港RESET公司也在2009年11月17日宣布，将联合发起成立亚洲排放权交易所。到目前，河北、四川、吉林、贵州等省市相继成立了环境能源产权或权益交易所。如上海环境能源交易所主要从事组织节能减排、环境保护与能源领域中的各类技术产权、减排权益、环境保护和节能及能源利用权益等综合性交易以及履行政府批准的环境能源领域的其他交易项目和各类权益交易鉴证等。该所为环境能源领域各类权益人、节能减排集成商、科研机构、投资机构等各类企业、科研机构，提供节能减排咨询、项目设计、项目价值评价、经营策划、项目包装、基金运行、项目投融资以及技术支撑等各类资本、经营、信息与技术服务；另外，该所实行会员制，集聚各类会员，全力构筑以市场化方法推动节能减排运行的新机制，共同打造节能减排和环境保护领域各类技术、资本及权益交易的完整的产业链。

林业产权交易。中国的林业资源非常丰富，2004—2008年，历时5年的我国林业资源清查，披露的数据显示：我国森林面积19545.22万公顷，森林覆盖率20.36%。活立木总蓄积149.13亿立方米，森林蓄积137.21亿立方米。除港、澳、台地区外，全国林地面积30378.19万公顷，森林面积19333万公顷，活立木总蓄积145.54亿立方米，森林蓄积133.63亿立方米。天然林面积11969.25万公顷，天然林蓄积114.02亿立方米；人工林保存面积6168.84万公顷，人工林蓄积19.61亿立方米，人工林面积居世界首位。为了加强和维护我国林业产权的有序流转和经济效益的提升，2008年6月8日中共中央、国务院颁发的《关于全面推进集体林权制度改革的意见》，为聚集林业各类要素资源，创新林业资源可交易品种，改善林业产权融资能力等建立健全了林业产权流转机制。在国家相关政策的指导下，南方林业产权交易所、中国林业产权交易所、江南林业产权交易所和华东林业产权交易所等分别于2009年11月7日、2009年11月17日、2011年12月20日和2010年11月29日挂牌成立。比如中国林业产权交易所业务具体包括：林权流转、大宗林产品交易、林业碳汇交易、金融与国际业务服务等。在金融与国际业务方面，主要从事银行授信、林权抵押第三方托管业务，设计并推出“涉林”的相关金融产品，林业企业产权交易与森林资源企业上市孵化，海外森林资源收购与服务，国际大宗林产品贸易服务及国际生态资源项目并购等业务。同时，中国林权所在公益林市场化运作、设立中国林业发展基金及林业资源项目的融投资业务等方面也进行了卓有成效的探索。坚持“公开、公正、公平”的准则，确保林地、林木、林产价值得到合理体现，吸引国内外各类资本流向林业产业，助力林业产权制度改革，推动林业经济发展。

实际上，上面所讲到的各类业务创新，无疑对产权市场业务的创新拓展提供了广阔的发展空间，特别是环境能源交易、矿产产权、林业产权、金融产权等业务，都是在2007年后蓬勃发展起来的新兴领域，这对正处于发展中的中国产权市场来说，不论其业务特点、运营环境，还是操作模式等方面，都会在未来一段时间内为产权市场成熟和发展带来丰厚的回报。不过，以后，我们将重点介绍金融产权交易与股权托管交易业务。这是因为，金融产权交易是2009年后政策性强制进入产权市场的第二大国资业务板块；而股权托管业务，对于产权市场在构建我国多层次资本市场中场外市场的基础层方面所扮演的角色非常重要。

第二节　金融产权规模性入场与业务的繁荣

2009年后，金融资产交易从北交所的“一枝独秀”，到现在的“遍地开花”，现在已经成为产权市场的第二大业务板块，仅次于“3号令”规范的国资交易。金融资产交易可以说是产权市场自主将国有资产交易的成功经验进行市场化复制的一个范例。金融资产业务获得了国资业务基本相同的政策支持——强制性进场交易规范。基于以上原因，我们专门用一节的内容来予以介绍。

一、54号文出台及意义

为规范金融企业国有资产转让行为，加强国有资产交易的监督管理，维护国有资产出资人的合法权益，防止国有资产流失，财政部于2009年3月17日下发了《金融企业国有资产转让管理办法》（以下简称《办法》），《办法》自2009年5月1日起施行，业内简称为54号文。54号文被认为是金融国有资产交易领域的“3号令”，是继企业国有资产法以后对金融国资进场交易一个更为明确的指导性文件，业界一致对其出台的重要影响给予厚望。应当说，财政部出台54号文得益于三个方面：一是产权市场经过6年多的规范运作，国资委在为企业国有产权有序流转与保值增值保驾护航，促进阳光交易与规范操作方面的作用越来越明显。二是金融企业国有资产如四大国有银行及四大资产管理公司的处置方式相对简单，且它们不能替代第三方交易平台的功能，同时，它们还面临着业务多元化的转型。三是产权交易机构自从2003年以来，已经在积极地进行金融资产交易的探索。

自从1999年10月华融、信达、东方和长城四大金融资产管理公司成立以来，国家相继出台各种法规规章，金融资产管理公司先后获得债转股、公开拍卖、招投标、追偿债务、租赁、转让、重组、资产置换、委托处置、资产证券化等多种方式来处置不良资产，而财政部于2008年8月18日对外公开发布的《金融资产管理公司资产处置管理办法（修订）》“财金〔2008〕85号文”，文中首次规定金融资产管理公司将在省级以上产权市场处置部分股权资产，范围包括国务院批准的债转股项目股权资产及评估价值在1000万元以上的非上市公司股权。第一次对股权类资产通过产权市场进行处置作了明确规定。这表明我国四家金融资产管理公司依法获得了通过产权市场处置国有金融资产的新平台，并将有效促进资产管理公司市场化转型步伐。54号文发布之后，全国省级以上产权交易机构纷纷行动，力争取得本区域内的金融国有资产转让资质。同年12月27日，财政部下发“关于贯彻落实《金融企业国有资产转让管理办法》有关事项的通知”，对54号文的相关规定作了细化。

与国资委3号令不同，54号文规定中央管理的非上市金融企业并非仅限于在京津沪渝四大交易机构转让，《通知》也对此进行了再次的强调。指出各省级财政部门要“根据《办法》，尽快确定本地区承办金融企业国有资产交易业务的省级产权交易机构名单，并推荐1家产权交易机构承担中央管理金融企业国有资产转让业务”。

二、金融资产业务及创新

（一）不良金融资产

不良金融资产，是指银行业金融机构和金融资产管理公司经营中形成、通过购买或其他方式取得的不良信贷资产和非信贷资产，如不良债权、股权和实物类资产等。不良金融资产处置是指银行业金融机构和金融资产管理公司对不良金融资产开展的资产处置前期调查、资产处置方式选择、资产定价、资产处置方案制定、审核审批和执行等各项活动，以及与不良金融资产处置相关的资产剥离（转让）、收购和管理等活动。

应该说，2009年之前的6年，产权市场在金融资产领域的业务主要集中在不良资产处置方面。2003年，北京产权交易交所率先同华融资产管理公司联合搭建了专门处置银行不良金融资产的交易平台——“金融资产超市”，此后不良资产在产权市场交易案例的增多，产权市场的优越性也逐步体现出来。于是，各资产管理公司纷纷开始与产权交易机构合作，通过产权市场进行不良金融资产的处置。

但是随着金融危机的爆发及其后最高院“海南纪要”的出台，产权市场金融资产交易业务急转直下，业务量逐渐分化，市场内的竞争加剧。

从近年的交易情况显示，不良金融资产的投资人主要是国有企业、民营企业、外资机构以及其他投资基金等四大类。“海南纪要”强调的是国有企业和地方政府所具有的优先购买权，出于这种考虑，资产管理公司会更倾向于直接与地方政府进行交易洽谈并在其的配合下实现金融不良资产的场外转让。虽然这样做具有一定的优势，但是，以政府行为替代市场行为显然不能称之为更有效。如何将政府行为与市场行为有机结合，使得金融不良资产的处置成为一种地方政府参与下的市场行为，黑龙江产权交易所的方式：由地方政府与金融资产管理公司实现签订协议，规定合作期限与金融不良资产处置后的分成比例、方式，双方根据进度按比例分成。在处置中，政府组织银行、国资等部门进行评估，审计进行监督，司法依法裁决，最终进入产权交易机构，完成市场化的金融不良资产变现和增值。此方式提供了处理不良金融资产的一条有效思路。

随着2009年后金融危机影响的减弱，市场回暖，投资人信心恢复，产权市场金融不良资产交易逐步回归活跃，交易量也随之增长。

（二）金融股权交易

2009年的金融股权交易由于受到政策利好刺激，不完全统计，最后一个季度的交易量能达到全年交易量的40%以上。在各地产权交易机构中，北京的交易量较2008年度有所降低，而上海出现了一定幅度的增长，成交宗数和金额同比分别增长36.36%和203%。其实在54号文出台以前，2008年7月9日，财政部颁布新修订的《金融资产管理公司资产处置管理办法》（以下简称《办法》）规定："除特定情形，国务院批准的债转股项目股权资产及评估价值在1000万元以上的其他非上市公司股权资产进行转让时，均应在依法设立的省级以上产权交易市场公开进行。"显然，因为是不良资产，那么其单个项目或者不良资产评估值能够达到1000万元的也是很少的。54号文似乎解决了这一问题。它所针对的金融资产恰恰是剥离了四大资产管理公司的金融不良资产和债转股股权资产，所指的非上市金融类企业国有产权大致可以分为股权、债权和实物三大类。目前，非上市金融资产主要是集中在资产管理公司、银行、证券、期货、担保和保险等机构。股权又分为三类，一是计划经济时代银行的对外投资；二是银行下面的服务机构对外投资形成的股权，也就是通常所说的"三产"；三是四大资产公司债转股形成的金融资产。产权交易业界认为这部分资产占据的数量最大，不完全统计存量资产有1000多亿元。而不良债权主要集中在信达、东方、长城、华融四大资产管理公司进行了剥离。

然而，54号文的出台并没有让产权市场迎来金融国资进场的高潮，针对市场反应情况，国资委和财政部又先后出台了两个文件，第一个文件是2009年9月1日，财政部印发《金融控股公司财务管理若干规定》的通知的第14条规定，“金融控股公司应当按照财政部有关规定办理产权登记、资产评估和产权转让等工作”；第18条规定，“金融控股公司固定资产处置应当坚持公开、透明、评估作价的原则，引入市场机制”。第二个文件是2009年9月19日，国务院国资委出台《关于进一步加强地方国有资产监管工作意见》。这些政策、文件的密集出台，表明了非上市金融国有资产进入产权市场这个政策的持续性和支持力度。这之后，金融股权等金融产品业务在交易所迅速发展起来。

（三）并购贷款业务

产权市场涉足并购贷款业务，成为重要的第三方服务机构，这是产权市场的创新。在这个全新的业务领域，全国64家省级以上产权交易机构，有超过50%的机构与超过20家不同的银行机构开展了并购贷款的相关业务合作。不完全统计，2009年通过产权市场，商业银行承诺的并购贷款授信额度超过2000亿元，显然，并购贷款项目的开展既是产权市场的一次自我创新，也是对产权市场投融资功能、并购市场服务能力的一次检验。

实际上金融资产业务不仅包括不良金融资产、金融股权交易和并购贷款业务，还包括含普通银行的通信贷及银团贷款、票据、信托产品、租赁产品以及在基础资产上开发出来的标准化金融产品和金融衍生产品交易和服务等。在54号文及其后来的一系列配套文件下发后，金融资产业务在国内具备实力和一定规模的产权交易市场快速地发展起来，以北京金融资产交易所为例，资料显示，截至2010年年底，该所已累计完成各类金融资产交易3700亿元，约占全国80%的市场份额。

另外的数据显示，2011年，北交所集团企业国有产权交易继续保持稳健态势，全年成交额476.16亿元；金融资产交易、黄金交易、石油石化产品交易大幅增长，成交额分别超过1700亿元、690亿元、640亿元，金融资产交易成为推动集团交易规模取得突破的主要力量。同时，2011年在金融资产交易项目方面，该所先后圆满完成了华夏集团51%股权转让项目（成交金额为83.44亿元）、中国建投转让宾克公司100%股权项目（实现溢价率133.88%）等重点项目；北京农商行126亿元不良资产处置项目、中国人寿21省市债权资产综合服务项目和农总行所属内蒙古戎王大厦处置项目（实现溢价率28.57%）等一批金融不良资产处置项目也顺利完成。从发展趋势看，以银行理财、信贷、信托产品为代表的金融产品交易未来空间最为巨大，将为2012年金融资产交易翻番作出重要贡献。

第三节 股权托管与业务创新

探索开展非上市公司股权登记托管，是产权交易机构最重要的创新点之一，也是产权市场业务多元化的具体表现。股权托管业务在产权市场的探索和繁荣，为我国场外交易市场及多层次资本市场的建设和发展打下了重要的基础。我们先从股权托管的内涵谈起。

一、股权托管的内涵

股权托管是非上市股份有限公司将股东名册委托股权托管机构管理的民事行为，也是为降低公司管理股东名册的运营成本而提供的一种社会化服务；其本质在于弥补非上市股份有限公司股东名册的管理缺位，由客观公正的第三方为非上市股份有限公司提供具有公示力和公信力的股东名册记载，为股东提供所持股权的有效权属证明。其内涵包括两方面：

一是对股权登记的托管，即有限责任公司或股份有限公司将股份登记的义务委托第三方机构履行的一种行为。包括对企业股东名册以及其他有关企业股东、股份变动、股份权益变更等事项的登记和相关档案管理，其衍生业务涉及查询、冻结、质押、过户、代理分红派息、信息咨询等。二是公司的股东将其拥有的股权委托给受托人管理行使，受托人根据委托合同的授权范围行使股权管理行为。我国的股权托管体系上要由三个部分组成，即有限责任公司的股权托管、上市公司的股权托管和非上市股份有限公司的股权托管。这里我们主要谈的是有限责任公司和非上市股份有限公司的股权托管。

二、托管业务的发展

2001年7月，中国证监会出台的《关于未上市股份公司股票托管问题的意见》提出“未上市公司股份托管问题，成因复杂，涉及面广，清理规范工作应主要由地方政府负责”等内容，显然是对非上市公司股权托管提出了原则性的指导意见。于是，国内大多数省、自治区、直辖市政府依据相关部委的文件，制定了地方性的非上市公司股权登记托管政策。据统计，当时，全国共有24个省、直辖市、自治区和计划单列市设立了非上市公司股权登记托管机构，出台了股权登记托管规则，其中大多数股权登记托管机构是依托产权交易机构设立的独立法人组织，也有以一个业务部门设在产权交易机构内的。各地政府部门普遍支持产权交易机构通过股权登记托管制度安排对非上市公司股权变动进行管理。

股权托管对于产权市场而言，它是在当时制度缺失的情况下对非上市股份公司股权实现规范管理的可操作的有效途径，通过公司入场托管可以进一步提高对国有资产的监督管理，是对产业和金融资本融合的新方式的探索和创新。对企业的意义在于：一是可以加强与完善公司治理结构，对大股东行为进行有效约束，公开信息，规范企业行为，提高社会公信度；二是通过股权质押等方式解决企业的部分融资问题；三是通过股权登记与业务指导，实现产权明晰化及股权结构的优化，为其股票公开发行、上市创造条件。正是由于这些原因，股权托管的提出很快得到业内人士的高度认同，并迅速以各省产权交易市场为基础形成相应的组织机构。于是，这些产权市场锐意进取，加快创新，积极开展股权登记托管及相关服务业务。上海、天津、北京、深圳、武汉、成都、陕西、山东、浙江、江苏、沈阳、江西等地均已建立起非上市股份公司股权托管中心。托管中心不以营利为目的，按照国家及当地政府的法律法规，为托管企业提供股权登记及股权的日常管理，按托管企业要求提供股东登记服务、变更服务、信息查询及分红等其他服务。据统计，到2006年前后，各地的股权登记托管机构一共有30多家，股权登记业务在各地稳步发展。

三、股权交易业务的探索

改革开放后，大量的企业都进行了股份制改造，社会上积累了大量的企业职工股、内部股，这些股权与众多的国有股、法人股一起，由于缺乏流通、转让的市场和渠道，必然积累起巨大的社会、经济风险。为了消除社会经济活动中不安定的隐患，政府须得提供股权转让的合法渠道并进行有效监管。对于非上市公司发行的股权转让，公司法规定，股东转让其股份，必须在依法设立的证券交易场所或国务院批准的有关场所进行，但对在什么样的场所，并没有进一步明确。大批需要流转的非上市公司股权或股票由于没有正规场外交易平台，往往只能通过拍卖、重组等方式进行股权转让交易，这些方式，既不便捷，也因为缺乏统一规范给监管带来众多的难度。后来，几乎所有地方政府都以发文形式要求当地非上市股份公司的股票，必须到托管中心托管。股权托管机构的建立和运作，为非上市公司股权流动搭建了一个管理服务平台，通过股权托管中心的登记过户，变更转让，地下股权交易才逐步转变成为"阳光下的交易"，广大投资者和真正想发展的股份公司、有限责任公司和守法规范的中介机构也找到了可以依托的、有一定社会公信力的平台。

2002年以后，在非上市股权登记托管的基础之上，一部分产权交易机构如上海、天津、大连、河南等都在股权的转让流动方面迈出了试探性的一步，其中河南产权交易所开展的股权交易业务最有特色。但是，后因清理整顿，及政策的限制，未能做大做强。

2007年后，各地股权托管工作进展明显加快，如上海股权托管中心以服务中小科技企业为主的非上市公司股权交易平台落户上海张江，同年成都技术产权交易所也开始对非上市公司股权交易进行试运行，首批企业如北海招商、银河科技、新蓉城、红旗实业等10余家公司在这里挂牌待售股权，湖北、山东、安徽等地的非上市公司股权交易也相继推出。

与此同时，陕西、黑龙江、上海和四川等地纷纷出现了大量的违法活动，其严重性已经危及金融市场安全与社会稳定，其态势有迅速向全国蔓延的迹象。2006年9月，中国证券业协会发布了关于防范非法证券活动的风险提示公告，同年12月，国务院办公厅下发文件，明确表示将由证监会牵头，公安部、国家工商总局、银监会并邀请最高法院、最高检察院等有关单位参加，成立打击非法证券活动协调小组，负责打击非法证券活动的各项工作的开展与落实。这次"打非"行动，严厉程度大大超过以往。尽管此次"打非"行动的对象是部分地区的非法机构，但从事实上也对刚刚起步的"非上市公司股权交易"业务的开展与发展产生了较大的影响和冲击。

与以往不同的是，这次"打非"活动采取了"明确指向、区别对待"的原则，对于那些严格管理、规范运作的产权交易所（中心）所进行的非上市公司股权交易给予了肯定和支持。同时，明确了非上市公众公司是多层次资本市场体系的重要组成部分。2008年3月证监会成立了"非上市公众公司监管部”，俗称的“发行二部”。该部门主要职责是拟定公开发行不上市股票的规则、实施细则、信息披露规则，审核或核准公开发行不上市股票的申报材料、开募集方式以及监管相关的信息披露、发行活动和承担打击非法证券活动协调小组办公室的日常工作等。

尽管如此，但是，产权市场自身功能还有待完善，有关部门的政策措施有待出台，还需要市场的大力培育与导向，所以，产权市场的场外市场之梦还有更长的路程需要完成。

第四节　股权托管转让的作用和意义

股权登记托管无疑是产权市场交易机构最重要的业务创新之一，对于目前和未来市场的发展所承载的功能、延伸目标和意义很大。通过对国有参股、控股非上市股份有限公司集中登记托管，既有利于对其中的国有股权进行有效监管，能够有效地避免国有股权的违规转让，防止国有资产的流失，又便于受让者放心购买。

因此，加强对国有参股、控股非上市股份公司集中登记、委托管理，有利于扩大企业知名度，拓宽企业投融资渠道，促进产业和金融资本融合，实现产权交易创新。其作用和意义，可以通过以下三方面来具体说明。

一、对政府与社会的作用与意义

1. 有利于对非上市公司股权的规范管理。非上市公司股权通过产权交易托管机构托管后，由于股权登记管理集中、股权转让信息集中，规范的交易行为、低廉的交易成本、公允的交易价格、广阔的选择空间，必然驱使各方投资资金包括外资自动汇集，形成规范集中的市场管理，杜绝各种违法违规事件的发生。

2. 有利于加强对国有资产的管理，防止国有资产的流失。在没有产权交易市场的股权托管的情况下，国有股份的转让极易出现“暗箱操作”，导致国有资产大量流失。股权集中登记托管以后，政府部门通过托管机构就可以监管所有非上市股份有限公司的股权交易行为，规范股权管理，维护股东权益，促进股份制经济健康发展。

3. 推动经济结构调整，促进产业和金融资本融合，实现产权交易创新。股权在产权机构的规范托管与转移流动，有利于发挥市场机制优化社会资源的配置，发掘社会产业资本与金融资金相融合的渠道，为国有经济有进有出开辟了一条通道。

4. 有利于构筑多层次资本市场，为区域性场外市场的发展创造条件。对非上市股份有限公司股权实行集中登记托管和建立股权交易市场这项工作的开展，将为区域性场外市场的建设，为大量中小企业提供直接融资渠道，保证区域经济资源持久地促进地方的经济发展，提供良好市场基础，创造良好的探索条件。

二、对企业的作用与意义

1. 有利于规范运作，提高经营管理水平。企业将股权登记管理工作托管给产权交易机构办理，不仅可以从繁杂的事务中解脱出来，同时还可享受到托管机构提供的专业化、规范化服务，进而提高企业自身的经营和管理水平。

2. 有利于节省财务成本。企业自身管理各类股权、股票，要提供一定的人力物力资源，如果通过产权市场的股权托管机构管理的话，有益于企业从这些繁杂的事务型管理解脱出来，降低各类管理费用。

3. 有利于拓宽投、融资渠道，吸引社会资本，实现多元化。产权市场汇集了大量对投资者与中介机构，而且具备广泛而强大的信息网络功能，企业股权在产权市场的股权托管机构托管后，相关信息很快就会被众多的投资者与中介知晓和了解，通过股权融资，通过股权吸引社会资本流入的可能性大大增强，极容易实现企业股权的多元化，这样可以为企业的发展提供大量的资金或资本支持。

4. 有利于扩大企业知名度，为企业的资本运作提供登记平台。股权托管后，企业可以利用股权交易平台，方便、快捷、高效地进行资本运营，自由获得权益性融资与债务性融资，扩大资本规模，提高经济效益，同时，通过产权市场的信息发布以及资本运作等提升企业的知名度。

三、对投资者的作用与意义

1. 可以有效杜绝私下交易、黑市交易等不规范行为，保护自身利益。非上市股份有限公司的股权流动是股东通过协议以背书方式进行的。由于缺乏专门的非上市股权交易所，非上市股权一般都在私下进行转让，政府部门难以监督，交易纠纷时有发生。

2. 方便股权变更，防范欺诈行为。股权通过私下交易，一些不法分子，往往通过制造和散布虚假信息，制造公司国内上市、海外上市等概念，爆炒某种股票，低价吸纳概念公司的股票，转手以很高价格诱骗投资者收购，获取巨大的投机利润。而企业股权通过产权交易市场的股权托管机构托管或交易，则不仅可以方便股权变更，而且可以避免以上各类欺诈现象的发生。

3. 增加股东股权的流动性，拓宽股东的融资渠道。股权集中托管，不仅便于股权转让信息集中发布，而且便于投资者进行广泛选择，在确保股权流动得到充分体现的同时，更能较广泛地拓展股东的融资渠道。

4. 通过股份证明和查询股权信息，减少不对称信息。私下转让交易的非上市公司股权，投资者主要依靠非公开媒体传播的小道消息来获取不完全的股票信息，基本上采用“一对一”的协议方式，交易方式极其落后，采取“一手交钱、一手交票”，这与现代证券交易通过新闻媒体和电子网络来传播股票信息，以及采用电子计算机自动报价、自动撮合相比，简直有天壤之别。

5. 提高股东名册的效用。股权托管在产权交易机构，以政府监管做担保，避免了自己管理股权带来的可信度不高问题，大大提高了股权证的公信度，为股东利用股权进行质押担保和股权转让提供了信用保障。

6. 保护投资者的合法权益，产权交易机构不仅办理股权托管，还提供股权托管经营、分红派息等服务，监督各股份有限公司实行同股同权同利，维护投资者的合法权益。

第五节 我国产权市场与场外市场的定位分析

有关产权交易市场在我国多层次资本市场中定位问题，当前理论界和产权实务界存在两种不同的观点：一种认为，产权市场应在企业国有产权交易的基础上，进一步发展成为我国的场外交易市场（OTC）市场，为我国众多的非上市股份有限公司股权流转提供标准化的交易服务；另一种认为，沪深主板、创业板以及国内未来的OTC市场都是为可标准化的权益资产提供交易服务，而社会上数量更为巨大如物权、债权、知识产权等很难标准化的各类权益资产，是产权市场的主要业务对象，所以，产权市场是很难进一步发展成为我国场外交易市场的。

第一种观点，大家比较熟悉，理论界与实践界有很多论述，这里不再探讨了。关于第二种观点，我们这里要作一个比较详细的阐述。

一、难以具备OTC市场的基础

通过前面各章节的研究，我们知道，产权市场的交易具有三项特点：一是对象千差万别，既有债权、股权、知识产权，还有物权、专项产权及其他财权权益。不同的交易对象适用不同的交易规则和交易流程，不同的交易机构侧重不同的交易品种。二是产权市场的交易标的几乎都是大宗的，并且是不可分割的；出让方在符合国家及地方法律、法规的前提下，可以根据交易对象的具体情况提出受让条件；每一笔交易所将面临的职工安置、企业资产重组等方案千差万别。三是当一项交易在产权市场完成后，该交易对象在相当长的一段时间内是稳定的，由此也决定了产权市场的参与者很少是出于短期投机目的而参与交易的。看来，以上三方面的特点说明，产权市场很难形成OTC市场的基础。

二、运作体制与OTC市场的矛盾

我国产权市场的运行体制深具中国特色，特别是2003年的规范调整之后，产权市场主要是为了服务于我国国有企业改革的新特点而重新发展起来的。我国国有资产是分级监管体制，在分级监管之下，各个地方政府为了区域利益，根据自身情况，成立了情况各异的产权交易机构。各个交易机构的运行体制差别较大，从性质上来看，有事业单位的，也有国有独资的，还有股份制的公司；从隶属监管关系看，有的隶属于国资监管部门，有的隶属于发改委，还有的隶属于财政部门。在这种情况下，各地产权市场的具体运作模式和业务特点也差别较大。在运行体制、发展模式千差万别的情况下，产权市场从国家层面就很难获得统一的政策支持。尤其是从我国证券市场以证监会为主导的全方位监管模式下，产权市场现有的运行体制很难从国家层面获得改成 OTC 市场的政策支持。

三、实践中的障碍

近一些年来，很多产权交易所都在非上市公司股权交易方面进行了有益的探索，尤其以河南省产权交易中心做得最好。但是，2007—2008 年，河南省产权交易中心因为依托非上市公司股权托管业务探索开展交易业务而被列入“打非”范围遭到证监会的调查，交易业务也被迫停掉；2010 年 11 月开业的国家区域性（河南）中小企业产权交易市场，因为采取了与 A 股类似的交易方式，仅仅运行了 6 天便被迫停业整顿，重新开业后又恢复到传统的产权交易模式。

四、顶层意向与 OTC 的定位

证监会主席尚福林 2010 年提出：“研究中关村代办股权转让试点方案，逐步探索符合我国国情的、统一监管下的全国性场外市场发展的路径。”2012 年 1 月新任证监会主席郭树清指出：“以柜台交易为基础，加快建立统一监管的场外交易市场，为非上市公司提供阳光化、规范化的股份转让平台。”同年 3 月国务院副总理王岐山在北京考察中关村非上市公司股份转让试点工作的时候指出，中关村非上市公司股份转让试点以来，总体运行平稳。要认真总结成功经验，继续完善市场监管、准入与退出、信息披露等基础性制度建设，为探索建立全国统一的场外市场创造条件。

一是根据中国证监会等监管层为未来新三板扩容所提出的两个框架性的

构想，即将试点园区扩大至全国国家级高新区及经济园区，真正成为全国性场外市场。二是“在中关村代办股份报价转让试点基础上建设统一监管下的全国性场外交易市场”，即建立新三板交易所。

2012 年 8 月 3 日，新三板正式扩容到上海张江高科、武汉的东湖高新与天津的滨海新区以及同年 9 月，全国中小企业股份转让系统有限责任公司在北京注册的事实，已经表明，以产权市场来构建我国全国性 OTC 市场已经不存在“可能性”了，但是，我国产权市场巨大的规模，广泛的业务范畴以及特有的市场作用等因素，随着我国场外市场制度的完善及实践的推进，未来，产权市场作为我国 OTC 市场重要的基础层次和组成部分，是完全可能的。

第三篇 代办系统与场外摸索

第九章　新三板概述

第一节　从三板到新三板

一、新三板产生的背景

党的十六届三中全会通过的《中共中央关于完善社会主义市场经济体制若干问题的决定》指出：应“建立多层次资本市场体系，完善资本市场结构，丰富资本市场产品”。

2004 年年初，《国务院关于推进资本市场改革开放和稳定发展的若干意见》出台。这份被更多称作“国九条”的指导性文件明确提出要发展多层次资本市场：“继续规范和发展主板市场，逐步改善主板市场上市公司结构。分步推进创业板市场建设，完善风险投资机制，拓展中小企业融资渠道。积极探索和完善统一监管下的股份转让制度。”

“国九条”出台之后的当年5月，深圳证券交易所正式在深市主板内开辟中小企业板。第二年5月，主板市场启动股权分置改革。2006年年初，中关村科技园区非上市股份公司代办转让系统正式启动。一系列举措是对“国九条”的具体落实，多层次资本市场的发展路径也开始逐步趋于清晰。

为此，北京市科学技术委员会特别设立了专项资金，目的是促进一批优质高新技术企业到“新三板”市场的股权转让系统挂牌交易；支持和鼓励一批境内外投资机构和券商围绕“新三板”市场形成交投活跃的投融资平台；积极促进拓展“新三板”市场的融资功能，为建立多层次资本市场体系做好充分准备。

新三板来源于三板，而三板又来自于STAQ、NET两网系统。STAQ、NET两网情况前面已经在第四章第四节作了详细的介绍，所以，这里我们从三板市场谈起。

二、三板的发展历程

（一）三板的演进

三板市场的正式名称为“代办股份转让系统”，它作为一个另类市场，一直不为主流投资者所关注。它是证券公司以其自有或租用的业务设施为非上市公司提供股份转让服务的业务系统，是一个以证券公司及相关当事人的契约为基础，依托证券交易所和登记结算公司的技术系统，以证券公司代理买卖挂牌公司股份为核心业务的股份转让平台。

三板启动的初衷是为了妥善解决原STAQ、NET系统的“历史遗留”问题。STAQ、NET系统是分别于1992年7月和1993年4月开始运行的法人股交易系统。两网成立以来，由于在交易过程中，出现大量的个体违规现象，造成两系统流通的法人股实际上已经个人化。为了规避市场风险和维护社会稳定，中国证监会等相关机构对两网展开了漫长而持久的清理整顿工作，1999年9月，两系统停止交易。

2001年4月20日，“PT水仙”成为中国10年股市第一家退市的股票，中国证监会正式启动了退市机制并于2002年8月29日起将退市公司纳入代办股份转让试点范围。这是因为，股票退市所带来的风险，如果百分之百由投资者承担，显然缺乏公平。退市不是破产，三板成为了解决退市股票流转的

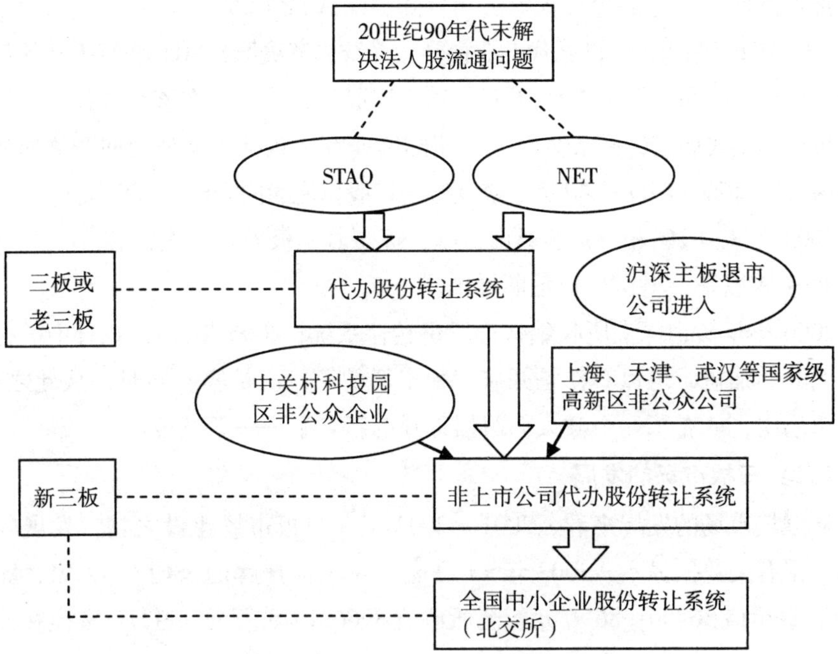

图 9－1　老三板与新三板演变关系图

“出口”，担负起完善中国的退市机制，并探索建立多层次证券市场体系的历史任务。

同时，为妥善解决原 STAQ、NET 系统挂牌公司流通股的转让问题，2001 年 6 月 12 日经中国证监会批准，中国证券业协会发布了《证券公司代办股份转让服务业务试点办法》，代办股份转让，即三板工作正式启动，并规定：三板的股份的转让、交易只能在申银万国、国泰君安、国信证券、大鹏证券、闽发证券、辽宁证券等 6 家券商的 300 多家营业部内进行，同年 7 月 16 日第一家股份转让公司在三板正式挂牌。

由此，我们可以看出：三板股票的来源主要有两部分，一部分是 STAQ、NET 系统中转移过来的股票公司，另一部分是从沪深证券交易所主板市场退市的公司。三板市场的来源与演进历史，可以作一个简略的归纳：

1992 年 7 月，STAQ 成为指定的法人股流通市场。

1993 年 4 月，NET 与 STAQ 构成场外交易市场。

1998 年，“两网”在证券市场大整顿中被取缔。

1999 年 9 月，“两网”正式停止运行，证监会采取地方政府注资和保留历史遗留问题方式先后允许6家公司登陆沪深A股市场。

2001年6月12日，设立代办股份转让系统，解决原STAQ和NET系统挂牌公司股份流通问题；同年7月16日，第一家股份转让公司在该系统挂牌，标志着三板市场正式启动；后来，10家公司陆续挂牌（包括1家公司回购流通法人股在内，17家原STAQ和NET系统挂牌公司股份流通问题已全部解决）。

2002年8月29日，完善退市机制，标志着三板的第一次扩容。

2004年以来，退市公司不断增加。

2006年年初，深交所收编代办股份转让系统；2006年1月16日中关村园区企业开始加盟，可以算作是开启三板市场的第二次扩容。同时，从此之后，三板市场中，就有了一个被人们习惯称呼的新名字——新三板。

（二）三板市场的发展

从三板市场的发展来看，2001—2002年，三板市场建设之初，发展较为谨慎。据有关数据显示，2002年12月底，在三板挂牌的公司有12家，股票14只，总市值362901.86万元、流通市值896621.13万元。在12家挂牌公司中，从原STAQ、NET系统转入的公司8家，主板退市4家。2004年后，三板发展速度加快，到年底，三板挂牌公司共有31家，股票35只；2006—2008年期间，三板市场（不包含中关村）共入场交易的新增股份公司9家。到2012年5月，三板市场（不包含中关村）共有53家公司，57只股票，其中包含6只B股退市的股票。

三、什么是新三板市场

新三板市场，是专门为北京中关村科技园区以及上海、天津、武汉等国家级高新技术产业园区等扩容后地区的非上市股份公司股份转让提供的平台。由于它不隶属于沪深证券市场的主板和中小企业板，同时在股份转让模式上又接近于一些券商提供的股权转让服务，为区别于原来的“三板”，因此被称为“新三板”。

2006年1月23日，两家中关村高新技术企业世纪瑞尔和北京中科软件进入代办股份转让系统开启了新三板的探索之路，到2012年8月，新三板走出中关村，开始向上海、天津、武汉等国家级高新技术产业园区扩容。同年9月，全国中小企业股份转让系统有限责任公司在北京注册，未来老三板及新三板将被全国中小企业股份转让系统替代，统称为“新三板”。

四、三板与新三板的关系

经过10年多的摸索、试点，代办股份转让系统已经是独立于沪深主板市场和创业板市场的、资本市场不可或缺的组成部分。目前在代办股份转让系统上交易的股份公司包括三类：第一类是以粤传媒为代表的从STAQ和NET法人股市场转板股份有限公司，第二类是从沪深股市主板退市的以水仙股份为代表的股份有限公司，第三类是以北京中关村及扩容到上海、天津、武汉等国家级高新技术产业园区挂牌的非公众企业。第一、第二类属于老三板（或称三板）；第三类属于新三板。

新三板与三板市场业务在设立目的、交易方式、挂牌条件等方面均存在着很大的差异，主要区别如下：

表9－1　三板与新三板比较

	三板	新三板
发行人	1. 原STAQ、NET系统挂牌公司 2. 退市公司	中关村及扩容试点的国家高新技术产业开发区非上市股份有限公司
设立时间	2001年6月12日	2006年1月16日
审批机构	经主办券商协助申请、中国证券业协会备案	经主办报价券商推荐，中国证券业协会备案。以后或将探索注册制，或将纳入证监会统一监管
法律依据	1. 公司法 2. 证券法 3.《证券公司代办股份转让服务业务试点办法》（2001.6.12.） 4.《关于改进代办股份转让工作的通知》（2002.8.29） 5.《主办券商尽职调查工作指引（试行）》（2005.1.10） 6.《股份转让公司信息披露实施细则》（2001.11）等	1. 公司法；2. 证券法；3.《证券公司代办股份转让服务业务试点办法》；4.《证券公司代办股份转让系统中关村科技园区非上市股份有限公司股份报价转让试点办法》和挂牌业务规则、尽职调查工作指引、信息披露规则等配套规则等 以后3、4点内容将有很大的调整与完善
准入条件	1. 合法存续的股份有限公司 2. 有健全的公司组织结构 3. 登记托管的股份比例不低于可代办转让股份的50%	1. 设立满2年的股份公司；2. 经试点园区所属地方政府确认的股份报价转让试点企业；3. 主营业务突出，具有持续经营记录；4. 公司治理结构健全，运作规范。扩容新规出台后，2、3点内容将会调整与修改

续表

	三板	新三板
基本程序	1. 依法完成退市手续，向主办券商提出申请并签订协议 2. 开立非上市股份公司股份转让账户 3. 办理股份重新确认、登记和托管手续 4. 向股份持有人出具股份确认书，未经确认的股份，继续确认登记 5. 向登记结算机构托管后开始转让	1. 向北京市人民政府（或扩容园区所属地方政府）申请股份报价转让试点企业资格；2. 与主办报价券商签订委托协议；3. 尽职调查和内核；4. 向协会出具推荐报告，报送推荐挂牌备案文件；5. 协会受理并审查，60日内出具备案确认函；6. 与登记结算机构签订登记服务协议，办理股份集中登记；7. 股份分三批进入代办系统挂牌报价转让 扩容新规将完善与修订部分内容
交易规则	转让系统深交所实时监控 1. 集合竞价方式在每日下午 3：00 配对成交 2. 引入可能成交价格预揭示制度，分时点揭示虚拟撮合所形成的价格 3. 分类转让：以股东权益为正或净利润为正，履行信息披露义务、财务报告未被注册会计师出具否定意见为依据界定每周转让 1 次、3 次或 5 次 4. 涨跌幅比例 5%	报价系统深交所实时监控 采用撮合成交方式，有意向委托、定价委托和确认委托三种委托方式，并且每笔委托股份数量为 3 万股以上，并且规定投资者证券账户某种股份余额不足 3 万股的，只能一次行委托卖出 未来，将取消意向委托；将引入集中竞价机制，每笔最低交易限制或将调整到 1000 股；涨跌幅度限制可能进行调整；或将引入做市商制度

（注：资料来源于中国证券业协会披露相关制度、规则及网络信息等。）

第二节　新三板的总体特点

新三板属于我国多层次资本市场体系中的一部分，它的开办是为了满足高新技术型中小企业的融资需求，让那些暂时达不到上市标准，但是有发展潜力、符合国家产业政策的创新型中小企业能够在这个市场上流通股份，实现融资。

一、十大总体特征

新三板自从 2006 年 1 月试点以来，目前已经过去 6 个年头，它的主要特点包括：

1. 进入新三板市场的门槛低。目前新三板挂牌的企业是国家级高新技术园区的非上市股份有限公司，只需要满足成立满两年、主营业务突出、具有持续经营能力等条件。

2. 通过新三板系统进行融资的成本低。新三板拟挂牌企业从试点资格确认到实现挂牌，整个流程中的成本相对于在场内市场上市等融资来说，成本要低很多，目前费用一般在100万—150万元（依据项目具体情况和主办券商的不同而上下浮动），在新三板市场挂牌后运作成本每年不到3万元。特别是现今国内高新区相继出台的大量鼓励支持政策下的费用抵消效应，甚至可能出现企业挂牌的“零”成本现象。

3. 新三板系统为非上市有限公司的股份提供有序的转让平台，有利于提高股份的流动性，使股东资产证券化，企业价值增值化，完善企业的资本结构，提高企业的融资能力和自身抗风险的能力，增强企业的发展后劲。

4. 在新三板进行投资的主体有别于主板市场。目前能够在新三板市场交易的主要是机构投资者，包括法人、信托、合伙企业等，一般的自然人还不允许参与。当然，一些特别的自然人，例如公司挂牌前的自然人股东、通过定向增资或股权激励持有公司股份的自然人股东，可以买卖其持股公司的股份，但不能参与其他挂牌公司股份的买卖。新三板扩容后，将适度扩大自然人投资者范围和投资选项，或将借鉴股指期货以及创业板的投资者适当性管理经验，设定投资者准入门槛。

5. 公司挂牌实行主办报价券商制和备案制。公司须先向当地市政府授权机构（一般为高新区行政管理机构）申报文件取得股份报价转让试点资格，然后由具备主办报价券商进行尽职调查并出具推荐报告报证券业协会备案。备案完成后，即可在代办系统挂牌。未来或将探索注册制，新三板或将纳入证监会相关机构进行统一监管。

6. 新三板市场为非上市股份公司股份转让提供报价服务，不撮合成交。双方协商达成转让意向的，委托证券公司办理系统成交确认后，再发送到证券登记结算机构和资金结算银行逐笔办理股份过户和资金交收。新三板扩容后，这一规则将会修改，或将引入集合竞价机制；交易结算将实行T+1回转交易机制以及多边净额担保交收模式，取代之前的逐笔全额非担保交收模式。另外，扩大试点方案提出在新三板挂牌的公司纳入非上市公众公司管理，股东人数可以超过200人。

7. 公司股东挂牌前所持股份分三批进入代办系统挂牌报价转让，每批进入的数量均为1/3。进入的时间分别为挂牌之日、挂牌期满一年和两年。扩容后，原规定或将补充和完善。

8. 在交易规则方面，新三板有3万股的最低交易额度要求。扩容后，每笔最低交易数量的限制则或将调整到1000股；涨跌幅度的限制也将进行较大调整。

9. 指定结算银行负责投资者结算资金的存管和交收。投资者须在指定结算银行开立股份报价转让专用结算账户，由结算银行负责投资者结算资金的存管，并按照证券登记结算机构的指令完成资金交收。

10. 随着新三板市场的逐步成熟，做市商制度、转板制度等，也都将纳入新三板的交易规则之中。

总而言之，新三板的特性是与其市场定位密切相关的，它体现了发展场外交易市场和鼓励高新技术企业的双向政策导向目的。

二、挂牌企业的特点

总体上来说，目前新三板适合的企业一般具备四大要求：一是目前还不符合主板或创业板上市要求；二是希望借助资本市场实现股份流通，通过定向增资实现融资、扩大业务规模；三是希望通过外部引导建立现代企业制度，优化公司治理结构，规范管理操作，从而快速做大做强企业；四是“三高六新”，即高增长、高科技、高附加值以及新经济、新农村、新服务、新能源、新材料、新模式等特点的高新技术企业。具体来说：

1. 这些企业首先必须是非上市股份有限公司，这就意味着如果园区公司注册时如是有限责任公司，则需要在挂牌之前完成股改转制。其次，挂牌企业的注册地为试点及扩容所及的国家级高新园区，必须获得高新技术企业资质的认定。

2. 这些企业必须拥有专利和创新技术，且其技术发展方向符合国家创新产业发展政策；具有一定的规模，拥有自身的盈利模式；在企业运营和发展等方面能够体现其突出的主营业务，且有持续经营记录。

3. 这些企业虽然大多处于初创时期，但是要求企业的存续时间必须要满两年。这里需要注意的是，对于有限责任公司改制后申请挂牌的，存续年限分两种情况，一是有限责任公司整体改制成股份有限公司的，其存续期从有限责任公司成立之日起算起；如有限责任公司不是整体改制的，则其存续期要从企业改制为股份有限公司之日起算起。此外，如果企业经营过程中，控股股东或其他经营层发生变化，存续年限也不受影响，这是与场内市场上市的公司情况明显不同的。

三、新三板与创业板、主板的比较

与主板、中小板及创业板相比，企业申请在新三板挂牌转让的费用要低得多。目前费用一般在100万—150万元（依据项目具体情况和主办券商的不同而上下浮动），在新三板市场挂牌后运作成本每年不到3万元。目前，新三板已经扩大试点范围，很多国家级园区都向证监会申报申请成为新三板试点园区，并出台了对区内企业在新三板挂牌的鼓励和资金支持政策。

表9-2　新三板与创业板、主板上市条件之比较

项目	新三板	创业板	主板
主体资格	非上市股份公司	依法设立且合法存续的股份有限公司	依法设立且合法存续的股份有限公司
经营年限	存续满2年	持续经营时间在3年以上	持续经营时间在3年以上
盈利要求	具有持续经营能力	最近两年连续盈利，最近两年净利润累计不少于1000万元且持续增长；或最近1年盈利，且净利润不少于500万元，最近1年营业收入不少于5000万元，最近2年营业收入增长率均不低于30%	最近三个会计年度净利润均为正数且累计超过3000万元
资产要求	无限制	最近一期末净资产不少于2000万元，且不存在未弥补亏损	最近一期末无形资产（扣除土地使用权、水面养殖权和采矿权等后）占净资产的比例不高于20%
股本要求	无限制	发行后股本总额不少于3000万元	发行前股本总额不少于人民币3000万元
主营业务	主营业务明确	最近2年内没有发生重大变化	最近3年内没有发生重大变化
实际控制人	无限制	最近2年内未发生变更	最近3年内未发生变更

续表

项目	新三板	创业板	主板
董事及管理层	无限制	最近2年内没有发生重大变化	最近3年内未发生重大变化
成长性及创新能力	中关村及扩容所及区域内符合要求的企业，将不限于高新技术企业	“二高六新”企业	无限制
投资人	机构与自然人	有两年投资经验的投资者	无限制
信息披露之定期报告	年报、半年报、临时报告	年报、半年报和季报	年报、半年报和季报
备案或审核	备案制	审核制	审核制

（注：此表内容来源网络，经作者核定后略作修订）

上图新三板与创业板、主板上市条件之比较，我们一目了然，这里主要谈谈“转板制度”。

“转板制度”是多层次资本市场体系中各个层次的资本市场之间的桥梁，是资本市场中不可或缺的一项环节。无论是讨论多层次资本市场还是建设和完善更加成熟的金融市场体系，新三板上市企业事实上都不可回避资本市场转板制度建设的相关问题。目前我国多层次资本市场框架已初步搭建，却缺乏相互之间有机的结合，不同层次的资本市场之间尚未搭建起连接的桥梁，缺乏完善的转板制度。新三板企业仍只能通过IPO的方式首次公开发行并在场内市场上市，且其IPO的条件与其他企业无异。截至目前，5家转板成功的新三板企业中，粤传媒与久其软件采取先从“新三板”撤牌后再IPO的方式在中小板上市。

第三节　新三板市场的发展现状

经过6年的建设，新三板的市场已经取得初步成效，这得益于新三板企稳向好的市场交易状况和已挂牌公司对新三板的认可与好评，也得益于中关村科技园区的鼓励政策与大力推进，更包含了设计者的智慧，操作者的创新，参与者的责任感及推进者的勇气。新三板的开办，对园区公司而言是从认识、了解到熟悉认可的过程。受到三板市场交易清淡的影响，新三板在初期受到的关注度并不高，但是随着前几批试点企业的挂牌转让，园区公司与中关村管委会、主办券商、深交所的合作越来越深入，操作流程也越来越顺畅：新的平台为园区公司带来了新的融资方式和提高品牌影响力的契机，监管严格的主办券商推荐和信息披露制度使园区公司在治理结构上更为优化，定向增资的成功吸引了风险投资者和私募股权投资者的目光，股份价格的明确让公司股东积极性提高，这一系列的变化对中小型高科技企业来说，无疑是实实在在的好处，也对未挂牌企业产生了触动和影响。

一、建立起完善的制度体系

2006年1月，新三板正式试点，其交易规则制度包含主办券商制度和信息披露制度。主办券商制度对推荐园区公司挂牌新三板的证券公司的资格、权限和责任等作了规定，信息披露制度则对挂牌公司的重大事项披露内容、要求等作了规范。除交易规则外，新三板的交易制度在沿袭证券公司代办股份转让系统的交易模式的基础上建立起了独有的“股份报价转让”制度。该制度的设置考虑到两大重要因素：一是新三板挂牌条件低，公司大多处于发展初期，前景不明朗，风险较大，需要在交易中实行更严格的监管；二是新三板尚未被广大投资者所熟知，存在信息不对称的情况，需要适当控制股份的流动性。所以体现出证券公司的督导因素加强了，同时也由于交易方式过于单一而限制了股份的流动性。另外，2009年6月，证券业协会发布了新三板改革后的业务规则文件，在原有的交易制度基础上，将新三板挂牌股份的“股份”账户与深圳股票交易所的“股票”账户合并，并增加了定价委托的交易方式。同时，新三板还建立了全新的投资者准入制度，依照这一制度规定，非挂牌公司自然人投资者，将不允许在新三板进行交易。

近几年，证券业协会已经为新三板诸如做市商制度、转板制度等制度建设做了大量的调研和试点推进工作，并取得了较丰富的实践经验和成果。2012年8月，新三板正式向上海、天津、武汉等国家级高新技术产业园区扩容，同年9月，全国中小企业股份转让系统有限责任公司在北京注册。随后，新三板将步入发展的快车道并将迎来“质”的飞越。

二、市场发展与融资成效突出

6年以来，新三板的尝试获得了预想中的成绩，总体运行平稳，秩序良好，吸引了一批优质的高科技、高成长企业参与试点，2006—2011年，新三板挂牌企业数量分别为10家、24家、41家、59家、81家和103家（含2011年12月30日备案的大清源通信），呈现出稳步上升的趋势。

表9-3　新三板挂牌公司股份报价成交情况统计表

年份	成交额（亿元）	总市值（亿元）	年换手率%	挂牌家数（不含已转板）
2006	0.07	17.9	0.41	7
2007	2.01	52.35	3.85	21
2008	2.77	71.1	3.89	38
2009	3.9	109.89	3.55	58
2010	3.67	172.98	2.12	74

（注：资料来源于相关网站及中国证券业协会披露的相关信息并整理。）

（一）主办券商情况

到2011年11月底共有58家券商获得中国证券业协会新三板主办券商资格，占106家证券公司的半数，有28家券商已经成功推荐企业挂牌，其中推荐挂牌企业数量最多的券商是申银万国。

（二）定向增资情况

到2012年7月，新三板共有44家挂牌企业完成或启动了52次定向增资，融资总额22亿元；而8个月前，新三板只有21家公司完成28次定向增发，融资额为14.27亿元。其中，2006年至2009年，新三板4年间仅有7家公司完成8次定向增发，总融资额3.45亿元，尚不及2010年全年的融资数额；2010年，共有10家挂牌企业进行了11次定向增资，融资额6.17亿元；到2010年年底，累计有20家（有三家企业已经转板）企业进行了24次定向增资，市盈率最高达到84倍，平均市盈率22.59倍，融资额合计11.73亿元。2011年共有18家公司完成21次定向增资，金额为7.73亿元。

另外，新三板多家公司定向增发超过1次，如北京时代定向增发达3次；单次最大融资额为2.12亿元，单次最小融资额为780万元，单次平均融资额为5097.61万元。单个公司融资额最大的是中海阳，2010年和2011年分别融资1.125亿元和2.12亿元，共计3.245亿元。新三板企业定向增资平均每股价格为6.26元，最高为21.1元，最低为1.73元。定向增发摊薄后的静态市盈率平均为20.61倍，最大为39倍，最低为4.95倍。

三、挂牌企业综合实力成长显著

新三板挂牌企业总体运行平稳，业绩优良。近年来这些公司所披露的年报和半年报财务数据表明，大部分公司的总营业收入和净利润出现较大幅度增长。据相关数据显示，2010年挂牌公司平均实现营业收入11064万元，比2009年增长了28%；扣除非经常性损益后归属于母公司股东净利润平均为1122万元，比2009年增长了41%；2011年上半年代办挂牌企业共实现营业收入46.6亿元，营业收入平均同比增长30%，共实现净利润3.4亿元，较上年同期增长平均值为14%。其中营业收入同比增长率超过100%的有11家，营业收入同比增长率超过50%的有10家，体现了中关村代办挂牌企业的高成长特性。在实现良好业绩的同时，挂牌企业的分红派息也获得了市场的认可。几年来，挂牌企业以直接派现金，送股或转股等多种形式回报股东。

新三板挂牌公司大多属于战略性新兴行业，主要分布新能源、新材料、信息技术、生物与新医药、节能环保、新文化等新兴产业。截至2011年11月，中关村园区99家新三板挂牌企业分布在8个区域，其中挂牌企业最多的是海淀区，有75家新三板挂牌企业。

新三板挂牌企业除在获得大量融资得以快速成长之外，其企业的规范管理和健康发展也取得突出的效果。新三板的挂牌企业几乎都属于“三新六高”

性质的初创型中小型企业。这样的特征是公司治理、规范运营等方面存在着诸如家族企业、个人绝对权力、重科研轻运营、重结果轻规范等常见问题。在新三板挂牌的公司为了吸引战略投资者，获得投资者的信任，势必会主动改善公司治理、及时披露公司信息，从而形成整个代办股份报价转让平台的良性循环。很多公司正是通过挂牌这一历程和后续的持续监督促进了挂牌公司建立现代企业制度、完善法人治理结构，提升了企业品牌价值，增强了企业的创新能力。

另外，挂牌企业通过新三板对洗礼也大大加强了企业在行业内的竞争力。比如中海阳公司称，挂牌新三板，公司等于做上了常年免费广告，公司在新三板市场的平台上有机会对接更多的潜在客户资源，从而获得更为充裕的项目储备，业务机会随之增多，在业务关心中的定价、议价能力也相应增强。

四、新三板的转板现状

现在，“新三板”的存在，可以说为挂牌公司进一步“升级”为上市公司提供了重要的作用。

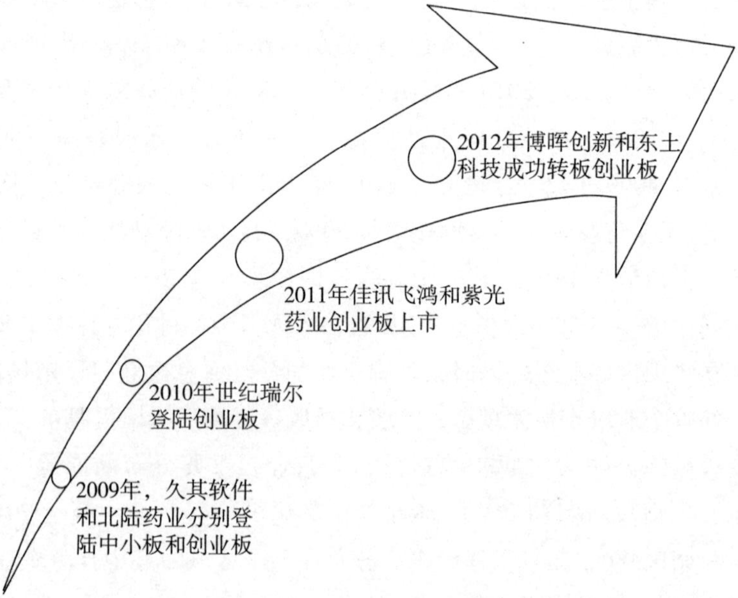

图 9－2　新三板挂牌企业的转板情况图

目前，“新三板”挂牌公司中的久其软件已在中小板上市，北陆药业、世纪瑞尔、佳讯飞鸿、紫光华宇、博晖创新、东土科技已在创业板上市。根据挂牌企业2010年年报表数据分析，还有36家企业符合创业板上市财务要求，其中净利润在3000万元以上的公司有10家，还有多家企业在等候发审或在股东会层面达成上市共识。另外，中关村企业进行改制和到代办系统挂牌的积极性逐步提高，中关村非上市股份有限公司400多家，正在改制及拟改制企业500多家，为推动新一批公司挂牌和已挂牌公司转板储备了丰富的后备企业资源。

未来新三板的发展应在试点原则及试点推动方式上，从以控制风险为主转向控制风险与提高效率并重，从初期以政府推动为主转向以市场机制推动为主，进一步提高企业、券商和投资者参与试点的积极性。具体包括：逐步建立和完善各层次市场间的转板制度，建立具有有机联系的多层次资本市场体系；提高券商的积极性，解决券商风险和受益不对称的问题，大幅增加中小券商作为主办券商的数量；支持主办券商在中关村开展直接投资业务；探索实行做市商制度；开展挂牌企业并购及股权激励等试点；适度扩大合格投资者队伍等等。

第四节 新三板的规则体系

新三板的规则体系，是在中国证券业协会2006年规则体系的基础上修改和完善而来的。除实务性律师等专业人士有必要了解或研究这些规则制度的变迁外，在新三板的实务操作中，几乎可以撇开2006年的规则体系不看。所以，这里我们只重点介绍2009年后的规则体系。另外，2012年8月，新三板扩容后，许多规则制度随后将会逐步变动或修订。2013年将是新三板发展的重要年份，届时，将会陆续出台许多重大政策。好有可能，作者将在年底全面深度地修订该书并予以解读。

新三板规则体系于2009年6月12日和6月17日先后发布，主要可分为两类文件：一类是修改原规则形成的文件，另一类是在原体系基础上予以补充的操作性文件，包含新三板的框架性文件与新三板操作性文件，其发布主体主要为中国证券业协会，也涵括中关村管委会与中国证券登记结算有限责任公司。

一、主要规则文件

（一）框架性文件

1.《证券公司代办股份转让系统中关村科技园区非上市股份有限公司股份报价转让试点办法（暂行）》；

2.《主办券商推荐中关村科技园区非上市股份有限公司股份进入证券公司代办股份转让系统挂牌业务规则》；

3.《股份进入证券公司代办股份转让系统报价转让的中关村科技园区非上市股份有限公司信息披露规则》；

4.《中国证券登记结算有限公司证券公司代办股份转让系统中关村科技园区非上市股份有限公司股份报价转让登记结算业务实施细则》。

（二）操作性文件

1.《中关村科技园区非上市股份有限公司申请股份报价转让试点资格确认办法》；

2.《股份报价转让说明书必备内容（2009 年修订稿）》；

3.《主办券商推荐中关村科技园区非上市股份公司股份进入证券公司代办股份转让系统挂牌报价转让协议书（2009 年修订稿）》；

4.《主办券商尽职调查工作指引（2009 年修订稿）》；

5.《主办券商推荐中关村科技园区非上市股份有限公司股份进入证券公司代办股份转让系统挂牌备案文件内容与格式指引》；

6.《证券公司从事报价转让业务自律承诺书（2009 年修订稿）》；

7.《证券公司关于加强报价转让业务投资者管理自律承诺书（2009 年修订稿）》；

8.《报价转让委托协议书（2009 年修订稿）》；

9.《报价转让特别风险揭示书（2009 年修订稿）》；

10.《关于自然人投资者买卖中关村科技园区非上市股份有限公司挂牌股份的通知》；

11.《证券公司代办股份转让系统中关村科技园区非上市公司股份报价转让登记结算业务指南》。

上述各类规则文件，构成了新三板业务的业务框架，为新三板实务的操作提供了指引。在规则文件的背后，有需要高新企业需要在日常公司治理中的规范，有着券商、律师事务所、会计事务所等中介结构需要做的大量工作。其中，第1、第2条针对园区公司如何挂牌的，第3—7条是关于主办券商的权责及行为规范的，第9—11条是投资者的相关规定及适当性制度，第11条是关于合并深交所股份账户和股票账户的相关制度。

二、规则体系解读

在2009年修改后的《证券公司代办股份转让系统中关村科技园区非上市股份有限公司股份报价转让试点办法（暂行）》（以下简称《试点办法》）中，体现出了规则的重大调整和对制度的重要影响。

（一）挂牌条件

2009版《试点办法》将设置的挂牌条件为：主营业务突出，具有持续经营能力的存续满2年的股份发行和转让行为合法合规的股份制公司（有限公司变更为股份公司的，从有限公司成立之日起计算）；公司治理结构健全，运作规范并取得北京市人民政府（扩容后，或将由园区所在市政府出具）出具的非上市公司股份报价转让试点资格确认函。

该试点办法强调了挂牌公司的持续经营能力和股份发行、转让行为的合法合规，这不仅对主办券商的尽职调查和督导工作提出了更高的要求，而且体现了新三板未来将更加规范监管与有序发展的目的。

（二）确立投资者适当性制度

2009版《试点办法》规定只有机构投资者和特殊自然人才能参与交易，一般自然人不能参与，其投资者包括：（1）机构投资者，包括法人、信托、合伙企业；（2）公司挂牌前的自然人股东；（3）通过定向增资或股权激励形成的自然人股东；（4）因继承或司法裁决持有公司股份的个人股东；（5）协会认定的其他投资者。由此，非挂牌公司股东的自然人将被排除在新三板交易之外。

扩容后，或将适度扩大自然人投资者范围，一是取消之前的“挂牌公司自然人股东只能买卖其持股公司股份”的规定，允许自然人股东买卖所有挂牌公司的股份。二是将借鉴股指期货以及创业板的投资者适当性管理经验，设定投资者准入门槛等。

实际上，投资新三板挂牌公司，会受到企业规模小、运营能力差、挂牌条件低等原因的影响，其投资风险要比投资上市公司的股票风险大得多，机构投资者一般具有较好的研究和判断能力，在成交确认阶段有较高的议价地位，而个人投资者却处于信息不对称的劣势地位。从保护中小投资者目的出发，建立与试点相适应的投资者适当性制度是有必要的。

（三）完善了转让制度

2009 版《试点办法》规定：新三板挂牌公司股份实施一对一协议转让，不实行集中竞价转让，而且每笔委托股份数量应为 3 万元以上，并且规定证券账户某一股份余额不足 3 万股的只能一次性委托卖出。

新三板扩容后，这一规则将会修改，或将引入集合竞价机制，每笔最低交易数量的限制或将调整到 1000 股；涨跌幅度的限制也可能进行较大的调整。另外，扩大试点方案提出在新三板挂牌的公司纳入非上市公众公司管理，股东人数可以超过 200 人。

（四）定价委托方式

2009 版《试点办法》规定，投资者委托包括意向委托、定价委托和成交确认委托。意向委托即原来的报价委托，是指投资者委托主办券商按其指定价格和数量买卖股份的意向，不具备成交功能；新增的定价委托是指投资者委托主办券商按其指定的价格，买卖不超过其指定数量的成交指令。这种委托方式，投资者可根据股份转让方定价委托的信息，通过与之匹配的成交确认委托，直接与定价委托成交。显然，这一定价委托的制度安排，有利于降低投资者参与股份报价转让的时间成本，提高代办股份报价转让效率。

（五）账户与结算流程

2009 版《试点办法》规定，投资者在新三板交易中，可通过中国证券登记结算有限责任公司深圳分公司人民币普通股票账户买卖挂牌公司股份。股份和资金的结算实行分级结算原则，证券登记结算机构根据成交确认结果办理主办券商之间股份和资金的清算交收，主办券商负责办理其与客户之间的清算交收。

新三板扩容后，结算制度也将进一步完善。交易结算将实行 T+1 回转交易机制以及多边净额担保交收模式，取代之前的逐笔全额非担保交收模式。另外，新结算模式，还将考虑到今后将适时引入做市商交易制度。

（六）股份解除限售制度

2009 版《试点办法》要求，对于控股股东和实际控制人挂牌前直接或间接持有的股份，将分三批进入代办系统转让。每批进入的数量均为其所持股份的1/3，进入时间分别为挂牌日期、挂牌满一年、挂牌满两年。而对于公司的董事、监事、高管等，需维持按公司法规定，在职期间每年转让的股份不得超过其所持本公司股份总数的25%。另外，还要求，挂牌前12个月内对挂牌公司增资的，货币出资的新增股份在工商变更登记之日后12个月可以进入代办系统转让，非货币出资的部分则需要24个月才可进入，挂牌后定向增资的新增股份全部按12个月限售处理。

新三板扩容，原规定将会补充及完善。挂牌前控股股东以及实际控制人所持股份进行转让的，以及以货币方式定向增发增资的新增股份以及因定向增资构成控制权转移的，则股份限售另行规定。

（七）信息披露制度

2009版《试点办法》在以往办法要求披露的股份报价转让说明书、年度报告和临时报告、资产负债表、利润表以及主要项目的附注等基础上增加了新的内容和要求：（1）挂牌公司除年度报告和临时报告外，还须披露半年度报告；（2）财务报告在资产负债表、利润表及其他项目附注的基础上增加了现金流量表；（3）有限售期的股份解除转让限制前一报价日须发布股份解除转让限制公告；（4）挂牌公司自挂牌后连续3年亏损或者未在规定期限披露年报、须对其股票进行特别标志。此外，还规定报价系统应在股份报价转让时间内，通过专门网站和代办股份转让行情系统发布最新的报价和成交信息。这不仅进一步完善了挂牌公司的信息披露制度，而且为投资者提供了更为方便的信息了解渠道。

另外，新三板扩容后，将添加挂牌公司终止及重新挂牌规定，修订信息披露等制度。还有定向发行是一项很重要的工作环节，所以相关制度和细则都需完善或修订。

三、对规则体系的评价

新三板规则涉及主体的涵盖面宽，操作程序环节及关系错综复杂。涉及的主体不仅包括园区公司、主办券商和投资者，还涉及中科园管委会、证券业协会、证券登记结算机构等其他机构。同时，规则体系分别为园区公司、主办券商、投资者等各个交易主体制定了指引性文件，对其参与交易的角色权责予以明确，使得新三板各参与主体在各环节的行为都有法可依。这样，将园区公司、主办券商和投资者的投融资行为控制在法律框架之下，降低了交易风险，提高了代办股份转让系统的操作效率。

当然，新三板怎样引入做市商，如何与包括主板，天津股权交易所、地方性股权交易机构，产权交易市场中股权托管或交易等制度乃至全国性、区域性场外市场的建设相对接与相关联等问题和方面，还有更为广泛的探索和研究空间。

第五节 新三板市场的作用

新三板相当于三板市场的第三次扩容，它是我国多层次资本市场构体系中场外市场的一个重要组成部分，通过6年的试点，其作用和影响主要体现在以下三个方面。

一、促进资本市场的流程建设

我国至今尚未建立起真正意义上的全国性的场外交易市场，曾经存在的NET和STAQ“两网”系统，设立的初衷是为了建立全国性场外市场，但是，由于受到环境、政策及市场等众多因素的影响，在形成规模影响力之前就遭到取缔。新三板的推出，其意义不仅仅是三板市场的另一次扩容和支持了高新技术产业的发展，更为重要的是：它为我国整个资本市场保持一个可以畅通流动的流程建设做了大量有益的探索，并取得了较丰富的经验。

成熟的全国性场外交易市场必须符合特定的市场需求，拥有独立的市场定位，具有与其服务对象相适应的交易制度等。目前，新三板支持的是在创业初期、有一定产品和模式的企业，实行的挂牌备案制和委托代办股份交易制度则适应了这一类企业频率高、规模小的融资需求。新三板在2009年后对交易系统和交易制度进行了调整，设立了与深交所主板统一的股份账户和资金账户，扩大了股份转让信息的披露范围，建立了与主板统一的股份限售制度和股份交易方式等。这种与主板相统一的操作系统，有利于规模性、高效率的业务交易和统一资本市场流程的建设。

二、为全国性场外市场的建设探路

不同于主板、中小企业板和创业板股票上市发行所采用的审核制，“新三板”挂牌实行备案制，其特点是地方政府向中国证券业协会进行推荐，挂牌过程中主办券商享有主导权和判断权，挂牌流程时间短、效率高。“新三板”信息披露要求低于主板、创业板上市公司，除基本的年报披露规定外，挂牌公司还必须披露半年度报告，财务报告中必须包括现金流量表等。这在降低挂牌公司成本的同时，也让投资者可以针对自己的投资目的或风险控制目标，有选择地搜集各种信息，作出正确的投资判断。

“新三板”启动后不久，2006 年 10 月，中科软和北京时代发布定向增资公告，标志着“新三板”融资大门正式打开。2009 年年底，有关部门确定了定向增资原则：新老股东双赢、增资数额根据企业发展需要确定、券商把关。根据相关规定，“新三板”由专业的券商控制整体风险。从企业挂牌之后到在更高层次的市场首次公开募股（IPO）期间，将由主办券商实施终身保荐，主办券商肩负着挂牌前的尽职调查、辅导企业高管，挂牌期间督导企业进行信息披露，并进行投资者适当性管理和风险提示，同时代投资者进行股份报价转让。在监管上，国家部委、资本市场主管机构、地方政府及交易所等几方组成了有效的监管体系。

上述一系列制度设计和实践，为我国探索并建立统一监管下的全国性场外交易市场积累了经验。

三、对园区企业带来益处

新三板对园区企业的作用主要集中在推进挂牌企业的规范运营、按需融资和价值发现三个方面。

对高新技术园区公司的作用和影响主要表现在直接融资与公司治理上。新三板的推出，通过转让系统的搭建和券商的引导，使更多的高新技术企业阳光化、市场化，现在，随着试点政策的完善交易系统的逐渐成熟，更多高新技术型中小企业，有机会获得了这一平台实现了融资，扩大了规模和影响，促进了企业的发展。通过新三板挂牌实践与辅导过程的锤炼，有利于企业进行规范的股份制改造，明晰公司的股权结构和高层职责，促进了企业的规范管理和健康发展。当然，新三扳为挂牌企业带来了很大的积极效益，而挂牌企业的参与反过来也推动了新三板市场的繁荣。

总体而言，新三板为园区企业带来的积极效益是非常显著的，申请挂牌的过程和挂牌后的市场监管，将使得园区公司从硬件到软件都发生很大改变，并使其核心竞争力和综合实力显著提升。由此看来，新三板无疑正在成为带动园区高新技术型企业蓬勃发展的推动器。

四、引导投资者趋向价值投资

新三板对投资者的作用，主要体现在追求未来价值的投资，通过监管降低股权投资风险和创投、私募退出的渠道。具体来说：

对于主张价值投资的投资者来说，股票市场并不是比较理想的投资场所，新三板的投资更适合以价值投资，即根据公司本身的经营状况、业务定位和发展前景确定股份价格并买入，待公司成长壮大、业务趋于稳定之后，再转让公司股权。对于成长性好的公司，这种价值投资还可以在日后借助公司的上市实现更高的投资回报率，更好地体现价值投资的内涵。新三板制度的确立，使得挂牌公司的股权投融资行为被纳入交易系统，同时受到主办券商的督导和证券业协会的监管，自然比投资者单方力量更能抵御风险。

另外，新三板市场也是 PE/VC 退出的一种很好的途径，实际上，经过 6 年的实践，新三板挂牌公司通过持续的信息披露和报价系统提供的路演平台，已经吸引了一批创业投资机构和战略投资者们，这也为这些企业的融资带来了很好的机遇。

显然，在我国现阶段，新三板作为场外市场的组成部分，还承接了场内市场的退市公司，为创业板、中小板市场培育上市资源，维护资本市场的稳定方面发挥一定的作用。在未来，随着国内场外市场的建设与扩展，新三板定将会成为众多中小企业快速成长的摇篮。

第十章　新三板挂牌流程

第一节　挂牌流程概述

2012年8月3日，新三板正式扩容，随后的制度规则将会修订、调整并陆续出台。其中，企业挂牌流程的一些环节肯定要变。时机成熟，作者将对相关内容予以修订和深度解读。这里有必要介绍一下扩容前的新三板挂牌流程，对于承上启下地深入了解新三版知识很有好处。

非上市股份公司申请新三板挂牌的流程主要包括：董事会、股东大会决议，申请股份报价转让试点企业资格，签订推荐挂牌报价转让协议，配合主办报价券商尽职调查，主办报价券商向协会报送推荐挂牌备案文件，协会备案确认，股份集中登记，披露股份报价转让说明书。

一、改制及董事、股东会决议

有限责任公司须变更其组织形式为股份有限公司方可在三板市场挂牌报价转让。本阶段的主要工作内容为，拟订改制方案，聘请中介机构对拟改制的资产进行审计、评估、签署发起人协议、起草公司章程等文件，设置相应的公司内部组织机构，从而完成股份有限公司的设立。

公司申请股份到代办股份转让系统挂牌报价转让，应由公司董事会就申请股份挂牌报价转让事项形成决议，并提请股东大会审议，同时提请股东大会授权董事会办理相关事宜。

二、申请试点资格及签订推荐协议

公司要进行股份挂牌报价转让，须向北京市人民政府（试点扩容后园区）申请股份报价转让试点企业的资格。中关村或扩容所及的高新区管理委员会具体负责受理试点企业资格的申请。同意申请的，中关村或扩容所及的高新区管理委员会在5个工作日内出具试点资格确认函。在扩容新规中，此项内将取消或调整。

公司需联系一家具有股份报价转让业务资格的证券公司，作为股份报价转让的主办报价券商，委托其推荐股份挂牌。此外，公司还应联系另一家具有股份报价转让业务资格的证券公司，作为副主办报价券商，当主办报价券商丧失报价转让业务资格时，由其担任主办报价券商，以免影响公司股份的报价转让。公司应与主办报价券商和副主办报价券商签订推荐挂牌报价转让协议，明确三方的权利与义务。根据协议，主办报价券商主要责任为公司尽职调查、制作推荐挂牌备案文件、向协会推荐挂牌、督导公司挂牌后的信息披露等。

三、尽职调查及报送备案文件

为使股份顺利地进入代办股份转让系统挂牌报价转让，公司须积极配合主办报价券商的尽职调查工作。主办券商要成立专门的项目小组，对园区公司进行尽职调查，全面、客观、真实地了解公司的财务状况、内控制度、公司治理、主营业务等事项并出具尽职调查报告。项目小组完成尽职调查后，提请主办报价券商的内核机构审核。审核的主要内容为项目小组的尽职调查工作、园区公司拟披露的信息（股份报价转让说明书）是否符合要求。主办报价券商依据尽职调查和内核情况，决定是否向协会推荐挂牌。

主办报价券商决定向协会推荐挂牌的，出具推荐报告，并报送推荐挂牌备案文件。

四、挂牌确认及股份登记挂牌

协会在受理之日起50个工作日内，对备案文件进行审查。审查无异议的，向主办报价券商出具备案确认函。有异议的而决定不予备案的，向主办报价券商出具书面通知并说明原因。具体扩容新规细则将会调整，备案制或变更为核准制。

推荐挂牌备案文件在协会备案后，公司须与中国证券登记结算有限责任公司深圳分公司签订证券登记服务协议，办理全部股份的集中登记。初始登记的股份，须托管在主办报价券商处。公司可要求主办报价券商协助办理上述事项。控股股东及实际控制人挂牌前直接或间接持有的股份按要求进入代办系统转让。

五、披露股份报价转让说明书

办理好股份的集中登记后，公司与主办券商券商协商，确定股份挂牌日期。在股份挂牌前，公司应在代办股份转让信息披露平台上发布股份报价转让说明书。

公司挂牌报价后，应履行持续信息披露义务，披露年度报告以及对股份价格有重大影响的临时报告。主办报价券商对所推荐的公司信息披露负有督导的职责。

第二节　公司注册地确认及高新技术认定

公司注册地的确认及公司属于高新技术型企业是非上市公司申请股份在代办系统挂牌所具备的首要条件和流程的第一步。

一、公司注册地确认

根据2009年7月新修订的《证券公司代办股份转让系统中关村科技园区非上市股份有限公司股份报价转让试点办法（暂行）》的规定，非上市公司申请股份在代办系统挂牌需具备六点条件：一是存续满两年。有限责任公司按原账面净资产值折股整体变更为股份有限公司的，存续期间可以从有限责任公司成立之日起计算；二是主营业务突出，具有持续经营能力；三是公司治理结构健全，运作规范；四是股份发行和转让行为合法合规；五是取得北京市人民政府（或为扩容试点园区所属的地方政府）出具的非上市公司股份报价转让试点资格确认函；六是协会要求的其他条件（主要指每股净资产不低于其股票面值）。

依据如上规定，公司申请进入“代办转让系统”前，必须符合如下基本条件：

1. 注册在中关村科技园区（扩容试点的国家级高新区）内的高科技企业；

2. 公司是依法设立的股份有限公司；

3. 公司成立满两年。

所以，在新三板挂牌的公司必须是获批试点的国家级高新区内的公司，那么，未注册的公司一定要在当地或附近获批试点的国家级高新区内注册；已经注册的，最实在的办法就是迁入当地或附近的获得试点资格的国家级高新产业园区。

二、高新技术企业认定

如果说注册地的确认是非上市公司申请股份报价转让试点资格确认函取得的第一大条件的话，根据相关规定，那么，第二大条件是：该公司必须为高新技术型企业。扩容新规将不局限于高新技术型企业。

（一）认定机构

根据《高新技术企业认证管理办法》要求，由科技部、财政部、税务总局组成全国高新技术企业认定管理工作领导小组（以下简称“领导小组”），领导小组下设办公室。办公室设在科技部，其主要职责为：

1. 提交高新技术企业认定管理工作报告；

2. 组织实施对高新技术企业认定管理工作的检查；

3. 负责高新技术企业认定工作的专家资格的备案管理；

4. 建立并管理“高新技术企业认定管理工作网”；

5. 领导小组交办的其他工作。

各省、自治区、直辖市、计划单列市科技行政管理部门同本级财政、税务部门组成本地区高新技术企业认定管理机构（以下简称“认定机构”），根据本办法开展下列工作：

1. 负责本行政区域内的高新技术企业认定工作；

2. 接受企业提出的高新技术企业资格复审；

3. 负责对已认定企业进行监督检查，受理、核实并处理有关举报；

4. 选择参与高新技术企业认定工作的专家并报领导小组办公室备案。

企业取得高新技术企业资格后，应依照本办法第四条的规定到主管税务机关办理减税、免税手续。

享受减税、免税优惠的高新技术企业，减税、免税条件发生变化的，应当自发生变化之日起15日内向主管税务机关报告；不再符合减税、免税条件的，应当依法履行纳税义务；未依法纳税的，主管税务机关应当予以追缴。同时，主管税务机关在执行税收优惠政策过程中，发现企业不具备高新技术企业资格的，应提请认定机构复核。复核期间，可暂停企业享受减免税优惠。

（二）认定条件

1. 在中国境内（不含港、澳、台地区）注册的企业，近3年内通过自主研发、受让、受赠、并购等方式，或通过5年以上的独占许可方式，对其主要产品（服务）的核心技术拥有自主知识产权。

2. 产品（服务）属于《国家重点支持的高新技术领域》规定的范围。

3. 具有大学专科以上学历的科技人员占企业当年职工总数的30%以上，其中研发人员占企业当年职工总数的10%以上。

4. 企业为获得科学技术（不包括人文、社会科学）新知识，创造性运用科学技术新知识，或实质性改进技术、产品（服务）而持续进行了研究开发活动，且近3个会计年度的研究开发费用总额占销售收入总额的比例符合如下要求：（1）最近一年销售收入小于5000万元的企业，比例不低于6%；（2）最近一年销售收入在5000万元至20 000万元的企业，比例不低于4%；（3）最近一年销售收入在20 000万元以上的企业，比例不低于3%。其中，企业在中国境内发生的研究开发费用总额占全部研究开发费用总额的比例不低于60%。企业注册成立时间不足3年的，按实际经营年限计算。

5. 高新技术产品（服务）收入占企业当年总收入的60%以上。

6. 企业研究开发组织管理水平、科技成果转化能力、自主知识产权数量、销售与总资产成长性等指标符合《高新技术企业认定管理工作指引》（另行制定）的要求。

（三）认定程序

1. 企业自我评价及申请。企业登录“高新技术企业认定管理工作网”，对照本办法第十条规定条件，进行自我评价。认为符合认定条件的，企业可向认定机构提出认定申请。

2. 提交下列申请材料：（1）高新技术企业认定申请书；（2）企业营业执照副本、税务登记证（复印件）；（3）知识产权证书（独占许可合同）、生产批文，新产品或新技术证明（查新）材料、产品质量检验报告、省级以上科技计划立项证明，以及其他相关证明材料；（4）企业职工人数、学历结构以及研发人员占企业职工的比例说明；（5）经具有资质的中介机构鉴证的企业近三个会计年度研究开发费用情况表（实际年限不足 3 年的按实际经营年限），并附研究开发活动说明材料；（6）经具有资质的中介机构鉴证的企业近 3 个会计年度的财务报表（含资产负债表、损益表、现金流量表，实际年限不足 3 年的按实际经营年限）以及技术性收入的情况表。

3. 合规性审查。认定机构应建立高新技术企业认定评审专家库；依据企业的申请材料，抽取专家库内专家对申报企业进行审查，提出认定意见。

4. 认定、公示与备案。认定机构对企业进行认定。经认定的高新技术企业在“高新技术企业认定管理工作网”上公示 15 个工作日，没有异议的，报送领导小组办公室备案，在“高新技术企业认定管理工作网”上公告认定结果，并向企业颁发统一印制的“高新技术企业证书”。

第三节 股份制改造与资格确认

公司注册地的确认与公司属于高新技术型企业分别是非上市公司申请股份报价转让试点（新三板挂牌）资格确认函取得的第一大、第二大条件。前一节我们已经讲了。这一节，我们来讲“非上市公司申请股份报价转让试点（新三板挂牌）资格确认函”的第三大条件，即非上市公司的股份制改造问题。当然，如果公司在设立的时候，就属于股份有限公司，就没有必要改造了。首先，我们来谈股份制公司的设立问题。

一、股份制公司的设立

（一）设立条件

根据《中华人民共和国公司法》的相关规定，股份有限公司成立的条件是：

1. 发起人符合法定人数，即两人以上，且其中必须有半数以上的发起人在中国境内有住所；

2. 发起人认购和募集的股本达到法定资本最低限额；即500万元人民币；

3. 股份发行、筹办事项符合法律规定；

4. 发起人制定公司章程，采用募集方式设立的经创立大会通过；

5. 有公司名称，建立符合股份有限公司要求的组织机构；

6. 有公司住所。

（二）设立程序

企业要在新三板挂牌，必须首先设立成为中关村（扩容所及的国家级高新区）科技园区的股份有限公司，根据《中华人民共和国公司法》、《公司登记管理条例》及园区的相关规定，新设股份有限公司的程序如下：

1. 由全体发起人指定的代表或者共同委托的代理人向中关村或扩容所及的地方性国家级高新区所在地的公司登记机关申请名称预先核准。

2. 资产评估。发起人以实物、工业产权、非专利技术、土地使用权出资要进行资产评估，以高新技术成果出资的应当经法定评估机构评估。出资人以高新技术成果出资，应当出具高新技术成果说明书，并经企业的全体出资人一致确认，并在章程中写明“经全体出资人确认的高新技术成果”才可以作为注册资本（金）登记注册。以高新技术成果出资，对其高新技术成果出资所占股权的比例不作限制，由出资人在企业章程中约定。

3. 发起人签订《发起人协议》，书面认定公司章程规定其认购的股份并验资。

4. 发起人首次缴纳出资后，选举董事会和监事会，由董事会向公司登记机关申请设立登记并提交由公司法定代表人签署的设立登记申请书，董事会指定代表或者共同委托代理人的证明，公司章程等资料。

5. 由公司登记机关发给企业法人营业执照，依法设立的公司。公司营业执照签发日期为公司成立日期。

6. 企业经营范围属于法律、法规规定需要进行专项审批的内容，企业自领取营业执照之日起3个月内到有关行政主管部门办理审批手续，在获得批准后方可开展经营活动。

二、股份制改造

这里主要介绍有限责任公司改制为股份有限公司，或者国有企业改制成股份有限的一般流程。对于独资企业、合伙企业、股份合作企业、集体企业等非公司制企业而言，一般来说，宜先改制为有限责任公司，然后再适时进行股份制改造，改制为股份有限公司。根据《公司法》等国家有关制度、法规整理有关头内容如下：

有限责任公司发起设立股份有限公司，是指有限责任公司作为主发起人，与其他发起人一起设立股份有限公司，股份有限公司成立后，有限责任公司成为其股东之一。这种形式的股份制改造，实质上属于新设立股份有限公司，其存续时间和业绩只能从股份有限公司设立之日起算起。按照现行规范的要求，改股份有限公司要申请在新三板挂牌，至少在其设立满两年之后。由于有这个时间障碍，在实际操作中，大多数在争取新三板、创业板、中小板挂牌或上市的过程中，采用了有限责任公司整体变更为股份有限公司的改制形式，因为用这种方式改制，公司的存续时间和业绩可以从有限责任公司成立之日起连续计算。

有限责任公司整体改造成股份制改造的流程：

1. 设立企业改制工作小组。工作小组一般由企业董事会组织，成员包括企业相关部门负责人、中介机构相关人员；工作小组负责改制方案的草拟及改制过程中的具体协调工作。

2. 全体股东作为发起人，签订发起人协议，审核发起人资格。

3. 聘请律师事务所、会计师事务所、资产评估机构等中介机构，由中介机构组织进行尽职调查。

4. 制定完成改制方案并取得上级主办单位或主管部门的批复。改制方案应当在《发起人框架协议》的基础上拟定，必须得到全部发起人的一致认可。如涉及国有股权的问题，需依据财政部2000年颁发的200号文件，即《关于股份有限公司国有股权管理工作有关问题的通知》的要求，办理国有股权管理审核批复事宜。

5. 注资与验资。发起人出资并经会计师事务所验资，实物出资的应当办理财产转移登记手续并验资。

6. 召开创立大会，发起人应当自股款缴足30日内主持召开公司创立大会。创立大会应当有代表股份总数过半的发起人、认股人出席，方可举行。大会选举董事会成员和监事会成员。需要说明的是园区公司的股份制改造，是发起设立股份有限公司的过程，所以创立大会一般不存在设立失败的问题。

7. 变更登记。

8. 领取变更后的企业法人营业执照。

股改结束，股份公司成立。

三、资格确认

拟申报新三板挂牌企业的资格确认，就是指“非上市公司申请进入‘代办转让系统’进行试点的确认函”的取得。对申请进入新三板市场的公司进行资格确认，其目的是为了保证挂牌公司符合国家产业政策，具有一定的质量和良好的发展前景，有利于保护投资者的利益。根据新三板相关政策、制度及规定，归纳整理相关内容如下：

（一）申报条件

公司申请进入“代办转让系统”前，必须符合如下基本条件：（1）注册在中关村或扩容所及的地方性国家级高新区内的高新技术企业。（2）公司是依法设立的股份有限公司。（3）公司成立满两年。（4）公司进入“代办转让系统”还应符合《证券公司代办股份转让服务业务试点办法》和其他相关的法律法规规定。（5）该规定对公司的注册地、组织形式、成立时间等作出了明确的要求，申请公司只有具备了这些条件才能获得批准。

（二）申报文件

申请进入“代办转让系统”的企业首先向中关村或扩容所及的地方性国家级高新区管理委员会报送如下资料：

1. 地方政府或有关部委依法设立为股份有限公司的文件。对异地迁入中关村或扩容所及的地方性国家级高新区内的公司应提交所在地人民政府或有关部委依法批准设立的股份有限公司的文件。

2. 公司进入“代办转让系统”的申请。

3. 股东大会（临时股东大会）作出同意公司进入“代办转让系统”的决议，服股东大会会议记录及出席会议的股东，包括股东代理人的签字。

4. 企业法人营业执照（副本）及公司章程。

5. 经律师事务所确认的合法有效的股东名册。股东名册应当包括以下内容：股份总额、股东姓名或名称、持股数量及质押状况、居民身份证号或工商营业执照代码。

6. 北京市（地方）科学技术委员会认定为中关村科技园区高新技术企业的文件。

7. 有关部门要求的其他文件。

（三）审核确认

中关村或扩容所及的地方性国家级高新区管理委员会自受理非上市公司申请文件之日起，对申请文件进行形式审核，在5个工作日内向中国证券业协会出具是否同意公司申请进入“代办转让系统”进行试点的函。如审核过程中发现公司所报材料内容不完整，申请人应提交补充材料，受理时间自中关村或地方园区管理委员会收到补充材料的当日起重新计算。公司经确认符合挂牌企业基本条件后，按《证券公司代办股份转让服务业务试点办法》规定的条件和程序，向经中国证券业协会批准的具有充实股份报价转让业务资格的证券公司申请进入“代办转让系统”。中关村或扩容所及的地方性国家级高新区管理委员会出具的统一非上市公司申请进入“代办转让系统”进行试点的确认函有效期为一年。

第四节　挂牌推荐与挂牌确认

根据中国证券业协会《试点办法》第十条的规定，非上市公司申请股份在代办系统（新三板）挂牌，须委托一家具备相应资格的券商作为其推荐的主办券商，向中国证券业协会进行推荐。这里，对新三板有关主办券商挂牌推荐等相关的制度规则等作出归纳整理并解读。

不过，2013年新三板扩容新规备案制将变更为核准制后，很多细则内容会变更与调整。

一、推荐挂牌

申请股份挂牌的非上市公司应与主办券商签订推荐挂牌协议。

（一）券商选定与协议的签订

拟挂牌公司取得相关地方政府出具的试点资格确认函后，应从已获得协会授予的代办系统主办券商资格的证券公司中选择一家作为主办券商，同时选择另一家作为副主办券商。当推荐主办券商丧失资格时，推荐副主办券商替代原主办券商角色，以保证推荐挂牌工作的顺利进行。拟挂牌公司应当与推荐的主办券商订推荐挂牌报价转让协议，内容主要包括协议双方的基本情况、承诺及权利义务、收费标准、协议的变更与解除、免责条款与争议解决等内容。

（二）尽职调查与报告

根据推荐挂牌报价转让协议的约定，拟挂牌公司要配合推荐主办券商开展尽职调查工作。进行尽职调查前，推荐主办券商应与拟挂牌公司签署保密协议，同时，成立尽职调查的专门性项目小组，对拟申请挂牌公司的财务状况、内控制度、公司治理、主营业务、持续经营能力、法律风险等各个方面展开详尽、客观的调查，并形成相应的尽职调查报告。

（三）内核小组内核

主办券商项目小组完成尽职调查后，内核小组开始工作了，它们对项目小组是否对拟挂牌公司进行客观、公正的尽职调查，拟挂牌公司披露的信息是否符合规则要求，是否同意对拟挂牌公司推荐挂牌等事项发表审核意见。推荐主办券商应根据内核意见，决定是否向协会推荐拟挂牌公司挂牌，决定推荐对，应出具推荐报告，同时向协会报送备案文件。

（四）券商推荐报告

中国证券业协会《试点办法》第十一条规定：推荐主办券商应对申请股份挂牌的非上市公司进行尽职调查，同意推荐挂牌的，出具推荐报告，并向协会报送推荐备案文件。根据该规定，出具推荐报告，是主办券商的重要责任。券商推荐报告的主要内容包括尽职调查情况、内核意见、推荐意见和提请投资者关注的事项四方面的内容。

二、备案文件

此项内容在扩容新规出台，将有很大变动，或将不再有备案文件一说。

（一）文件的基本要求

根据《主办券商推荐×××科技园区非上市股份有限公司进入证券公司代办股份转让系统挂牌备案文件内容与格式指引》的要求，主办券商向中国证券业协会推荐公司股份进入证券公司代办股份转让系统挂牌，应按该指引的要求制作和报送备案文件。备案文件应包括两个部分，即要求披露的文件和不要求披露的文件。

备案文件一经受理，非经协会同意，不得增加、撤回或更换。如需撤回，主办券商应提交书面申请。主办券商、公司及负责出具专业意见的注册会计师等应审慎对待所申报的材料及所出具的意见。主办券商、公司全体董事、相关中介机构以及各自相关责任人应按要求在提供的有关文件上发表声明，确保备案文件的真实性、准确性和完整性。

备案文件应为原件，如不能提供原件的，应由律师提供鉴定意见，或由出文单位盖章，以保证与原件一致。主板券商在每次报送书面文件的同时，应报送一份与书面文件一致的电子文件。

（二）备案文件目录

第一部分是要求披露的文件，包括股份报价转让说明书及推荐报告，其中作为股份报价转让说明书的附件有四：（1）公司章程；（2）审计报告：公司近两年的审计意见及经审计的财务报告；（3）法律意见书；（4）×××人民政府出具的公司股份报价转让试点资格确认函。

第二部分是不要求披露的文件，即是股份报价转让申请文件和其他文件，其中股份报价转让申请文件包括：（1）公司及股东对×××人民政府的承诺书；（2）公司向主办券商申请股份报价和转让的文件；（3）公司董事会、股东大会有关股份报价转让的决议及股东大会授权董事会处理有关事宜的决议；（4）公司企业法人营业执照；（5）公司股东名册及股东身份证明文件；（6）公司董事、监事、高级管理人员名单及其持股情况；（7）主办券商和公司签订的推荐挂牌协议。

其他相关文件包括：（1）尽职调查报告及尽职调查工作底稿；（2）内核

意见：包括内核机构成员审核工作底稿，内核会议记录与内核专家对内核会议落实情况的补充审核意见等；（3）主办券商推荐备案内部核查表；（4）主办券商自律说明书；（5）公司全体董事、主办券商及相关中介机构对备案文件真实性、准确性和完整性的承诺书；（6）相关中介机构对纳入股份报价转让说明书的由其出具的专业报告或意见无异议的函；（7）主办券商业务资格证书、注册会计师及所在机构的职业证书复印件，该复印件需由该机构盖章确认并说明用途；（8）主办券商对推荐挂牌文件电子文件与书面文件保持一致的声明。

三、审查与备案

协会收到主办券商报送的备案文件后，决定受理的，向其出具受理通知书。备案文件一经受理，未经协会同意不得增加、撤回或更换。协会主要针对备案文件是否齐全；主办券商是否已按照尽职调查工作指引的要求，对所推荐的公司进行了尽职调查；该公司拟披露的信息是否符合信息披露规则的要求；主办券商对备案文件是否履行了内核程序内容进行审查。

根据相关规定，中国证券业协会应该在受理主办券商报送的备案文件之日起，在五十个工作日内，对备案文件进行审查。经审查无异议的，向主办券商出具备案确认函。协会要求主办券商对备案文件予以补充或修改的，受理文件时间自协会收到主办券商的补充或修改意见的下一个工作日起重新计算。

协会对备案文件有异议，决定不予备案的，应当向主办券商出具书面通知并说明原因。

此项内容在新三板扩容新规出台后，或将由全国中小企业股份转让系统（北交所）机构审查并出具审查意见，由中国证监会接收和受理材料并出具核准文件。

第五节　股份登记与挂牌

根据中国证券业协会《试点办法》第十三条的规定，推荐主办券商取得协会备案确认函后，应督促非上市公司在股份挂牌前与证券登记结算机构签订证券登记服务协议，办理全部股份的集中登记。这里，对新三板有关股份登记与挂牌的规则、操作等作出整理和解读。

一、股份登记

（一）初始登记

根据中国证券业协会《试点办法》第十三条的规定，推荐主办券商取得协会备案确认函后，应督促非上市公司在股份挂牌前与证券登记结算机构签订证券登记服务协议，办理全部股份的集中登记。

为规范证券公司代办股份转让系统×××科技园区非上市公司股份报价转让登记结算业务运作流程，中国证券登记结算有限公司深圳分公司（以下简称中登深圳分公司）制定了《证券公司代办股份转让系统×××科技园区非上市股份报价转让登记结算业务指南》（以下简称《报价转让登记结算业务指南》）。

按照《报价转让登记结算业务指南》的要求，非上市公司应凭借中国证券业协会出具的关于推荐挂牌备案文件的确认函，向深交所相关部门申请核准证券简称、编制证券代码。非上市公司向中登深圳分公司申请办理股份的初始登记时，需提交中国证券业协会关于推荐挂牌备案文件的确认函，《非上市公司股份初始登记申请书》等13项材料。非上市公司确认后，中登深圳分公司在两个工作日内完成股份登记，出具《股份登记确认书》交非上市公司联系挂牌相关事宜。

（二）变更登记和转托管

对于T日达成的挂牌公司股份转让（T日为股份转让日），中登深圳分公司根据T+1日教授结果办理变更登记。因司法裁决、继承等特殊原因办理挂牌公司有限售条件流通股费报价转让过户的，须按照中登深圳分公司《代办股份转让系统非挂牌交易股份转让业务办理指引》的有关规定，到中登深圳分公司于投资者转托管次日从转出方主办券商结算备付金账户中扣除中登深圳分公司应收取的部分。

（三）解除限售登记

挂牌公司股东持有的股份按规定办理解除限售登记前，挂牌公司型登记存管部申领行馆股权登记证明。挂牌公司在获得中国证券业协会的确认函后，向中登深圳分公司提供出解除股份限售登记的申请。申请办理股份限售登记，需提交系列材料：（1）中国证券业协会关于解除股份限售登记备案文件的确认函；（2）《解除股份限售登记表》；（3）解除股份限售登记电子数据；（4）中登深圳分公司要求提供的其他材料。

上述申请材料经形式审核无误后，打印预登记报表交挂牌公司盖章确认。中登深圳分公司在两个工作日内完成相关股份解除限售登记。

（四）高管股份管理

挂牌公司董事、监事及高级管理人员持有的股份按规定需进行限售和解除限售的，挂牌公司应向登记存管部申领行馆股份登记证明。在初始登记后如有新增高管的，挂牌公司可凭中国证券业协会的确任函，向中登深圳分公司提出董事、监事及高级管理人员持股限售登记的申请，提交以下材料：（1）《高管股份限售登记表》；（2）限售登记电子数据；（3）中登深圳分公司要求的其他材料。

上述申请材料经形式审核无误后，打印预登记报表交挂牌公司盖章确认。中登深圳分公司在两个工作日内完成相关股份解除限售登记。挂牌公司董事、监事及高级管理人员持股需解除限售的，参照解除限售登记业务办理。

（五）退出登记

挂牌公司在报价转让系统终止挂牌，应到中登深圳分公司办理有关报价转让系统股份退出登记事宜。挂牌公司在中国证券业协会公告股份终止在报价转让系统报价转让决定后的10个工作日内，携带相关资料到登记存管部办理股份退出登记手续。

挂牌公司接收中登深圳分公司移交的所有退出登记资料。就移交资料内容与中登深圳分公司签订股份移交备忘录。中登深圳分公司移交退出材料包括：（1）股本结构表；（2）未托管股份明细；（3）股份质押、司法冻结的原始凭证复印件；（4）中登深圳分公司办理的股份冻结清单等。

挂牌公司为按规定办理股份退出登记手续的，中登深圳分公司可将其证券登记数据系统资料送达挂牌公司和其他代办机构，并由公证机关进行公证，视同该挂牌公司报价系统退出登记手续办理完毕。挂牌公司报价系统退出登记办理完毕后，中登深圳分公司在报价股份转让信息披露平台及中国证监会指定报刊上刊登关于终止为挂牌公司提供登记服务的公告。

未来，扩容新规中将增加企业终止挂牌及重新挂牌的相关规则等。

二、股份挂牌

按照深圳证券交易所《×××科技园区非上市股份公司进入代办股份转让系统挂牌业务指引》的要求，股份挂牌的要求如下：

1. 拟挂牌公司的股份托管完毕后，由推荐主办券商向深交所报价转让系统工程小组（以下简称报价小组）递交以下文件，申请通过深交所主机系统进行报价转让（T－3日）；

2. 申请挂牌的园区公司与推荐主办券商签订的推荐挂牌报价转让协议；

3. 中国结算深圳分公司登记存管部出具的《报价转让股份登记确认书》（原件）；

4. 《中关村科技园区非上市股份公司进入代办股份转让系统挂牌业务备案表》（原件）；

5. 《挂牌公司股份初始登记申请表》（原件）；

6. 报价小组与推荐主办券商、拟挂牌公司协商确定转让开始日期（T－3日）；

7. 报价小组出具报价转让挂牌通知书交拟挂牌公司或推荐主办券商（T－2日）；

8. 报价小组出具代办股份转让记录表通知中国结算深圳分公司登记存管部、深圳证券信息公司和深交所系统运行部、信息管理部（T－1日）；

9. 股份转让公司挂牌（T日）；

10. 若拟挂牌公司想在挂牌首日（T日）举办挂牌仪式，可与深圳证券信息公司北京办联系。

股份登记和挂牌后，就可以开展股份转让、定向增资、扩股、企业之间的兼并等业务，这些将在后面进行专门讨论。

扩容新规出台后，以上内容将会调整。

第六节　信息披露

按照《股份进入证券公司代办股份转让系统报价转让的中关村科技园区非上市股份有限公司信息披露规则》（以下简称《信息披露规则》）以及《试点办法》的要求，挂牌公司应严格履行其信息披露义务，主办券商应指导和督促所推荐挂牌公司规范履行信息披露义务。其流程如图10－1：股份报价转让信息披露流程图。现对相关制度规则归纳、整理并予以解读。

扩容新规出台后将对信息披露细则总体要求临时、定期报告等提出明确要求。

一、基本原则

挂牌公司及其董事和相关责任人应保证信息披露内容的真实、准确、完整，不存在虚假记载、误导性陈述或重大遗漏。挂牌公司披露的信息，应经董事长或其授权的董事签字确认。若有虚假陈述，董事长应承担相应责任。挂牌公司设有董事会秘书的，由董事会秘书负责信息披露事务。未设董事会秘书的，挂牌公司应指定一名具有相关专业知识的人员负责信息披露事务。挂牌公司负责信息披露事务的人员应列席公司的董事会合股东大会。

推荐主办券商负责指导和督促所推荐挂牌公司规范履行信息披露义务，对其信息披露文件进行形式审核。挂牌公司和推荐主办券商披露的信息应在代办股份转让信息披露平台发布，在其他媒体披露信息的时间不得早于专门网站的披露时间。

二、挂牌报价转让前的信息披露

挂牌报价转让前，挂牌公司应披露股份报价转让说明书。股份报价转让说明书应包括以下内容：公司基本情况；公司董事、监事、高级管理人员、核心技术人员及其持股情况，公司业务和技术情况，公司业务发展目标及其风险因素，公司治理情况，公司财务会计信息，北京市人民政府批准公司进行股份报价转让试点的情况等。推荐主办券商应在挂牌公司披露股份报价转让说明书的同时披露推荐报告。

三、持续信息披露

（一）定期报告

1. 年度报告。挂牌公司应在每个会计年度结束之日起4个月内编制并披露年度报告。挂牌公司应在董事会审议通过年度报告之日起两个报价日内，以书面和电子文档的方式向推荐主办券商报送下列文件并披露：（1）年度报告全文；（2）审计报告；（3）董事会决议及其公告文稿；（4）推荐主办券商要求的其他文件。

2. 半年度报告。挂牌公司应在每个会计年度的上半年结束之日起的两个月内编制并披露半年度报告。半年度报告的财务报告可以不经审计，但有下列情形之一的，应当经会计师事务所审计：（1）拟在下半年进行利润分配、公积金转增股本或弥补亏损的；（2）拟在下半年进行定向增资的；（3）中国证券业协会认为应当审计的其他情形。

财务报告未经审计的，应当注明“未经审计”字样。财务报告经过审计的，若注册会计师出具的审计意见为标准无保留意见，公司应说明注册会计师出具标准无保留意见的审计报告；若注册会计师出具的审计意见为非标准无保留意见，公司应披露审计意见全文及公司管理层对审计意见涉及事项的说明。

挂牌公司应在董事会审议通过半年度报告之日起两个报价日内，以书面和电子文档的方式向推荐主办券商报送下列文件并披露：（1）半年度报告全文；（2）审计报告（如有）；（3）董事会决议及其公告文稿；（4）推荐主办券商要求的其他文件。

3. 季度报告。挂牌公司可在每个会计年度前3个月、9个月结束之日起1个月内自愿编制并披露季度报告。挂牌公司第一季度的季度报告的披露时间不得早于上一年度的年度报告的披露时间。挂牌公司应在董事会审议通过季度报告之日起两个报价日内，以书面和电子文档的方式想推荐主办券商报送系列文件并披露：（1）季度报告全文；（2）董事会决议及其公告文稿；（3）推荐主办券商要求的其他文件。

（二）临时报告

挂牌公司召开董事会、监事会、股东大会会议，应在会议结束后两个报价日内将相关决议报送推荐主办券商备案。挂牌公司出现以下情形之一的，应自事实发生之日起两个报价日内相推荐主办券商报告并披露：（1）经营方针和经营范围的重大变化；（2）发生或预计发生重大亏损、重大损失；（3）合并、分立、解散及破产；（4）控股股东或实际控制人发生变更；（5）重大资产重组；（6）重大关联交易；（7）重大或有事项，包括但不限于重大诉讼、重大仲裁、重大担保；（8）法院裁定禁止有控制权的大股东转让其所持有公司的股份；（9）董事长或总经理发生变动；（10）变更会计事务所；（11）主要银行账号被冻结，正常经营后动受影响；（12）因涉嫌违反法律、法规被有关部门调查或受到行政处罚；（13）涉及公司增资扩股和公开发行股票事宜；（14）推荐主办券商认为需要的其他事项。

挂牌公司有限售期的股份解除转让限制之前一报价日，挂牌公司须发布股份解除转让限制公告。

四、披露信息的督导

推荐主办券商应至少配备两名具有财务或法律专业知识的专职信息披露人员，指导和督促所推荐挂牌公司规范履行信息披露义务，并负责对所推荐挂牌公司风险揭示公告的编制和发布。推荐主办券商在任免专职信息披露人员时，应将相关人员名单及简历报中国证券业协会备案。

推荐主办券商应督导挂牌公司按照《信息披露规则》的要求履行信息披露义务。发现披露的信息存在虚假记载、误导性陈述或重大遗漏的，或者发现存在应披露而未披露事项的，推荐主办券商应要求挂牌公司进行更正或补充。挂牌公司拒不更正或补充的，推荐主办券商应在两个报价日之内发布风险提示公告。推荐主办券商应对挂牌公司临时报告进行事前审查；对定期报告进行事后审查。挂牌公司未在规定期限内披露年度报告或半年度报告的，推荐主办券商应发布风险提示公告。挂牌公司未在规定期限内披露年度报告的，推荐主办券商对其股份实行特别处理。

挂牌公司及其董事违反《信息披露规则》规定的，推荐主办券商应责令其改正。情节严重的，由中国证券业协会报告有关主管部门给予处罚。挂牌公司拒不履行信息披露义务的，推荐主办券商应暂停解除其控制股股东和实际控制人的股份限售登记，并将其有关事项报告相关机构。

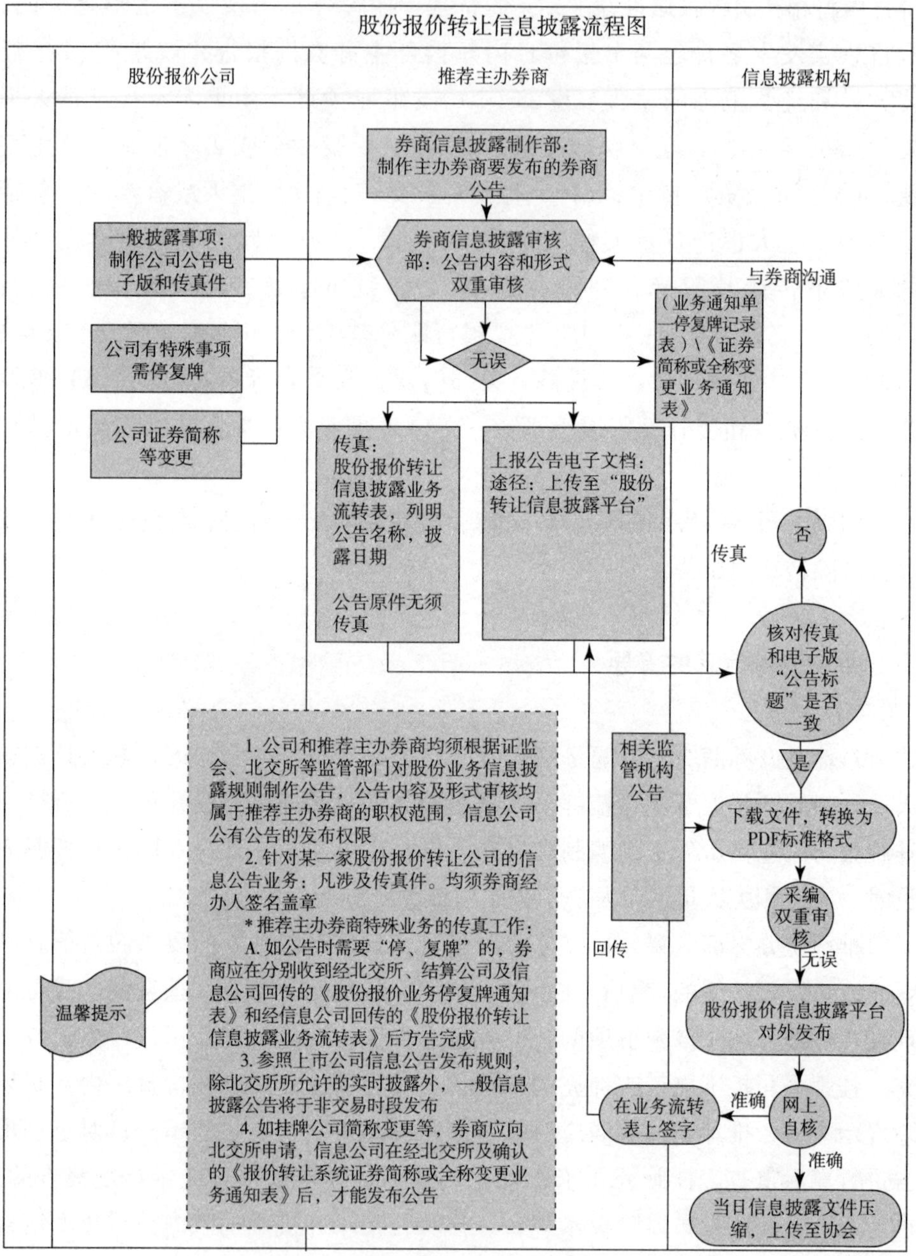

图 10－1　股份报价转让信息披露流程图

（注：来源于 http：//www. szse. cn/main/aboutus/service/yqgsgfzrsdfwzy/）

第十一章　新三板中介及监管服务机构

第一节　主办券商现状

主办券商是指取得从事代办股份转让主办业务券商资格的证券公司。主办券商联系着挂牌公司、登记结算服务机构、管理机构等各参与方之间众多的监管引导、业务往来和披露服务等事务，在股权转让代办系统中处于核心枢纽地位，是新三板市场尤其在报价转让交易活动中不可或缺的最活跃因素。

一、主办券商资格取得的条件和程序

依据我国《证券公司从事代办股份转让主办券商业务资格管理办法》的规定，证券公司从事代办股份转让主办券商业务，应当依据该办法的规定，向中国证券业协会申请证券公司从事代办股份转让业务资格，其条件、程序如下：

（一）条件

1. 具备中国证券业协会会员资格，遵守协会自律规则，按时缴纳会费，履行会员义务；

2. 经中国证券监督管理委员会批准为综合类证券公司或比照综合类证券公司后运营一年以上；

3. 同时具备承销业务、外资股业务和网上证券委托业务资格；

4. 最近年度净资产不低于人民币 8 亿元，净资本不低于人民币 5 亿元；

5. 经营稳健，财务状况正常，不存在重大风险隐患；

6. 最近两年内不存在重大违法、违规行为；

7. 最近年度财务报告未被注册会计师出具否定意见或拒绝发表意见；

8. 设置代办股份转让业务管理部门，由公司副总经理以上的高级管理人员负责该项业务的日常管理，至少配备两名有资格从事证券承销业务和证券交易业务的人员，专门负责信息披露业务，其他业务人员须有证券从业资格；

9. 具有20家以上的营业部，且布局合理；

10. 具有健全的内部控制制度和风险防范机制；

11. 具备符合代办股份转让系统技术规范和标准的技术系统；

12. 中国证券业协会要求的其他条件。

（二）程序

1. 提交申请。向协会提交加盖公章的代办股份转让主办券商业务资格申请、证券公司申请从事代办股份转让主办券商业务资格基本情况申请表、证券公司从事代办股份转让业务自律承诺书、经营证券业务许可证复印件等文件。

2. 取得预备资格。协会自受理申请文件之日起，根据该办法对申请文件进行复核；如协会在20个工作日内未提出异议，则申请人自动取得从事代办转让主办券商的预备资格，如协会认为申请文件内容不完整，申请人应当提交补充材料，受理文件的时间自协会收到补充材料的下一个工作日起重新计算。

3. 取得预备资格的申请人，应根据要求做好机构设置、人员配备、业务培训、代办股份转让专用席位申请、股份登记结算安排以及技术系统测试等准备工作。

4. 申请人逐项完成准备工作后，向协会提交报告；协会对申请人的准备工作进行验收；验收合格的，授予业务资格，向其颁发证券公司从事代办股份转让主办券商业务资格证书，并对获得业务资格的申请人在协会网站上进行公告；公告后，申请人便可开展代办股份转让业务。

注：新三板扩容新规出台后，做市商资格条件及推荐挂牌程序等都将调整。

二、主办券商代办业务近况

据统计，到2012年3月31日止，具备主办券商资格的证券公司共有61

家，而实际上只有31家已经开展了代办股份转让业务，还有30家还没有成功获得新三板挂牌企业的主办券商资格。在代办业务中，申银万国遥遥领先，是28家挂牌企业的主办券商，其次是国信证券11家，广发证券8家；近几年中，西部证券是新三板股份代办业务中杀出的一匹黑马，目前已经跻身前三甲，拥有10家挂牌企业的主办券商的资格了；另外，前五名券商拥有63%的挂牌公司的主办券商资格，而剩下的47%份额由26家券商享有，可见，券商在新三板业务中，两极分化的现象比较严重。

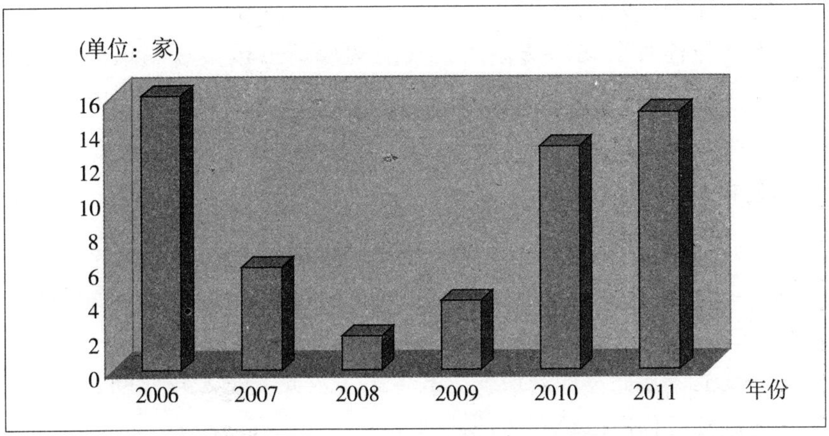

图11－1　2006—2011年主办券商资格数量走势图

如图11－1可以看出，为迎接2006年5月后中关村高科技企业进入代办系统进行股份报价转让工作时，证券协会于2006年年初分两批集中批准了16家主办券商后，2007—2009年，批准的家数大幅下降，这段时间，新三板业务也是非常冷淡，但是，进入2010年下半年，随着新三板扩容预期以及场外市场的建设步伐的加快，在新三板业务日趋繁荣的情况下，主办券商资格的核准数量也在与日俱增，在2010年达到13家的基础上，2012年递增至15家。

另外，早在2001年6月18日，中国证券业协会宣布了6家证券公司为代办股份转让服务业务试点单位，这6家公司分别是申银万国、国泰君安、国信证券、大鹏证券、辽宁证券和闽发证券。其中，申银万国、国泰君安、国信证券将股份代办转让业务做得风生水起，在2006年新三板市场形成后，它们依然是引领股份代办系统业务的业界翘楚，而大鹏证券、辽宁证券和闽发证券3家券商，基本上到现在都没有参与代办系统股份报价转让业务，当然，它们也不具备主办券商的资格。

第二节　主办券商的作用

主办券商在新三板中处于枢纽地位，它联系着协会、挂牌公司、证券登记结算机构、深圳证券交易所等参与主体。

主办券商与挂牌公司形影不离，共同构成新三板市场的重要组成部分，主办券商对拟申请挂牌公司和已经挂牌的公司来说着有重大的作用和意义。

一、公司挂牌前的辅导

一般的公司对申请新三板挂牌所必需的各类条件、要求等理解不够深刻，甚至根本不熟悉，只有通过专业的且富有经验的机构对公司各个方面予以指导、引导和规范，才能保证公司少走甚至不走弯路，用最短时间、最少支出、最佳方式通过各类程序以顺利实现挂牌。

（一）辅导机构和辅导协议

根据《证券公司从事报价转让业务自律承诺书》的要求，主办券商有义务对你推荐公司全体高级管理人员进行辅导，使其了解相关法律、法规、规则和协议所规定的权利和义务。公司依法自主选择辅导机构，任何部门不得代替辅导对象选择或干预选择。辅导机构的条件是具有新三板市场主办券商资格的证券机构以及其他经有关部门认定的机构。不过，辅导机构一般是公司拟申请挂牌和代办股票业务的主办券商。

对辅导机构的要求：（1）辅导对象应当针对公司组成专门的辅导工作小组，辅导工作小组应明确固定的组长，组长应具有综合协调能力；（2）辅导工作具有连续性，如辅导人员发生变更，应办理相关的交接手续；（3）辅导机构应制定对辅导工作和辅导人员考核的内部管理办法；（4）辅导人员应调动辅导机构及参与有关中介机构的系统资源和条件，确保达到辅导效果；（5）辅导人员应具备有关法律、会计等专业知识和技能，有很好的敬业精神；（6）辅导人员及辅导机构的其他有关人员应当依法履行保密义务，在相关的信息披露前，保守辅导对象的商业秘密。为此，辅导机构与辅导对象还可以订立专门的保密协议。

辅导机构和辅导对象本着自愿、平等的原则签订辅导协议以明确双方的权利、义务和责任等。协议主要包括以下内容：（1）辅导人员的构成；（2）辅导对象接受辅导的人员；（3）辅导内容、计划及实施方案；（4）辅导方式；（5）辅导期间即各阶段的工作重点；（6）辅导所要达到的效果；（7）辅导费用积极确定的原则和付款方式；（8）违约责任；（9）协议的解释等。

（二）辅导和实施方案

根据相关制度与规则，辅导机构应该根据有关法律、法规和规则，以及挂牌公司的必备知识，针对公司的具体情况和实际需求，确定辅导的具体内容，制订辅导计划和实施方案，以确保辅导对象具备进入新三板市场的基本条件。辅导机构与公司协商确定不同阶段的辅导重点、实施手段和必要的辅导教程。辅导前期重点是摸底调查，全面形成具体的辅导方案并开始实施。辅导中期重点在于集中学习和培训，诊断问题并加以解决。辅导后期重点在于完成辅导计划，进行考核评估，做好挂牌申请文件的准备工作。公司拟或已聘用的会计事务所、律师事务所的执业人员应在辅导机构的协调下参与辅导工作，辅导机构也可以根据需要另行聘请执业会计师、律师等参与辅导。辅导机构可以采取灵活有效的辅导方式，包括组织自学、集体授课与考试、问题诊断与专业咨询、中介机构协调会、经验交流会、案例分析等。

辅导机构在辅导的过程中应该将有关资料和重点情况汇报，建立“辅导工作底稿”，存档备查，其内容主要有：（1）辅导计划与实施方案；（2）辅导协议；（3）辅导人员变更即交接手续；（4）历次考试与评估的资料；（5）曾提出的整改建议即对辅导对象进行问题诊断、督促检查的详细记录及有关表格；（6）其他有关辅导工作记录。

最后，辅导机构应该对公司是否达到新三板挂牌条件进行综合评估，协助辅导对象开展挂牌事项是准备工作。

二、推荐挂牌阶段

在公司拟申请新三板挂牌流程中，已经对主办券商与拟挂牌公司签订“推荐挂牌报价转让协议”、主办券商的尽职调查、内核、向协会备案等内容已经作了较详细的叙述，只是更多地站在拟挂牌公司的角度来阐释这些内容。这里，根据相关规定，打算从主办券商的角度来重点谈谈两方面的事项：一是主办券商接受拟挂牌公司的推荐委托，二是主办券商与内核和内核意见。

（一）接受委托

主办券商接受拟挂牌公司的委托，与拟挂牌公司签订推荐挂牌协议，成为拟挂牌公司的推荐主办券商。拟挂牌公司及其高级管理人员有权就公司股份报价转让获得主办券商的辅导，同时，主办券商应针对牌公司设立专门项目小组，负责尽职调查，起草尽职调查报告，制作备案文件等。

（二）内核并出具内核意见

主办券商内核机构根据项目小组的申请召开内核会议，内核机构成员应独立、客观、公正地对备案文件进行审核，制作审核工作底稿并签名。内核会议应对是否同意推荐拟挂牌公司挂牌进行表决，并形成内核意见，内容包括：审核意见、表决结果、出席会议的内核机构成员名单和投票记录，7 名内核会议成员均应在内核意见上签名。内核小组一般包括律师、注册会计师及行业专家在内共7 名，5 名以上认同，表明同意推荐企业挂牌。

三、报价转让阶段

（一）风险提示与接受委托

投资者在开户前，主办券商应与其签订《股份转让风险提示书》，提醒投资者对市场风险予以特别关注，充分了解股份转让公司存在的风险，要利用各种形式持续向投资者充分提示投资风险。在股份转让公司披露股份开始转让公告书和定期报告后的10 个工作日内，以及公司董事会就重大事项作出决议公告后的5 个工作日内，主办券商应发布分析报告，客观地向投资者揭示公司存在的风险。在与投资者签订的委托协议内，主办券商应要求投资者承诺自己承担投资风险，不从事内幕交易和操纵股价等行为，违反者承担相应责任。主办券商对投资者在股份转让时出现的违规行为，要依据委托协议，及时提出警示，并按双方的约定，采取必要措施。

投资者不可以自行买卖挂牌公司的股份，需与主办券商签署代理报价转让协议，受托其买卖股份。投资者委托分为定向委托、定价委托和成交确认委托三种形式，这三种形式委托均可撤销，但已经报价系统确认成交的委托不得撤销或变更。委托的股份数量以“股”为单位，每笔委托股份数量应为3 万股以上，以后或能降低门槛。

在与投资者签委托买卖股份协议前，主办券商应对投资者身份，尤其是自然人投资者的身份进行核查，充分了解自然人投资者的财务状况和投资需求，对不适格的投资者，不得与其签署代理报价转让协议。

（二）验证账户与申报

在验证账户和申报前，如果发现投资没有开立过 A 股账户，主办券商要为投资者开立 A 股账户，同时，到主办券商指定的第三方存管银行办理客户交易结算资金管理账户。主办券商收到投资者卖出股份的意向委托后，应验证其证券账户，如股份余额不足，不得向报价系统申报；同时，应验证卖方证券账户和买方资金账户，如果卖方股份余额不足或买方资金余额不足，不得向报价系统申报。主办券商通过专用通道，按接受投资者委托的时间先后顺序向报价系统申报并按有关规定保管委托、申报记录和凭证等。

（三）成交结算与信息发布

主办券商按投资者的委托进行定价申报和成交确认申报，报价系统对通过验证的成交确认申报和定价申报信息进行匹配核对，核对无误的，予以确认成交，并向证券登记结算机构发送成交确认结果进行股份和资金的分级结算。主办券商参与非上市公司股份报价转让业务，应取得证券登记结算机构的结算参与人资格，证券登记结算机构根据成交确认结果办理主办券商之间股份和资金的清算交收；主办券商负责办理其与投资者之间的清算交收。主办券商应根据清算结果在最终交收时点之前向证券登记结算机构划付用于交收的足额资金。

股份转让期内，上办券商要在其营业部及股份报价转信息披露平台发布最新的报价和成交信息等。

（四）托管与适度监管

投资者持有的非上市公司股份应当托管在主办券商处，初始登记的股份，托管在推荐主办券商处。主办券商应将其所托管的非上市公司股份存管在证券登记结算机构。另外，主办券商要对投资者参与非上市公司股份转让的合规性进行核查，防止其违规参与挂牌公司股份的转让，如发现自然人投资者违规买入挂牌公司股份的，应督促其及时卖出；如发现投资者存在异常投资行为的，及应时才予以警示，必要时可以拒绝投资者的委托或终止代理报价转让协议。

四、持续督导及信息披露

依据相关政策及规定，主办券商应持续督导所推荐的新三板挂牌公司规范履行信息披露义务，并对其信息披露文件进行形式审查，且有权对拟披露或已披露信息的真实性提出合理性怀疑，甚至对相关事项进行专项调查。主办券商应至少配备两名具有财务或法律专业知识的专职信息披露人，指导和督促挂牌公司规范履行信息披露义务。主办券商在任免专职信息披露人员时，应将相关人员名单及简历报中国证券业协会备案。

主办券商要督导挂牌公司披露年度报告、半年度报告和临时报告；并对挂牌公司临时报告进行事前审查，对定期报告进行事后审查；如挂牌公司未在规定期限内披露年度报告或半年度报告的，推荐主办券商应发布风险揭示公告；如挂牌公司未年度报告出现连续 3 年亏损的，推荐主办券商对其股份实行特别处理。主办券商如发现挂牌公司及其董事、监事、高级管理人员存在违法、违规行为的或挂牌公司控股股东、实际控制人发生变化的，应及时报告协会。挂牌公司发生重大资产组、并购等事项时，主办券商应进行督导并报协会备案。挂牌公司拒不履行信息披露义务的，推荐主办券商应暂停解除其控股股东和实际控制人的股份限售登记，并将有关事项报告中国证券业协会。主办券商发现披露的信息存在虚假记载、误导性陈述或重大遗漏的，或者发现存在应披露而未披露事项的，主办券商应要求挂牌公司进行更正或补充，挂牌公司拒不更正或补充的，推荐主办券商应在两个报价日内发布风险揭示公告。

五、解除限售登记

依据新三板试点办法的相关规定，股份解除转让限制或挂牌公司董事、监事、高级管理人员所持本公司股份按公司法的有关规定进行或解除转让限制的，应由挂牌公司向主办券商提出申请，经主办券商审核同意后，报协会备案，协会备案确认后，通知证券登记结算机构办理相关手续。另外，因司法裁决、继承等原因办理股份转让过户或司法冻结业务办理等，都由主办券商办理。

六、暂停、终止挂牌与恢复转让

根据相关规定，有两种情况，挂牌公司将暂停挂牌：一是挂牌公司向中国证监会申请公开发行股票上市的，主办券商应当自中国证监会正式受理其申请材料日的第二天开始暂停股份转让，直至股票发行审核结果公告日。二是挂牌公司涉及无先例或存在不确定性因素的重大事项需要暂停股份报价转让的，主办券商应暂停其股份转让，直至重大事项获得有关许可或不确定性因素消除。因重大事项暂停股份报价转让的时间不得超过3个月。

暂停期间，挂牌公司至少应每月披露一次重大事项的进展情况、未能恢复股份报价转让的原因及预计恢复股份报价转让的时间。另外，挂牌公司如进入破产清算程序；或被核准其公开发行股票申请；或由政府有关部门同意其终止股份挂牌申请等情形时，主办券商应协助挂牌公司终止其股份挂牌。

第三节　新三板的监管支持机构

新三板市场的监管支持机构主要有中国证券监督管理委员会（简称证监会）、中国证券业协会（简称证券业协会）、深证证券交易所（简称深交所）和证券结算登记机构。

一、证监会

在新三板产生和发展的历程中，证监会起到举足轻重的作用，它是新三板市场的缔造者、推动者和监管者。

新三板的市场规则虽然都是由证券业协会颁布，但是所有这些规则均须经过证监会的核准。由于新三板的规则构建多半比照场内市场，而没有规则的地方，基本上依赖于证监会的意见。因此，证监会的意见、决策等，成为新三板制度制定的有效指引，一定程度上规避了试点过程中由于制度缺陷可能造成的诸混乱状况，保证了新三板的持续有序运行。所以，证监会对新三板制度的核准制度，是新三板市场有效运转，并与场内市场及其他场外市场有效协调的重要保证。

证监会在股票转让、定向增资等方面勇于开拓与创新，早在2006年，便允许新三板挂牌企业尝试定向增发，6年来，中关村挂牌企业定向增资金额达22亿元，且企业单次融资规模都在几千万元左右。这些成绩，对于初始阶段的科技型中小企业的发展，还是起到很大的支持和推动作用。

此外，证监会还将重点筹建统一监管下的全国性场外交易市场，将资本市场服务范围扩大到非公共非上市的成长型、创新型中小企业。全国性场外交易市场挂牌公司将纳入证监会的统一监管体系。同时，正在探讨降低个人投资者的准入限制，引入做市商制度以及建立转板机制。这一系列制度对于繁荣市场必定起到根本性作用。

另外，证监会还担负着协调新三板与场内市场关系的重任。证监会从市场需求出发，总体设计、分步实施，自上而下与自下而上相结合的策略和方式来协调建设我国的场外市场，逐渐实现分层构建。

二、证券业协会

中国证券业协会对新三板具有主管职责，它是依据《中华人民共和国证券法》和《社会团体登记管理条例》的有关规定设立的证券业自律性组织，属于非营利性社会团体法人，接受中国证监会和国家民政部的业务指导和监督管理。协会贯彻执行“法制、监管、自律、规范”的八字方针和《中国证券业协会章程》，在中国证监会的监督指导下，团结和依靠全体会员，切实履行“自律、服务、传导”三大职能，为会员服务，维护会员的合法权益；维持证券业的正当竞争秩序，促进证券市场的公开、公平、公正，推动证券市场的健康稳定发展。

证券业协会在证监会的监管和领导下，负责制定代办股份转让系统运行规则，监格证券公司代办股份转让业务活动和信息披露等事项，并通过审查文件、备案登记等制度，对企业在新三板板挂牌和股份的报价转让进行直接监管。新三板的制度和规则，虽然在性质上属于行业自律性协议，但在效力上，这些制度和规则需要新三板市场上所有主体遵守，违反者会有相应的罚则，故而这些协议其有一定的强制力，具有法律的基本特征。这些制度和规则，绝大多数都是以证券业协会的名义颁布的。证券业协会正是依靠这些制度和规定对新三板市场进行监管，其监管方式主要有三种：接受挂牌企业备案、接受情势变更备案和监管券商及从业人员行为。

不过，新三板扩容新规出台后，证券业协会的角色定位及服务内容等会调整。

三、深圳证券交易所

新三板是在深交所的技术系统下运作的，深交所是新三板企业的挂牌平台、股份报价转让平台和信息披露平台。

在挂牌环节，主办券商需向深交所中小板公司管理部申请报价转让证券简称和证券代码；在挂牌后，企业出现除权、除息和停牌、复牌情形时，主办券商应向深交所公司管理部申请变更；企业的证券简称和全称需要变更时，主办券商应向深交所报价转计系统工作小组申请变更；在转让环节，主办券商在深交所提供的转让系统上进行操作；在信息披露方面，随着深交所交易系统技术的更新，新三板挂牌企业的行情得以进入深交所系统，并在深交所网站实时更新，使得挂牌企业信息更为透明，保护了交易的公平和公正，这些披露信息内容包括报价转让说明书、年报、半年报、季报、股权变动公告、股东大会等重要信息。

在新三板新规出台后，全国中小企业股份转让系统（北交所）将替代深交所代办系统提供挂牌、转让、信息披露平台。

四、证券结算登记机构

新三板的证券登记结算机构是中国证券登记结算有限责任公司，其主要职责是对股份数量、流转情况进行登记及结算。

股份登记与存管。拟挂牌公司与与中国结算深圳分公司签订《股份登记服务协议》。在企业挂牌的整个过程主要要会同主办券商办理股份的初始集中登记、变更登记和退出登记等。证券登记结算机构也是券商托管股份的存管机构，所以，主办券商应将其所托管的非上市公司股份存管在证券登记结算机构并由证券登记结算机构对新三板市场股份的流通情况进行有效统计。

投资者账户管理与交收结算。投资者买卖挂牌公司股份，应持有中国证券登记结算有限责任公司深圳分公司人民币普通股票账户。证券登记结算机构对投资者账户进行管理以保证账户安全及防止做空等违法事件的发生。在

2009年合并账户改革之后，投资者持有的场内市场交易账户与新三板市场交易账户打通，投资者可以用一个账户投资于场内市场的任何板块，以及新三板市场。交收结算股份转让完成后，应由证券登记结算机构进行现金和股份的清算交收，主办券商负责办理其与客户之间的清算交收。

五、政府相关部门

新三板所涉及的政府部门主要为新三板中的地方政府与高新区管委会。之前，在未扩容的情况下，对于新三板所涉及的北京市政府与中关村科技园区管理委员会，它们的主要工作包括：北京市政府对拟挂牌企业高新技术资格的审批和新三板挂牌试点资格的确认，以及对高新技术企业的资金、税收、公司治理等方面的政策支持与社会风险预测、控制与处置；中关村科技园区管理委员会（以下简称中关村管委会）对园区企业进行培养和扶植，使其达到挂牌新三板标准，并在挂牌后持续成长所提供的政策扶持和服务支持。

中关村管委会的政策支持主要有：出台政策大力建立全区“新三板”市场后备企业资源库；综合考察企业规模、创新能力、行业地位、发展潜力和企业意愿等因素；选择条件相对成熟的企业重点扶持，强化指导，推进改制，促使其尽早进入新三板挂牌。服务支持主要包括：对拟挂牌企业的高管提供培训服务，使其了解新三板及资本市场，了解现代企业管理制度；按照“一企一策”的原则，指定专门部门和人员保持与新三板挂牌企业密切联系，及时提供相关服务；同时，管委会还将具备资格并具有较强运作能力的中介机构推荐给企业，促进了企业与中介机构的快捷对接等。企业成功挂牌后，管委会为所有挂牌企业的高管提供管理及资本运营经验的交流平台，使他们可以相互交流管理或资本运作经验等。

第四节　新三板中的其他中介机构

新三板市场的快速发展，不仅得益于相关监管机构制度上、政策上的合理安排与支持，也得益于拟挂牌公司与主办券商的参与与努力，还得益于包括律师事会所、会计师事务所、资产评估机构和科技咨询机构等中介机构的积极工作与努力配合，才使得新三板市场朝着规范化、正规化的方向不断发展，从而不断扩大了新三板市场的影响力，吸引了广大投资者的积极参与。

一、律师事务所

在园区公司申请新三板挂牌以及股份转让、定向融资等过程中，律师事务所起到了很重要的作用。

（一）改制重组，设立股份公司

协助公司及推荐券商制订改制重组方案，确定股份公司的主营业务、资产范围等。尽量避免同业竞争，同时不致影响公司的整体利益。协助企业编制并签署发起人协议、股份公司章程等一系列相关法律文件。在完成调查核实工作后，律师事务所将依据改制方案及实际情况，就股份公司的设立编制《法律意见书》。协助企业及中介机构准备申报材料，并就相关问题，提供专业的法律意见。参与股份公司创立大会工作等工作。

（二）园区公司新三板挂牌阶段的作用

在园区公司申诸挂牌新三板的整个过程中，律师事务所的作用是不可忽视的，它们的介入时间有时更早于主办券商。

在挂牌前准备阶段，律师事务所协助园区公司按照《高新技术企业认定管理办法》规定提交相关材料并参与到认证的全过程直至园区公司获得高新技术企业资格证书。同时，律师事务所还不断地对园区公司的公司治理结构进行完善，规范公司运营管理，规避公司的法律风险，为园区公司在新三板挂牌做好包括试点资格确认函取得在内的一系列法律支持等准备工作。在推荐挂牌阶段，律师事务所主要配合推荐主办券商对拟挂牌公司进行尽职调查和内部审核。并在此基础上协助制作《尽职调查报告》，出具《法律意见书》。在备案阶段，律师事务所协助主要券商协助园区公司、主办券商及会计师事务所准备并规范相关备案文件。审查推荐挂牌备案文件等法律文件。

（三）挂牌企业股份转让与私募融资中的作用

在挂牌企业股份登记的过程中需要律师事务所起草《股份登记申请》和《股份登记及服务协议书》。在挂牌公司的部分股份满足限售条件时，律师事务所需帮助挂牌公司起草递交主办券商的《解除股权转让限制申请书》，说明解除限售的股份、数目和时间等。

根据新三板的试点办法等制度的规定：只有机构投资者和少数个人投资者能够参与挂牌公司的股份转让，新三板股份转让的委托方式以报价委托和成交确认委托为主，定价委托方式为辅。所以，新三板就成为挂牌公司私募融资的重要平台。在私募融资中，由于关系到股东权益、融资结构、股东间的利益以及公司的股权结构等问题，因此，需要律师事务所参与相关方案的制订。

二、会计师事务所

会计师事务所在新三板市场中与券商、律师事务同等重要。在券商申请成为新三板主办券商时，要向证券协会提交最近年度未被注册会计师出具否定或拒绝发表意见的财务报告。在拟挂牌企业委托推荐挂牌时，其项目小组、内核机构和内核会议上必须有注册会计师，参与、审核并挂牌企业在股权转让整个过程中，包括年报、半年报，转让说明书等必须经注册会计师审计。

所以，新三板市场需要注册会计师审计并出具相关的报告，还需要注册会计师提供相关的咨询、服务和商机等。

三、资产评估机构

资产评估机构是指专门从事资产评估业务的中介机构。资产评估是指在市场经济条件下，由专业机构和人员，依据国家有关规定和有关材料，根据特定的目的，遵循适用原则，依照法定程序，选择适当的价值类型，运用科学方法，对资产价值进行评定和估算的行为。其目的是为该项资产的交易等行为提供价值参考依据。广义的资产评估是指一切对于资产估价的行为包括企业内部为补偿和会计报告而进行的评估。狭义的资产评估是在发生产权变动、资产流动和企业重组等特定行为下对资产进行的评定估算。

很多拟挂牌企业需要进行股份制改造，这就需要由专业的资产评估机构对公司资产价值进行科学的、相对准确的评定和估算，以此作为计算公司资产总额和股本总额的依据。实践中，往往对资产评估机构选择的工作要由券商来完成。

四、科技咨询机构

新三板上的挂牌企业均为优质的高新技术企业。显然，这些企业往往都是智力密集型和知识密集型的。新三板的股权转让或者融资只是企业的目标之一，很多企业是借助这一平台让企业的科技含量及其规模不断递增，保持企业的生命力，以缔造国内及行业一流的企业。所以，对于新三板挂牌企业而言，依赖于科技咨询机构为其提供最新的技术信息、最尖端的技术、最耐心细致的技术服务，从而使企业得以更快地发展。

第十二章　如何经营新三板资源

第一节　新三板挂牌企业的股份转让

股份转让虽然在实践中远远不能满足挂牌公司的融资要求，但是，它依然是新三板的核心功能。未来随着市场的发展，相信这一功能定能发挥它应有的作用。

根据相关规定，挂牌公司的股份在初始登记时处于冻结状态，需要逐笔解禁才能实现报价转让。申请股份解禁的操作程序分为三步，首先，由挂牌公司向主办券商提出申请。其次，主办券商审核同意后，将股份解禁申报股转系统审核机构。最后，审核确认后，证券登记结算机构办理相关手续。于是，解禁后的股份，即可按照规定流程实现报价转让。

一、股份报价转让流程

(一) 开立账户

投资者初次参与报价转让，应按照《中国证券登记结算有限责任公司证券账户管理规则》及《试点办法》等有关业务规则的规定，开立中国证券登记结算有限公司深圳分公司人民币普通股票账户（以下简称股份账户）。主办券商在为投资者开立股份账户之前，应对投资者是否符合股份报价转让资格予以审核，并向投资者出示《报价转让特别风险揭示书》，让投资者认真阅读，并予以充分解释。在投资者充分理解后，在《报价转让特别风险揭示书》上签字确认。主办券商经审核投资者的开会申请资料，确认无误后，为其开立股份账户。投资者在申请开会的同时，应与主办券商签订《报价转让委托协议书》，明确各自的权利与义务。

(二) 委托

根据相关规则，投资者买卖挂牌公司股份，应按照协议委托主办券商代理买卖。投资者委托分为意向委托、定价委托和成交确认委托。委托当日有效。意向委托是指投资者委托主办券商按其指定价格和数量买卖股份的意向指令，意向委托不具有成交功能。定价委托是指投资者委托主办券商按其指定的价格买卖不超过其指定数量股份的指令。成交确认委托是指投资者买卖双方达成成交协议，或投资者拟与定价委托成交，委托主办券商以指定价格和数量与指定对手方确认成交的指令。意向委托、定价委托和成交确认委托均可撤销，但已经报价系统确认的委托不得撤销和变更。

委托的股份数量以“股”为单位，目前每笔委托股份数量应为 3 万股以上。投资者证券账户某一股份余额不足 3 万股的，只能一次性委托卖出。而在未来，每笔最低交易数量的限制则或将调整到 1000 股。报价最小变动单位为 0.01 元。转让时间为每周一至周五上午 9：15—11：30，下午 13：00—15：00。

(三) 申报与成交

按照《试点办法》的规定，新三板的股份转让与证券交易所不同，价格是通过买卖双方议价撮合产生的。新三板的投资者可以直接联系买卖对手方，也可以委托主办券商联系对手方，进而通过协商，确定股份的买卖数量和价格，达成成交协议后，买卖双方应各自向报价系统输入成交确认委托，主要信息包括成交约定号、股份代码、买卖价格和股份数等。

主办券商应通过专用通道，按接受投资者委托的时间先后顺序向报价系统申报。主办券商收到投资者卖出股份的意向委托后，应验证其证券账户，如股份余额不足，不得向报价系统申报。主办券商收到投资者定价委托和成交确认委托后，应验证卖方证券账户和买方资金账户，如果卖方股份余额不足或买方资金余额不足，不得向报价系统申报。主办券商应按有关规定保管委托、申报记录和凭证。

投资者达成转让意向后，可各自委托主办券商进行成交确认申报。投资者拟与定价委托成的，可委托主办券商进行成交确认申报。报价系统收到主办券商的定价申请和成交确认申报后，如系统中无对应的定价申报，该成交确认申报以撤单处理。报价系统对通过验证的成交确认申报和定价申报信息进行匹配核对。核对无误的，报价系统予以确认成交，并向证券登记结算机构发送成交确认结果。多笔成交确认申报与一笔定价申报匹配的，按时间优先的原则匹配成交。成交确认申报与定价申报可以部分成交。成交确认申报股份数量小于定价申报的，以成交确认申报的股份数量为成交股份数量。成交确认申报股份数量大于定价申报的，以定价申报的股份数量为成交股份数量。成交确认申报未成交部分以撤单处理。

（四）结算

根据相关规则，主办券商参与非上市公司股份报价转让业务，应取得证券登记结算机构的结算参与人资格。股份和资金的结算实行分级结算原则。证券登记结算机构根据成交确认结果办理主办券商之间股份和资金的结算交收，主办券商负责办理其与客户之间的清算交收。主办券商与客户之间的股份划付，应当委托证券登记结算机构办理。证券登记结算机构按照货银对付的原则，为非上市公司股份报价转让提供逐笔全额非担保交收服务。

证券登记结算机构在每个报价日终根据报价系统成交确认结果，进行主办券商之间股份和资金的逐笔清算，并将清算结果发送各主办券商。主办券商应根据清算结果在最终交收时点之前向证券登记结算机构划付用于交收的足额资金。

证券登记结算机构办理股份和资金的交收，并将交收结果反馈给主办券商。由于股份或资金余额不足导致的交收失败，证券登记结算机构不承担法律责任，由买卖双方自行承担不能交收的风险。投资者因司法裁决、继承等特殊原因需要办理股份过户的，依照证券登记结算机构的规定办理。

（五）信息发布

股份转让完成后，报价系统将通过专门网站和代办股份转让行情系统发布最新的报价和成交信息，即时报价和成交信息，以便投资者查阅。主办券商也应当在其营业网点或网站上披露即时报价和成交信息，以便投资者查询。

二、限制规则

根据新三板的相关规定，对于挂牌公司控股股东及实际控制人、发起人、董事、监事以及高级管理人员等特殊人群的股份转让实行限制规则。而根据公司法，股份有限公司的发起人持有的股份自公司成立之日起 1 年内不得转让；公司董事、监事、高级管理人员在任职期间每年转让的股份不得超过其所持有本公司股份总数的 25%；上述人员离职后半年内，不得转让其所持有的公司股份，这些规定也是适用于新三板挂牌公司的。此外，挂牌公司还可以通过章程中的约定，对公司董事、监事、高级管理人员转让其所持有的本公司股份作出限制性规定，以保障公司自身利益。

根据《试点办法》，挂牌公司在挂牌前 12 个月内进行过增资的，货币出资的新增股份自工商变更登记之日起满 12 个月可进入代办系统转让，非货币财产出资的新增股份自工商变更登记之日起 24 个月可进入代办系统转让。

以上限制制度，随着新三板的扩容工作的推进，未来将要作出调整。

另外，根据《试点办法》，挂牌公司涉及无先例或存在不确定性因素的重大事项需要暂停股份报价转让的，主办券商应暂停其股份报价转让，直至重大事项获得有关许可或不确定因素除外。这一规定类似于证券交易所的停牌，是为了避免股价的非常规波动影响到公司和投资者的利益。另外，如果挂牌公司向证监会申请公开发行股票并上市，主办券商也应当自证监会正式受理其申请材料的上一个报价日起，暂停该挂牌公司股份的转让，直至股票发行审核结果公告日。

第二节　新三板挂牌企业的定向增资

2006 年 10 月 25 日，中科软和北京时代正式公告定向增资，这标志着新三板融资大门正式打开，之后，新三板的定向增资每年放行1—2家。2009年年底，管理层总结了试点期间的做法，确定三项定向增发原则：新老股东双赢、增资数额根据公司发展需要确定和券商把关，宣告新三板定向增资制度日渐明朗。定向增资的概念，类似于上市公司的定向增发，是指非公开的向特定投资者发行股份的行为。新三板挂牌公司的定向增资行为，则只在《试点办法》第七十二条中有所规定：挂牌公司可向特定投资者进行定向增资，具体规则由协会另行制定。直至现在，协会除确定上面所提到的定增三大原则等外，尚未对新三板的定向增资制定其体规则，但这并不影响新三板这一融资工具的作用。从2010年起，与创业板发行“三高”的火爆局面相呼应，新三板定向增资也迎来井喷。

一、新三板定向增资特点

截至2012年7月底，新三板挂牌企业133家，累计有44家企业完成或启动了52次定向增资，融资额合计22亿元。有的企业还进行了多次连续融资。新三板挂牌企业定向增资表现出了以下几大特点：

一是单项融资额度频创新高，而且出现一些企业进行多次增资的情况。如2010年，中海阳公司在6个月内进行了两次定向增资，分别融资1.13亿元和2.12亿元，合计3.25亿元，创出了单个企业单次融资额和融资总额新高，且中海阳公司第二次定向增资市盈率84倍；一些企业多次连续融资，形成良性发展循环，已有3家挂牌企业进行了多次定向增资，其中时代科技（000611）公司3次，联飞翔公司2次，中海阳公司2次。

二是机构投资者参与度快速增强。据中国证券业协会的统计数据，2006—2009年，参与新三板定向增资的机构为28家，平均每年约7家。而在新三板扩容声不断高涨之际，从2010年开始新三板的机构投资者大量涌进，仅2010年一年，参与定向增资的机构投资者就达到44家，投资额4.17亿元，占总融资额的比例超过67%。2011年，机构参与新三板定向增资的热情更是有增无减。

三是增发价格、定向增资市盈率不断提高。如前面所述，到2010年年底，20家企业进行的24次定向增资，市盈率最高达到84倍，平均市盈率22.59倍。

二、定向增资条件和对象

根据相关规则，挂牌企业定向增资条件是：公司治理结构健全，运作规范；规范履行信息披露义务；最近一年财务报表未被注册会计师出具保留意见、否定意见或无法表示意见的审计报告；不存在挂牌公司权益被控股股东或实际控制人严重损害且尚未消除的情形；挂牌公司及其附属公司不存在违规对外提供担保且尚未解除的情形；现任董事、监事、高级管理人员勤勉尽责地履行对公司义务，不存在损害挂牌公司利益或其他违背诚信原则的行为；挂牌公司及其现任董事、监事、高级管理人员不存在因涉嫌犯罪正被司法机关立案侦查，且对挂牌公司生产经营产生重大影响的情形；不存在其他严重损害股东合法权益和社会公共利益的情形。第二次增资时，净利润的增长率必须高于定向增资新增股本的增长率。

新三板扩容后，新增股东人数限制由目前内部执行的20名，或将放宽到除公司原有股东以及内部职工外部不得超过35名，或将允许符合投资者管理要求的自然人投资者参与定向增资。另外，或将取消新老股东配售的比例限制。之前内部执行规定中，要求新三板公司应不低于定向增资股数30%的股份优先向老股东配售。而定向增资方式上，挂牌公司将不仅可以选择股权融资，也可选择定向发行可转债。而定向增资最大的一个规则改变，可能将允许企业在挂牌时定向股权增资。即在正式挂牌之前，申请挂牌的公司可以定向发行一定数量股份，并可挂牌后上市转让。

三、挂牌企业如何定向增资

（一）原则和流程

按照公司法、《试点办法》的相关规定，挂牌公司实施定向增资，应遵循以下原则和流程：（1）董事会制订定向增资方案，提请股东大会表决；（2）股东大会通过定向增资方案，并授权董事会办理；（3）公司就定向增资事宜向中国证券业协会申请备案确认；（4）主办券商出具关于公司定向增资的专项意见；（5）公司出具定向增资结果报告书；（6）公司定向增资完成后，办理工商变更手续。公司和主办券商应按照《信息披露规则》的要求，即使披露公司定向增资的相关信息。

（二）定向增资方案

《定向增资方案》是公司实施定向增资活动的指导性文件，公司应按照相关要求，制订科学、使用、合规的定向增资方案。定向增资方案应包括以下内容：（1）增资主体（即挂牌公司）；（2）增资种类、方式及数额；（3）定资价格及定价依据；（4）定向增资限额；（5）公司在册股东优先认购方案；（6）定向增资认购人及认购方案；（7）定向增资认购人名单、基本情况、与公司主要股东的关联关系；（8）出资方式；（9）募集资金用途及项目可行性分析；（10）前次募集资金使用情况；（11）本次定向增资对公司财务状况及经营成果的影响；（12）防止增资过程中股东人数超过200人的措施；（13）新增股份登记和限售情况；（14）其他需要说明的。

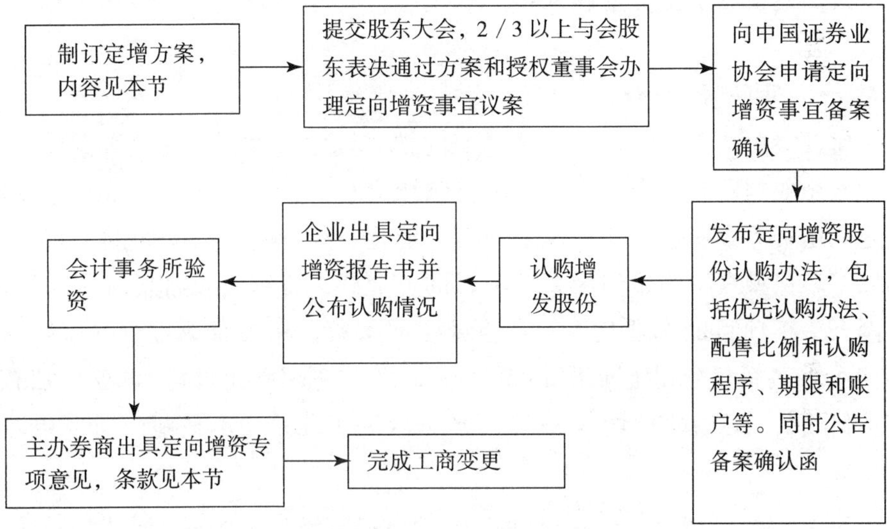

图12－1　新三板挂牌企业定向增资流程图

（三）主办券商的专项意见

按照《试点意见》的要求，主办券商应对挂牌公司定向增资行为的合法性出具专项意见。

（四）定向增资结果的报告

新三板挂牌公司在完成定向增资后，应及时披露《定向增资结果报告书》，定向增资结果报告书应包含以下内容：（1）声明事项：本公司及董事会全体成员保证公告的真实、准确和完整，没有虚假记载、误导性称述或者重大遗漏。(2) 定向增资履行的相关程序。(3) 定向那个增资的股份的种类和数量。(4) 定向增资的价格及定价依据。(5) 定向那个增资前原有股东优先认购的情况。(6) 募集资金情况、用途及相关管理办法，包括募集资金情况，募集资金用途和募集资金相关管理办法。(7) 认购人情况及认购人股份数量。(8) 定向增资后股东人数。(9) 定向增资后股东变动情况：前十名股东持股变动情况；公司控制权变动情况；董事、监事和高级管理人员持股变动情况；定向增资后主要财务指标变化及管理层讨论与分析；主要财务指标及定向增资后的变化；主管层讨论与分析；定向增资股份的等级限售情况；其他需要说明的情况。

四、定向增资的作用和未来

(一) 定向增资的作用

通过定向增资，企业可以在短期内扩充资本实力，迅速做大做强。一是一些企业的定向增资项目用于现有领域进行开发改造。二是一些企业通过定向增资募集资金迅速实现了规模产业化，如清畅电力公司的增资项目选取了环保型真空固封绝缘开关项目的产业化，合纵科技将增资资金用于环网开关柜项目的产业化。三是通过定向增资，相关企业进行并购扩张。2010 年，九恒星公司定向增资 450 万股，收购深圳思凯公司 100% 的股权；凯英信业公司通过定向增资 1250 万股，收购了北京中电亿商公司 100% 的股权等。

挂牌企业在寻找增资项目过程中，需要进行政策、市场、企业运营能力及经济效益分析，同时还要考虑投资项目是否符合企业的发展战略，是否强化了企业的主营业务，是否有利于核心竞争力的提升，是否顺应行业发展并且具有明显的发展前景等问题。符合企业发展的增资项目能够扩充企业资本实力，解决企业在竞争中由于产能及资金瓶颈带来的发展问题，为企业带来长远收益。

定向增资项目的可行性研究能够让投资者看到投资项目未来的收益情况，给投资者增强未来发展的信心。企业可以聘请经验丰富的咨询机构进行项目可行性分析，特别是募集资金使用情况的说明，以便有针对性地向投资者说明选择增资项目的市场环境和内在原因，同时更专业地评估该类项目的投资回收情况，确保企业增资顺利完成。

（二）定向增资对未来客户或范围的扩容

据了解，目前相关监管部门已要求券商研究新三板企业向符合条件的证券营业部客户增发的可行性制度。在业内人士看来，这一举措同样能够推动证券行业产品创新、服务多样化的发展。如果主办券商帮助新三板企业操作定向增资，可以考虑向自己营业部客户进行摇号增发。有了这一投资渠道，大客户就不会跟券商打佣金的口水仗，券商也可开发相应的理财产品，从而促进相关业务链条的良性发展，更大的作用则是促进新三板主办券商做好尽职调查。如果项目做完了，让大客户亏损了，经纪业务部门将要承担很大的损失。

相关监管部门的思路是，如果投行承销首发项目时将网下询价配售股份拿出一部分给经纪业务部门来操作，对券商经纪业务的改善就会有很大帮助。

如果参与新三板企业定向增资出现亏损，客户将来未必在这家券商营业部继续交易了。挂牌公司应该是什么水平，客户是什么水平，投行和营业部要对此认真思考，三高现象自然就能得到较好解决，进而实现一、二级市场平稳发展。有关新三板其他制度，也需要研究完善，比如收购的股份超过30%的，主板项目需要有收购要约，新三板也在研究类似政策等。

第三节 新三板挂牌企业的并购重组

企业并购是指企业之间的兼并与收购行为，是企业法人在平等自愿、等价有偿基础上，以一定的经济方式取得其他法人产权的行为，是企业进行资本运作和经营的一种主要形式。企业并购主要包括公司合并、资产收购、股权收购三种形式。一般表现为收购企业以货币、有价证券或其他形式购买被收购企业的部分或全部股权或资产。企业并购，可以作为投资者取得被收购方控制权的一种手段，也可以作为被收购企业的投资者获利退出的一种形式。

新三板挂牌公司并非上市公司，甚至不是公众公司，对这类公司进行的并购，就目前来看仍属于一般企业的并购，只是在操作程序上存在一定的特殊规定，这里，我们根据相关资料、文献和网络信息，归纳整理出一般性并购的形式和动因。

一、一般性并购的形式和动因

（一）企业并购的一般形式

企业并购从行业角度划分，可将其分为以下三类：第一类是横向并购，是指同属于一个产业或行业，或产品处于同一市场的企业之间发生的并购行为。横向并购可以扩大同类产品的生产规模，降低生产成本，消除竞争，提高市场占有率。第二类是纵向并购，是指生产过程或经营环节紧密相关的企业之间的并购行为。纵向并购可以加速生产流程，节约运输、仓储等费用。第三类是混合并购，是指生产和经营彼此没有关联的产品或服务的企业之间的并购行为。混合并购的主要目的是分散经营风险，提高企业的市场适应能力。

按企业并购的付款方式划分，并购可分为以下多种方式：一是用现金购买资产，是指并购公司使用现款购买目标公司绝大部分资产或全部资产，以实现对目标公司的控制。二是用现金购买股票，是指并购公司以现金购买目标公司的大部分或全部股票，以实现对目标公司的控制。三是用股票购买资产，是指并购公司向目标公司发行并购公司自己的股票以交换目标公司的大部分或全部资产。四是用股票交换股票，此种并购方式又称“换股”，一般是并购公司直接向目标公司的股东发行股票以交换目标公司的大部分或全部股票，通常要达到控股的股数。通过这种形式并购，目标公司往往会成为并购公司的子公司。五是债权转股权方式，是指最大债权人在企业无力归还债务时，将债权转为投资，从而取得企业的控制权。我国金融资产管理公司控制的企业大部分为债转股而来，资产管理公司进行阶段性持股，并最终将持有的股权转让变现。六是间接控股，主要是战略投资者通过直接并购上市公司的第一大股东来间接地获得上市公司的控制权。七是承债式并购，是指并购企业以全部承担目标企业债权债务的方式获得目标企业控制权。此类目标企业多为资不抵债，并购企业收购后，注入流动资产或优质资产，使企业扭亏为盈。八是无偿划拨，是指地方政府或主管部门作为国有股的持股单位直接将国有股在国有投资主体之间进行划拨的行为。无偿划拨有助于减少国有企业内部竞争，形成具有国际竞争力的大公司大集团。但这带有极强的政府色彩，在新三板上几乎是不会出现的。

（二）企业并购的一般性动因

企业并购的直接动因有两个：一是最大化现有股东持有股权的市场价值，二是最大化现有管理者的财富。而增加企业价值是实现这两个目的的根本，企业并购的一般性动因体现在以下几方面：（1）获取战略机会并购者的动因之一是要购买未来的发展机会，当一个企业决定扩大其在某一特定行业的经营时，一个重要战略是并购那个行业中的现有企业，而不是依靠自身内部发展。原因在于：第一，直接获得正在经营的发展研究部门，从而获得时间优势，避免了工厂建设延误的时间；第二，减少一个竞争者，并直接获得其在行业中的位置。企业并购的另一战略动因是市场力的运用，两个企业采用统一价格政策，可以使它们得到的收益高于竞争时的收益，大量信息资源可能用于披露战略机会，财会信息可能起到关键作用，如会计收益数据可能用于评价行业内各个企业的盈利能力；可被用于评价行业盈利能力的变化等，这对企业并购十分有意义。（2）发挥协同效应主要来自以下几个领域：在生产领域，可产生规模经济性，可接受新技术，可减少供给短缺的可能性，可充分利用未使用生产能力；在市场及分配领域，同样可产生规模经济性，是进入新市场的途径，扩展现存分布网，增加产品市场控制力；在财务领域，充分利用未使用的税收利益，开发未使用的债务能力；在人事领域，吸收关键的管理技能，使多种研究与开发部门融合。（3）提高管理效率之一是企业现在的管理者以非标准方式经营，当其被更有效率的企业收购后，更替管理者而提高管理效率，当管理者自身利益与现有股东的利益更好地协调时，则可提高管理效率，如采用杠杆购买，现有的管理者的财富构成取决于企业的财务成功，这时管理者集中精力于企业市场价值最大化。此外，如果一个企业兼并另一企业，然后出售部分资产收回全部购买价值，结果以零成本取得剩余资产，使企业从资本市场获益。（4）获得规模效益企业的规模经济是由生产规模经济和管理规模经济两个层次组成的，生产规模经济主要表现在：企业通过并购对生产资本进行补充和调整，达到规模经济的要求，在保持整体产品结构不变的情况下，在各子公司实行专业化生产。管理规模经济主要表现在：由于管理费用可以在更大范围内分摊，使单位产品的管理费用大大减少。可以集中人力、物力和财力致力于新技术、新产品的开发。（5）并购降低进入新行业、新市场的障碍。出于市场竞争压力，企业需要不断强化自身竞争力，开拓新业务领域，降低经营风险，所以有时选择并购其他在新行业、新领域中的成熟企业也是一种很明智的选择。（6）买壳在场内资本市场上市，目前，新三板不存在这种情况。

二、并购的规则和程序

依照新三板的相关规定，园区公司一旦实现挂牌，其所有的股权交易都必须由主办券商代办。相应地，股权收购也就必须在交易系统中完成。而关于资产收购，新三板的试点办法中还没有专门的规定。新三板扩容新规或将专门出台相关重组、并购规则与细则。

根据新三板《试点办法》规定："挂牌公司发生重大资产重组、并购等事项时，应由主办券商进行督导并报协会备案。"这一规定我们有三点理解：一是"并购"包含了股权收购和资产收购的情形，它们都需要在主办券商的督导下进行，并且受到协会的备案监管；二是新三板企业的并购已经在制度层面上得到了认可；三是监管部门除对新三板挂牌公司的并购监管之外，并无其他规则限制，所以，挂牌公司的并购可以包括现金收购、股权置换、间接控股、债券转股、承债式并购等多种形式。

相比一般的股权转让，新三板挂牌企业并购更加看重对挂牌公司的现场调查、行业前景分析所形成的可行性论证。如果收购是可行的，收购方常常会聘请诸如对股权担保，重大资产、劳动关系进行审核的会计师、律师事务所参与评估定价等。

收购分为股权收购和资产收购。挂牌公司的股权收购，实际上是一种特殊的股份转让，操作流程与本章第一节的股份转让流程没有多少区别，一旦特殊股东的股份得以全部解禁，挂牌公司就能够在新三板实现其股份的全流通，股权投资者们即可以通过主办券商代办股份报价转让实现股权收购。除了主办券商的督导和协会的备案，挂牌公司股权收购与一般企业股权收购的不同之处还在于其交易信息的披露程度，股份交易数量、价格、时间等信息都将在信息平台上予以披露。挂牌公司的资产收购过程与一般企业的资产收购较为相似，需要经过资产评估、资产定价、资产交接等程序。与股权收购不同的是，资产收购无须借助主办券商代办，也无须通过交易系统完成，只是在资产价格等方面需要接受主办券商的督导和协会的备案监管。必要时，主办券商还可提请协会暂停挂牌公司的股份交易，避免股价的异常波动。① 另外，挂牌公司的并购还有可能与其定向增资结合，即股权收购的标的是公司的新增股份，如2010年，九恒星公司定向增资450万股，收购深圳思凯公司100%的股权；凯英信业公司通过定向增资1250万股，收购了北京中电亿商公司100%的股权等。

三、并购的价值

企业并购重组，是为了谋求企业经济实力的快速增长，促进企业扩张，同时追求规模经济、取得资金及技术人才。对企业而言，成功的并购重组，能够实现整合价值的再造，使企业实力达到预期或理想的效果。新三板挂牌企业中，九恒星公司成功并购了深圳市思凯科技，使思凯科技成为其100%控股的全资子公司。这一并购有助于“九恒星”利用思凯科技的业务资源，迅速提高市场占有率，增强整体竞争实力和竞争优势，为其未来创造新的盈利增长点，进一步推动公司主营业务的发展。新三板推出至今，市场上不乏成功的并购重组案例，赛迪创新投资认为，企业实施并购重组首先要评估自身的并购能力。要进行一个成功的并购必须对企业的并购能力进行全面的评估，以明确自己可以进行并购交易的规模、范围及各项影响因素，为企业并购决策提供支持。

由于并购重组管理实务性非常强，很难把握，企业并购整合包括资产剥离和资产重组等方面，哪些资产要剥离，哪些资产要转移，人员问题如何处理等问题都非常棘手，尤其是在整合过程中的人员安置问题更加大了并购整合管理的难度。因此企业在并购前要对目标企业进行全面的评估，需要建立起整合的框架结构，这对企业最终并购能否成功十分重要。有些企业选择借助管理咨询机构完成这一阶段的工作，通过专业机构提供的组织机构、经营业务等的整合建议，加速整合进程，减少了企业并购整合的风险。

---

① 北京市道可特律师事务所，道可特投资管理（北京）有限公司编著的《直击新三板》2010年8月版P91－92。

第四节 新三板的投资者与股份转让

从2009年6月以来，中国证券业协会颁布了一系列通知、文件等以规范代办股份转让系统的业务流程、风险提示、业务监管以及投资者资格规则等，以保证系统的良性运转和投资者的利益。

一、新三板的投资者

2009年7月6日起实施的新规中，参与挂牌公司股份报价转让的投资者，可以是下列人员或机构：（1）机构投资者，包括法人、信托、合伙企业等；（2）公司挂牌前的自然人股东；（3）通过定向增资或股权激励持有公司股份的自然人股东；（4）因继承或司法裁决等原因持有公司股份的自然人股东；（5）协会认定的其他投资者。

新三板扩容以后，未来将适度扩大自然人投资者范围，一是取消之前的“挂牌公司自然人股东只能买卖其持股公司股份”的规定，允许自然人股东买卖所有挂牌公司的股份。二是将借鉴股指期货以及创业板的投资者适当性管理经验，设定投资者准入门槛。

二、签订转让委托与风险揭示书

对于推荐主办券商来说，在接受投资者委托前，需充分了解其财务状况和投资需求，可要求提供相关证明资料。如投资者符合要求，推荐主办券商应及时以电话、函件和公告等方式告知投资者协会关于签署《报价转让委托协议书》与《报价转让风险揭示书》（以下简称“两书”）的要求，做好相关解释、服务工作。

对于投资者来说，在签订该协议书前，应认真阅读并签署《股份报价转让特别风险揭示书》，充分理解所揭示的风险，并承诺不进行内幕交易，不操纵市场价格，不以虚假报价或其他违规行为扰乱正常的报价转让秩序，误导他人的投资决策并自行承担投资风险。

签订修订后的“两书”的时间要求（见表11－1）：

表11－1　投资者签署修订后的“两书”的时间要求

<table>
<tr><th></th><th>开户时间</th><th>签署修订后“两书”的时间要求</th></tr>
<tr><td rowspan="3">投资者</td><td>2009年7月6日（含）后新开通报价转让业务</td><td>2009年7月6日（含）开始</td></tr>
<tr><td rowspan="2">2009年7月6日前已开通报价转让业务</td><td>缓期：2009年7月6日至10月6日，未签署，还可继续参与报价转让业务</td></tr>
<tr><td>2009年10月6日（含）后，必须签署才可继续参与报价转让业务</td></tr>
</table>

三、开立账户

（一）开立证券账户

根据相关规则，投资者买卖挂牌公司股份，应持有中国证券登记结算有限责任公司深圳分公司人民币普通股票账户。投资者可通过深圳A股股票账户参与报价转让，这将为未来转板打好账户基础，也是股票账户合并内容之一。境内、境外投资者开立的原股份转让账户，分别与深市A股账户、B股账户合并。合并后原股份转让账户与A股账户、B股账户通用。2009年7月6日后的投资者申请开立交易股份报价系统账户，均为深市A股账户，2009年7月6日之前开户的，根据自愿原则，可以保留40开头的账户，也可以选择与A股账户合并。

休眠A股账户、风险证券公司休眠账户、不合格A股账户，只有在办理相应的激活、规范手续后，方可使用。

投资者开立股份转让账户需提供中华人民共和国居民身份证及复印件，企业法人营业执照或注册登记证书及复印件、法定代表人证明书、法定代表人身份证复印件、法定代表人授权委托书、经办人身份证及复印件等材料。

（二）开立结算账户

根据相关规则，原建行结算账户停止使用，进行股份报价、股份转让的投资者在推荐主办券商处进行账户开办时可以一并办理三方存管资金结算业务。

1. 结算基本原则。新三板扩容试点后，结算制度也将逐步完善。交易结算将实行T+1日以及多边净额担保交收模式，取代之前的逐笔全额非担保交收模式。此外，新结算模式还将引入 T+1 日回转交易机制。新规中将与 A 股类似，将采取 T+1 日结算方式，前一日卖出证券获得的资金，后一交易日便可使用，买入的股份也类似。

2. 股份的托管、存管。投资者持有的非上市公司股份应当托管在推荐主办券商处。初始登记的股份，托管在推荐主办券商处。推荐主办券商应将其所托管的非上市公司股份存管在证券登记结算机构。另外，原投资者在无资格券商处开立有证券账户的，需到有资格的券商处开通资金结算账户，才可进行交易。

投资者办理登记托管手续时，除携带开户所需的资料外，还应提供原证券交易所证券账户卡原件及复印件、股份转让账户卡，并填写非上市公司股份登记托管申请表。主办券商在核查投资者的证券账户、股份转让账户号码、姓名、证件号码及股数无误后，为投资者提供股份登记托管确认单。

四、委托与成交

（一）委托

根据相关规则，投资者的委托分为意向委托、定价委托和成交确认委托。意向委托：投资者委托推荐主办券商按其指定价格和数量买卖股份的意向指令，不具有成交功能。定价委托：投资者委托推荐主办券商按其指定的价格买卖不超过其指定数量股份的指令。成交确认委托：投资者买卖双方达成成交协议，或投资者拟与定价委托成交，委托推荐主办券商以指定价格和数量与指定对手方确认成交的指令。

需注意：意向委托、定价委托和成交确认委托均可撤销，但已经报价系统确认成交的委托不得撤销或变更。委托当日有效。对于“自然人投资者只能买卖其在代办股份转让系统持有或曾持有股份的挂牌公司股份。自然人投资者全部卖出所持挂牌公司股份后，仍可以买入该公司股份”的规则未来肯定会变更。

委托实行电子化报盘，投资者可通过券商客户终端自动报盘。减少人工处理环节，可提高报盘效率，降低差错风险。扩容后，未来或将引入集合竞价机制，开盘集合竞价时间定为当日 9：15—9：25，未产生开盘价的以上一交易日收盘价为准。收盘集合竞价时间设为当日 14：45—15：00，未能产生收盘价的，则以当日最后 15 分钟交易时间所有交易加权平均数为收盘价。

扩容新规或将以 1000 股为单位，申报买入股份数量应当为 1000 股的整数倍。不足 1000 股的股份，可一次性申报卖出。不设涨跌幅限制。

表 11－2　投资者相关要求及情况表

委托种类	委托数量限制	报价单位	委托时间
定价委托 成交确认委托	将调整为：申报数量为 1000 股的整数倍，小于 1000 股须一次性卖出	每股价格最小变动单位：0.01 元	报价券商接受委托：周一至周五报价系统接受申报：9：15— 11：30，13：00—15：00。 法定节假日和其他特殊情况，暂停转让

（二）成交与确认

根据相关规则，投资者拟与定价委托成交的，可委托推荐主办券商进行成交确认申报。另外，应保证有足够的资金（包括交易款项及相关税费）和股份，否则报价系统不予接受。

成交确认申报与定价申报可以部分成交。报价系统收到拟与定价申报成交的成交确认申报后，如系统中无对应的定价申报，该成交确认申报以撤单处理。多笔成交确认申报与一笔定价申报匹配的，按时间优先的原则匹配成交。

报价系统仅对成交约定号、股份代码、买卖价格、股份数量四者完全一致，买卖方向相反，对手方所在报价券商的席位号互相对应的成交确认委托进行配对成交。如买卖双方的成交确认委托中，只要有一项不符合上述要求的，报价系统则不予配对。因此，投资者务必认真填写成交确认委托。

五、交割及信息获取

扩容试点后，结算制度也将进一步完善。交易结算将实行 T＋1 日以及多边净额担保交收模式，取代之前的逐笔全额非担保交收模式。

登记结算机构根据报价系统成交情况，将资金与股份对应划拨到相应的主办券商的账户上去以实现交割。信息获取：

表 11－3　投资者获取账户行情等信息表

账户查询	行情信息	信息披露
查询股份账户余额：推荐主办券商 查询结算账户余额：推荐主办券商	1. 股份报价转让行情系统 http：//bjzr. gfzr. com. cn/“报价和成交信息”栏目 2. 行情软件 3. 推荐主办券商营业场所	

第十三章　新三板运行局势分析

第一节　新三板市场取得阶段性成果

2011年12月2日，九尊能源、航天宏达、赛德丽、大津股份、理想固网、泰诚信6家企业在中关村示范区代办股份报价转让系统集体挂牌，至此，新三板企业规模已突破百家，达到101家。这标志着新三板经过6年试点取得了阶段性成果。

一、挂牌企业呈现高成长性特征

新三板挂牌公司大多属于战略性新兴行业，行业分布主要是电子信息、生物制药、新能源环保、新材料、文化传媒等新兴产业。近年来，据新三板挂牌企业年报和半年报数据显示，大部分公司整体业绩、综合实力均保持稳步增长态势。

据中国证券业协会2012年5月2日发布的《股份报价公司2011年年报主要数据统计表》显示，应披露年报的公司共115家，实际披露114家，2011年平均营业收入为10914万元，同比增加30%；扣除非经常性损益后归属于母公司股东净利润平均为1033万元，同比增长27%。这两项指标的增速均高于A股上市公司。根据上市公司年报数据，A股上市公司去年实现营业总收入224619亿元，同比增长23.27%；实现归属于母公司净利润19267亿元，同比增长13.13%。统计显示，114家披露2011年年报的股份报价公司2011年净资产收益率平均为17.51%，2010年为17.77%。这些公司2011年每股收益平均为0.35元，较2010年的0.36元略有下降。这些数据都不同程度地体现了中关村代办挂牌企业的高成长特性。

二、价值发现功能初显

在实现规模扩张的同时，股份报价转让系统的价值发现功能和高效、低成本、按需融资的优势也初步显现。

一是高效、低成本、按需融资的系统融资功能不断增强。据统计，截至2012年8月初，累计有44家企业完成或启动了52次定向增资，融资额合计22亿元，平均市盈率22倍。对此，有分析人士称，创业企业的发展需要持续不断的创新，从融资需求看，往往一次所需规模较小，但需要高效、持续的融资，有时效率比融资成本还要重要。通过挂牌以“一对多”的方式发现了企业价值，挂牌企业得到了投资机构和主办券商的关注，融资效率得以提高。

二是融资额和市盈率不断创新高。如挂牌新三板的中海阳公司在6个月内即进行了两次定向增资，分别融资1.13亿元和2.12亿元，合计3.25亿元，创出了单个企业单次融资额和融资总额新高。在市盈率方面，联飞翔公司创造的最高39倍市盈率定向增资刚刚完成，就被中海阳公司第二次定向增资的84倍市盈率所打破。

三是多次连续融资，形成良性发展循环。截至目前，已有7家挂牌企业进行了多次定向增资，其中时代科技3次，联飞翔2次，中海阳2次，现代农装2次，九恒星2次。

四是挂牌企业容易获得银行贷款。通过在代办系统挂牌，企业可以建立较为完善的内控体系、规范的财务制度以及持续的信息披露机制，这些信息透明化的方法能够在一定程度上降低银行的贷款风险，如果抵质押物合适，企业可以在较短时间内获得银行的贷款支持。据民生银行透露，2011年，民生银行北京管理部向代办系统挂牌企业提供了很高的主动信用授信额度。目前共有55家代办系统挂牌企业经民生银行审批通过，获得主动授信额度合计5.36亿元，单户企业的综合授信额度从100万元至3000万元不等。

五是通过定向增资的方式进行并购，做大做强。例如，九恒星公司定向增资450万股，收购深圳思凯公司100%的股权；凯英信业公司通过定向增资1250万股，收购了北京中电亿商公司100%的股权。以定向增资为手段进行并购扩张，有利于企业借助资本运作的平台实现快速发展，做大做强。

六是吸引了众多创投及各类机构投资者投资挂牌企业。以2010年为例，机构投资者通过定向增资参与挂牌企业的热情高涨，全年参与定向增资的机构投资者达到44家，投资额4.17亿元，占总融资额的比例超过67%。其中，专业创业投资机构和政府投融资平台均积极参与挂牌企业的增资，如启迪创投参与诺思兰德公司的定向增资，北京中关村发展集团股份有限公司参与凯英信业公司的定向增资。另外，根据2010年年报披露的数据，81家公司中48家挂牌公司前十大流通股股东中有机构客户参与，48家公司中平均机构股东占比为33%。

三、场内市场的孵化器和蓄水池

通过已挂牌公司的资料可看到这类企业的总体特征大致可概括为“三高六新”型初创期中小型企业，“三高六新”是指高增长、高科技、高附加值以及新经济、新农业、新服务、新能源、新材料、新模式。这些初创性使其在公司治理、规范运营等方面存在着中小型私营企业、设立初期的高科技企业的常见问题，如家族企业问题、个人绝对权力问题、重科研轻运营问题、重结果轻规范问题等。而通过挂牌这一历程和后续的持续监督促进了挂牌公司建立现代企业制度、完善法人治理结构，提升了企业品牌价值，增强了企业的创新能力。使挂牌公司具备了更强的责任感和自我约束意识。挂牌后企业资产总量增加，资产营运效率提高，偿债能力增强，盈利能力显著提升。这些都表明股份报价转让系统促进了试点企业的规范管理和健康发展。

北京北陆药业股份有限公司就是一个从新三板成功转板创业板，实现跨越发展的一个例子。北陆药业在新三板挂牌后，一直按照要求规范运作，不断完善公司治理、严格履行信息披露义务，在挂牌期间北陆药业执行定期公告、临时公告、会议通知等信息披露43次，2009年，创业板正式启动，北陆药业即积极着手准备创业板上市工作。由于具有新三板磨炼的经历，北陆药业从确定募投项目，尽职调查、环境评价及环境核查，到获取立项文件及相关行政批文，编制招股书等，在较短时间内完成了上市前的一切准备工作。2009年10月30日，北陆药业作为首批28家创业板企业成功上市，也有幸成为首家由新三板成功转型为创业板的公司。

目前，新三板挂牌公司中的久其软件已在中小板上市，北陆药业、世纪瑞尔、佳讯飞鸿、紫光华宇已在创业板上市。根据挂牌企业 2010 年报表数据分析，还有 36 家企业符合创业板上市财务要求，其中净利润在 3000 万元以上的公司有 10 家，还有多家企业等候发审或在股东会层面达成上市共识。另外，中关村企业进行改制和到代办系统挂牌的积极性正在逐步提高，根据统计，中关村非上市股份有限公司 400 多家，正在改制及拟改制企业 500 多家，这为推动新一批公司挂牌和已挂牌公司转板储备了丰富的后备企业资源。

近年来，推动多层次资本市场建设始终是监管层工作的重心。无疑，新三板将迎来更广阔的发展平台。未来新三板的发展应在试点原则及试点推动方式上，从以控制风险为主转向控制风险与提高效率并重，从初期以政府推动为主转向以市场机制推动为主，进一步提高企业、券商和投资者等的参与效益和积极性。

第二节　中小企业挂牌新三板的利和弊

目前，我国场内市场包括主板、中小板和创业板等都对拟上市企业在主体资格、公司治理、股本规模以及财务方面等提出了较高的要求，一般的中小企业是不能满足这样的要求的。新三板虽然为科技型中小企业提供了一条融资渠道，发展空间巨大，但是，从目前现状来看，其规模、融资效力、运行效率等都是有限的。所以，这也使得很多中小企业对于是否在新三板市场挂牌犹豫不决。现对中小型企业挂牌新三板的利弊作一个分析。

一、十一大好处

科技型中小企业挂牌新三板，可以在企业的规范运营、按需融资和价值发现等方面带来益处，具体有：

1. 企业形象提升和品牌的塑造。企业在新三板挂牌意味着企业进入了资本市场，也标志着企业走向了规范化运作，同时还体现了企业的整体实力和发展前景，对于高新技术企业来说，这些无疑都将对企业形象的提升有所帮助，并进而对企业的品牌建设、市场背景和人力资源建设产生积极的推动作用。

2. 有利于企业建立现代企业制度，规范企业运作、完善法人治理结构，在促进企业健康发展的同时，为后期资本运营打下基础。中小科技企业挂牌新三板市场后，需要按照上市公司的基本要求进行持续信息披露，有利于企业不断完善治理结构，提升规范运作水平，为企业后期转入创业板、中小企业板市场打下坚实的基础。

3. 有利于企业建立归属明晰、权责明确、保护严格、流转顺畅的现代产权制度，增强自主创新能力。

4. 股份流动性增强。企业挂牌新三板后，将吸引更多投资者的关注，也将带来更多投资者的选择；挂牌后的信息披露，将使得企业的经营状况有更高的曝光度，也将增强投资者购买其股份的可能性；交易系统完成的股份交割，将使股份交易的安全性得到保障，也将大大提高投资者的操作效率。这些因素将共同促进挂牌企业股份的流动性。

5. 融资更为便利。实现挂牌的园区企业，首先能够通过新三板实现定向增资。中小科技企业挂牌新三板市场后，由于股票具有了较好的流动性和定价机制，将会吸引一些风险投资及私募基金的关注，大大增加该企业定向增发的价格空间。在新三板市场挂牌，可降低信息沟通成本。规范和透明的经营信息可为定价提供公允基础，便于企业进行一对多的接触和谈判，扩大投资者范围，引入竞价机制。另外，新三板市场的成交记录为增发定价提供了向下的价格刚性，有助于提升溢价空间，增发价格可在公允价值和市场价格之间议定。其次在其他方面的融资也将因为其信用等级的提升而更为便利。例如，挂牌企业可以在银行的间接融资中得到更高的授信额度，可以通过发行集合债券的方式获直接融资，可以基于其公开的挂牌股价，而在股权质押时融得更多资金，还可以通过其公开披露的经营状况获得更多的战略性投资。显然，借助新三板的品牌效应，挂牌公司将在市场融资上得到更多的信任。

6. 实现员工激励。挂牌后的园区公司，其经营状况将直接体现在挂牌股价上，形成一定的公众效应，对普通员工形成激励。而对于持股的高级管理人员，则可将公司利益和个人利益形成捆绑，使得经营层更加关注公司业绩，激发管理人员的工作热情；这种公众化的员工激励，将为公司和员工带来双重效益。

7. 获得政策支持。在新三板试点的中关村，为鼓励园区企业挂牌新三板，中关村管委会给予挂牌成功的企业很多政策性支持，不但在资金上给予企业补贴，而且在信息服务、办事程序等多个方面均有支持。

8. 随着以上好处的实现和影响，企业发展所需要的技术、市场、人才等资源要素也随之而来。

9. 有利于企业吸收风险资本投入，引入战略投资者，进行资本并购与重组等资本运作。

10. 可以促进试点企业尽快达到中小企业板和主板上市公司的要求，代办股份转让系统将成为高新技术企业的孵化器。

11. 随着未来新三板市场的发展，场外市场“转板”机制的形成，企业达到主板上市条件的就有可能实现直接转至主板上市发行股票。不再经过类似 IPO 般的审核，而由深交所负责审核直接转板，用最短时间及最高效率实现转板。随着股份报价转让系统功能的进一步完善，加强相关制度的建设，如借鉴国外成熟市场转板机制的建设，实行做市商等多种交易制度，将会进一步推动股份报价转让市场的发展，在实现“将代办系统建设成为全国性的、统一监管下的非上市公众公司和高科技公司股份报价转让平台”后，将发展成为我国多层次资本市场的重要组成部分。

二、九大弊处

新三板为企业带来很多好处的同时，也存在一些需要挂牌公司规范和适应的“消极”影响，主要表现在：

1. 挂牌新三板意味着进入资本市场，必然要面临金融风险，需要适应资本市场的游戏规则，承担股价波动带来的市场风险等。

2. 市场交易规模小，流动性差。目前在报价转让系统挂牌的公司主要以中关村科技园区的高科技公司为主。由于参与者主要为机构投资者，其市场交易规模小，流动性差。

3. 挂牌新三板意味着企业的曝光度提升了，必然面临来自各方面的监控，这些监控有来自监管机构的，证券协会的、主办券商的，投资者的，甚至包括来自社会公众的舆论监督，这种监督尤其体现在信息披露上，挂牌公司必须公开披露公司的经营状况和重大事项，并承担真实、准确披露的责任。

4. 挂牌公司不仅要处理好与原始股东的关系，还要处理好与一般投资者的关系，公司股份实现流通后，企业的经营决策将会直接影响投资者的判断，如果处理不当，将会直接影响挂牌公司的股价。

5. 信息公开给企业经营管理带来压力，同时可能会给企业的债权人、客户和代理商带来心理影响。企业挂牌新三板市场后，作为准公众公司，公司的经营状况、法人治理结构、内部控制制度需按规定进行公开披露，而且这些信息今后将直接影响到该企业股票在创业板或中小企业板的发行和上市，这必将给企业的经营管理带来压力。一方面，管理层要确保经营业绩至少符合今后在创业板发行股票的最低要求；另一方面，基于规范管理的要求，企业在财务数据上进行调控的可能性会减少。由于拟挂牌新三板市场的中小科技企业一般成立时间较短，而且在成立后的前几年研发投入较大，经营业绩也会较差，所以拟公开的财务状况就不会很好。这些状况随着信息的公开会如实地暴露给企业的债权人、客户和代理商，不佳的财务状况可能会影响到这些利益相关者对企业及企业产品的信心，从而影响到该企业的融资和产品销售。

6. 挂牌企业每年将因为股份转让增加一些费用开支，包括信息披露费用、中介服务费用、股份交易费用、定向增资费用等。当然，这些费用相比企业因此所得的积极效益，是必要且适当的。

7. 股票交易会带来股东人数的增加及不确定性，为以后在创业板或中小企业板发行股票和上市增加变数。企业股票在新三板市场挂牌后，势必会带来股票的交易。股票交易会使企业股东人数增加，而这些在新三板市场购买股票新增加的股东，其股东资料有可能难以查找，股东也难以联系，这必将给企业今后在创业板或中小企业板发行股票和上市增加不确定性。

8. 减少企业在创业板或中小企业板 IPO 时的灵活性。企业在新三板市场挂牌后，财务报告、经营状况等都要进行公开披露，这些公开出去的信息是无法更改的，这就减少了企业今后在创业板或中小企业板 IPO 时的灵活性。企业如果不在新三板挂牌，在 IPO 时，大多数企业会和保荐人、会计师事务所等中介机构就前几年的相关问题进行协商调整，并进行一定程度的包装，这样就更具灵活性。

9. 优秀人才把股票卖出后离开企业。挂牌新三板市场给企业股票的持有者提供了转让渠道，而企业的管理和技术核心人才往往在中小科技企业持有股份，在新三板市场卖出股票后，企业对这些核心人才的吸引力将降低。另外，由于企业已经把股票卖出，即使核心人才不离开企业，在创业板和中小企业板上市已不能给他们带来巨额收益，也就难以有效调动他们工作的积极性。更有甚者，面对未在三板卖出股票者在创业板或中小企业板上市获取的巨大收益，有可能会给这些已将股票卖出者带来巨大的心理失衡，从而影响其工作和生活，给企业今后的创业板或中小企业板上市工作带来不利影响。

总体而言，新三板为园区企业带来的积极效益是非常显著的。随着体系结构和管理制度的不断完善，我国新三板市场的未来发展必将为中小企业的发展提供有力的支持。由此看来，新三板无疑正在成为带动园区高新技术型企业蓬勃发展的推动器。

第三节　四大业务促使券商新三板跑马圈地

伴随着新三板“扩容”日渐明朗，新三板的企业资源也成为券商争抢的筹码。对于券商来说，通过新三板市场，他们可以开展四个方面的业务。

一、券商的四大业务模式

对于新三板，券商有四种盈利模式。第一，进行类似投资银行的业务，即中小企业在投行指导下改制，进行尽职调查，并报给相关机构，经过一定的流程，推向市场，挂牌交易。此项业务基本只是成本费，一笔收入在 100 万元左右。第二，引入做市商制度后，券商可以通过做市赚差价，先买进，按溢价卖出。第三，券商以直投方式投资企业，然后通过退出机制获利。第四，挂牌企业需要发行股票、发行债券、转办、兼并收购、场外市场借壳，也是券商业务。

虽然要从新三板市场盈利，可能是 2—3 年之后的事，但是，新三板市场的前景广阔，必然为早知早觉者带来丰厚的回报。

在以上四大业务模式中，做市商制度和操作或成为新的盈利点。对于大多数券商而言，做市商制度或将推动一项新业务的开展。如果新三板市值达到 1000 亿元，比照台湾兴柜市场 30% 的换手率，一年成交额将在 300 亿元左右，以美国 OTCBB 9.9% 的有效价差计算，主办券商的做市价差收入也可以达到 30 亿元。

不过，做市商制度的设立依然面临着一些顾虑，例如，由于报价都由券商给出，外界普遍担心存在内幕交易。不过，随着场外市场制度建设的不断落实，更多的券商参与竞争性的做市报价以及主办券商持仓比例的上下限限制以及有效监管制度的建立和实施，将可以起到遏制做市商内幕交易的作用。

另外，据证监会统计数据显示，从2008年以来，截至2012年3月底，新三板企业合计成交金额仅为18.68亿，近1/3的企业从没在新三板上交易过。在这其中，很重要的一个原因便是参与者身份的限制。2009年7月6日，中国证券业协会发布《证券公司代办股份转让系统中关村科技园区非上市股份有限公司股份报价转让试点办法暂行》及相关配套规则，其中第一条便规定了投资者将仅限于机构投资者，包括法人、信托、合伙制企业等。从目前情况来看，向资产规模在500万元以上的自然人开放的可能性比较大。

二、券商跑马圈地新三板

从2006年到2010年上半年主办券商只有10家左右，看来，这之前的券商对新三板业务并不太看重。但从2010年的下半年开始，主办券商开始大规模获批，到2012年3月底达到61家，主办券商大规模的获批和入场，也为新三板的扩容做了充分的准备。

之前为什么不看重这一块业务，存在两方面原因，首先主办券商有一定的门槛和资格限制，不是所有的券商都符合条件；其次这一块业务很难盈利，项目很烦琐，基本上和投行的发行项目做差不多强度的工作，需要花费很大精力，但是收益却千差万别。

第一批具备主办券商资格的证券公司只有6家，中信、海通、国信、申银万国等都属于第一批主办券商。由于参与时间早，而且第一批的主办券商都是比较大的券商，所以现在新三板的市场份额基本被第一批主办券商所瓜分，新进券商业务拓展相对困难。但是，也有例外，西部证券2007年才介入新三板，到目前为止已经与申银万国、国信证券两家证券公司一起成为拥有挂牌企业主办券商资格的前三甲，数量仅比老牌的国信证券少一家，即10家企业。

新三板市场到2012年3月31日为止，共有挂牌公司110家，在代办业务中，申银万国遥遥领先，是28家挂牌企业的主办券商，其次是国信证券11家，西部证券10家，广发证券8家，上海证券7家。前五名券商拥有63%的挂牌公司的主办券商资格，而剩下的47%份额由26家券商享有。可见，券商在新三板业务的争夺中，先入为主和高度重视更能圈得地盘。

不过，各大券商在“圈地”运动中，竞争是非常激烈的。其中类似投资银行业务，即中小企业在投行指导下改制，进行尽职调查，并报给相关机构，经过一定的流程推向市场并挂牌交易的业务收费，越来越低，很多竟低于80万元的程度，这几乎就是券商的成本价格。不过，随着新三板市场的发展，其他三方面的业务，特别是做市商业务或许能创造券商最大的盈利机会。

第四节　以战略眼光布局新三板衍生业务

如何有效挖掘新三板业务盈利空间，是考验券商综合投研实力的磨刀石。面对潜在盈利市场的诱惑，各大实力券商纷纷行动起来，通过构建人才高地、积极储备项目以从战略上布局新三板市场，力求为新三板未来的衍生业务发掘出更大的空间做准备。

一、战略眼光布局未来

新三板试行6年，目前共有121家挂牌企业。不过相比国内1000多万家中小企业的总量、6万多家分布于88家高新技术园区中的中小高新技术企业来说，现有市场容量只是杯水车薪。由于门槛较低，新三板未来规模会比较大，股权挂牌公司预计会有5000—10 000家，市值在达到5000亿—10 000亿元。尽管对企业财务指标没有硬性要求，但随着市场的放大，会有企业排队等待，最后会在收入、利润方面有一定的财务门槛。目前创业板股票已超过300只，市值高达近8000亿元，中小板市值近3万亿元。新三板与其并非同一体量，因此不必担心新三板推出后，将对中小盘、创业板股票形成冲击。

针对新三板潜在容量和价值，各大相关券商纷纷展现出战略的眼光，这从他们的市场及业务布局，便能发现这一事实。正如国泰场外市场部总经理王大力所说的那样：不以利小而不为，我们一直都用放眼未来的战略眼光来布局新三板的业务。

目前，业内盈利的主办券商非常有限，这也造成很多券商在推进新三板业务时较为急功近利。但是，国泰君安自2001年就开始从事代办股份转让业务，虽然最初仅限于“两网公司”和退市公司，但并不因“利小”而不为，始终坚守这块业务。它们的目光并不局限于把挂牌推荐上的盈利作为追逐的目标，而是要将目光放在各项衍生业务上。显然，新三板未来将要推出做市商制度，才是考验券商定价、估值等综合性的投研实力。据介绍，国泰君安新三板未来业务发展结构为总部各业务部门提供专业融资、转板、做市、自营、直投、资管等全面优质的后续服务，形成高效、专业、协同的新三板产业链，推进公司新三板业务的快速拓展。当然，新三板的衍生业务也包括：如有客户愿意投资新三板，券商相关部门也可开发相应的理财产品；对于企业转板，公司直投、投行都可以介入；等等。

截至2011年7月，国泰君安共完成中关村园区推荐挂牌项目3家，定向增资4次；完成其他高新园区企业的尽职调查10余家，与13家企业签订了财务顾问协议，同时与北京、上海、厦门、成都、西安、武汉、长春等多家高新科技园区签订了战略合作协议。

二、构建人才高地

各大券商，都在为未来新三板的盛宴储备和培养专业人才队伍，希望通过构建人才高地来最大化地实现新三板的战略布局和业务拓展。比如，申银万国从一开始就把新三板业务作为一个重点业务来拓展，早在新三板市场试点开始不久就配备人员超过30人，而那时的国泰君安只有4名新三板人员。到2011年7月，国泰君安已组建了一支近20人的专业化业务团队，团队下设推荐挂牌组和做市交易两大组，其中行业研究员、律师和注册会计师占比达3/4，从业年限均在3年以上。又比如目前的西部证券，2008年才开始组建新三板团队，目前业务人员已达到80名，其中行业研究员、律师和注册会计师各占到1/3，人才优势明显。

这些机构和新三板专业或业务人士，都一直抱着梦想在做事。他们坚信未来新三板在资本市场上将会有非常不错的发展前景，因此非常热衷于做新三板市场的研究和业务项目的开发。同时，各大相关券商，则为这些对新三板有着追求的团队和人才提供了一个很好的发挥平台。

西部证券自2008年开始专注于新三板业务，他们带着使命感和责任感来认识这项业务。自从组建新三板业务团队以来，他们从选择基础制度理论的研究开始，对新三板业务的运营形态、业务模式、交易架构、内控机制、项目审核等诸多理论基础做了系统研究，并与台湾地区具有三板业务成熟经验的大型机构建立了互访机制，并签订了战略合作协议。

在人才培养上，各大券商大多以内部培养为主，比如国泰君安将内部培养摆在了第一位，绝大部分团队成员均为应届毕业硕士生。他们认为，吸纳新锐力量，目前绩效激励上暂时不能与投行相比较，但是随着未来业务空间的拓展，相应的激励也会跟上。国泰君安开创了“奔跑才能生存”的绩效考核与流动机制，也就是说只要员工“跑出业绩”，收入可能比原来翻倍。此外，每年两次的培训，通过针对性的专题培训，让业务人员在工作之余时时有充电机会。

三、积极储备项目

针对目前的新三板市场，各大券商都在区域或全国范围内，积极地推动项目的储备，比如西部证券，将新三板业务团队分为后台支持系统、综合业务部、项目控制、内核小组等单元，并将内核小组纳入投行总部。在严格控制项目质量的情况下，储备项目超过60个，其中已经挂牌的项目达10余家企业。

按照监管层的政策，新三板未来选择园区试点范围时，将把园区内已申报企业的家数作为重要参考。因此，目前88家国家级高新园区多数已动员园区内的企业积极进行材料申报。尽管如此，一些园区内的企业对于新三板项目的申报仍心存顾虑。

实际上，我国的三板市场基本上不具有融资功能，仅有少数企业能够在挂牌前进行少量的定向募资，而挂牌时并没有增量的发行，亦即没有融资，却要向外支付一定数目的挂牌费用等，费用总额在100万—200万元之间。园区内大部分企业由于规模较小，盈利能力暂时较差，且现金流不够稳定，申请挂牌的积极性还不高。公司一般建议园区给予有挂牌意向的企业一定的财政补贴，并对申请挂牌成功的企业进行奖励。对于支持力度大的园区而言，企业所获的补贴和奖励基本上能够覆盖其挂牌所需的费用，甚至还略有盈余。

四、打造新三板产业链

券商新三板业务的最主要问题在于产业链不完整。目前，企业在新三板挂牌不能发行新股进行融资，仅有挂牌功能，券商也因此只有财务顾问业务。而企业挂牌前的融资属于私募股权融资，券商从中获益甚微。另外，由于新三板交易不活跃，券商佣金收入也非常有限。不过，国外成熟市场经验表明，新三板业务未来的前景仍值得期待。首先，企业挂牌之前融资渠道有望扩展，券商可以收取一部分费用；其次，券商直投公司有望投资三板挂牌企业，并在三板市场顺利退出，或者等待转板；最后，随着新三板业务试点园区扩容和投资者门槛下降，券商该项业务将开始产生规模效益，并有望贡献不菲的交易佣金。此外，做市商还可以给券商贡献差价收益。

目前，大多数证券在严格把控新三板项目质量的同时，正在积极研究延伸新三板业务线，致力于为挂牌企业提供终身保荐，因为新三板业务不仅仅是挂牌的问题和挂牌后的风险问题，还包括持续的资源储备问题。比如说西部证券新三板业务团队早些时候已经和台湾地区机构就大陆的做市商制度进行了探讨。目前，西部证券正着手研究技术系统的开发和升级方案，并在探讨部门之间的协同和组织架构的改变。

不过，短期内推出做市商制度的难度较大。此外，做市商机制在技术层面也需要突破，包括券商的技术系统必须完成升级，且与交易所系统实现无缝对接。

第五节 VC/PE“围猎”新三板

创投私募“围猎”新三板的战斗几年前就打响了。机构投资者已经成为新三板市场中的重要成员，据统计，到2011年11月底共有73家机构投资者成为新三板公司的股东，其中大部分是投资机构。

一、逐鹿定向增资

2006年10月25日，在新三板挂牌的中科软和北京时代正式公告定向增资，标志着市场期待已久的新三板融资大门正式打开。随后，新三板的定向增发在每年放行1—2家的速度上缓慢试行。但是，到了2010年，与创业板发行“三高”的火爆局面相呼应的是，新三板定向增发迎来井喷。

这种井喷的现象与VC/PE等机构热情高涨是分不开的，随着机构投资者的参与，新三板企业的融资额也不断创新高。2010年联飞翔一年之内两度融资，年初融资3340万元，增发价每股3.2元，市盈率达22.86倍，半年后其再次定向增发，增发价已达每股5.5元，市盈率39倍。深交所公开信息显示，一些企业经过多次融资，已经形成了良性循环，目前已实现多次定向增资的新三板企业包括时代科技3次，联飞翔2次，中海阳2次，现代农装2次，九恒星2次等。

2008年现代农装公布了定向增资方案，方案显示公司定向增资拟认购对象有7家为新增机构投资者，其中4家属于创业投资企业。此前诺思兰德、中海阳、建工华创等新三板公司定向增资对象也有半数为创投私募。2010年联飞翔第二次增资中的机构有4个：北京施雨科投资拟认购不超过150万股，成都恒利捷物资拟认购不超过150万股，广州永吉投资拟认购不超过90万股，上海嘉程信息拟认购不超过60万股。2011年以来新三板定增次数和金额均继续呈跨越增长态势。数据显示，2011年年初至11月底提出定向增发计划的15家新三板公司中，已经有12家公司的定向增发获得VC/PE投资机构的青睐。其中不乏启迪中海创投、上海复星创富股权投资基金、浙江天堂硅谷晨曦创投、启明创投等一级市场知名PE机构。其中，启迪中海创投和上海复星创富股权投资基金以每股10.15元的价格参与海鑫科金（430021）定增，对应市盈率达15.15倍；而浙江天堂硅谷晨曦创投则以每股7.49元持有工控网（430063）133.5万股，市盈率高达22.7倍。截至11月已有11家公司完成定向增发，总融资为6.32亿元；而2011年同期共9家公司完成10次定增，总融资4.38亿元。2012年3月30日，新三板公司国学时代发布定向增发公告，拟向部分员工及3家机构投资者以每股10元的价格，发行1000万股，折合静态市盈率为83倍，再度刷新新三板定增最高市盈率纪录。这三家机构投资者分别为：北京圣隆园林工程有限责任公司拟认购不超过10万股，北京康为恒信科技有限公司拟认购不超过30万股，广州金蟾软件研发中心有限公司拟认购不超过50万股。

表13－1　活跃机构投资者参与定向增发情况表（截至2011年11月）

机构投资者	参与定向增发次数	作为新股东参与次数
上海天一投资咨询发展有限公司	5	3
杭州若禹经济信息咨询有限公司	5	0
成都恒利捷物资有限公司	4	3

续表

机构投资者	参与定向增发次数	作为新股东参与次数
北京慧识金投资咨询有限公司	4	2
上海汇银广场科技创业园有限公司	3	1
上海昌瑞钢铁有限公司	3	2
启迪中海创业投资有限公司	3	2

（注：表格内容来源于北京市宝盈律师事务所《新三板市场数据分析报告》2011 年 12 月）

由此，我们可以看出，几乎每家定向增资的公司中，都不乏 VC（创投）、PE（私募）的身影出现，据中国证券业协会的统计数据，2006—2009 年，参与新三板定向增资的机构为 28 家，平均每年约 7 家。2010 年则有超过 44 名机构投资者参与了新三板的定向增资，投资额为 4. 17 亿元，占总融资额的比例超过 67%。进入 2011 年，机构参与新三板定向增资的热情有增无减。

参与定向增发的投资客均似为新三板而来，颇为“专一”。纳爱斯浙江投资曾参与现代农装、东宝亿通等公司定向增发；启迪中海创投则先后参与世纪瑞尔、联飞翔的定向增资，这两家机构在主板则鲜有动作。一家名为成都恒利捷物资的公司，也在最近数次新三板公司定向增发中出现，这家名不见经传的公司此前在资本市场无迹可寻。

二、大佬“抢滩”

投资新三板定向增发的众多机构投资者中，“出镜率”最高的非上海天一莫属。公开信息显示，上海天一注册资本为 1000 万元，法定代表人刘龙九。作为股市“大佬”阚治东的多年老友兼合作伙伴，刘龙九亦曾是中国证券市场风云人物。其曾任申银万国证券江苏管理总部、浙江管理总部的总经理，是国内最早从事证券行业的专业人士之一。刘现为东方现代产业投资管理有限公司高级副总裁（下称“东方现代”）、上海奥锐万嘉创业投资有限公司（下称“奥锐万嘉”）副总裁及上海天一法定代表人，阚治东正是东方现代总裁及奥锐万嘉董事长。

截至目前，上海天一投资的新三板企业达 5 家。其中，上海天一是联飞翔（430037）的原始股东，而对东宝亿通（430044）的投资则是最新一例，增资尚未完成。其中，2008 年投资的合纵科技（430018）则应该会让其颇感欣慰，由于创业板 IPO 申请已获证监会受理，合纵科技最近的交易均价已达 9.8 元/股。而其参与定向增发的价格为 3 元/股，持股 200 万股，即便在三板退出也可获利两倍以上。上海天一投资的另一家新三板企业是现代农装（430010），其于 2008 年以 5.5 元/股参与定向增资，认购 288 万股，该股最近的交易均价为 6 元/股，账面略有浮盈。在现代农装是次定向增发中，阚治东担任董事长的奥锐万嘉与上海天一均参与认购，其认购 200 万股，这是阚治东与刘龙九唯一共同出面参与投资的新三板企业。

值得一提的是，二位大佬参与投资的新三板企业，其主办券商均为申银万国。参与新三板定向增资的机构投资者主要是券商搭桥找来的，而且机构投资者很看重券商的能力和信誉，对于他们信任的券商主办的公司增资，他们才会投。据统计，申银万国代办股份转让部主办了新三板公司历年共计 18 次定向增发中的 8 次，是唯一在新三板业务板块有盈利的券商。

三、转板诱惑

相对于其他创业企业来讲，新三板公司的快速转板是最大的诱惑。中关村股份报价转让系统挂牌公司转板情况统计显示，到 2012 年 9 月，新三板的北陆药业、世纪瑞尔、佳讯飞鸿、紫光华宇、久其软件、博晖创新和东土科技等 7 家企业已经成功转板，另有近 20 家公司已经明确表示准备转板。一旦转板成功，原三板公司的所有股东，都将作为原始股东分享 IPO 盛宴，其投资将会产生几倍甚至十几倍的巨额回报。

资料显示，启迪中海于 2006 年 11 月通过股份报价转让系统以 3.23—5.28 元成交区间价多次买入世纪瑞尔股票，2009 年启迪中海、启迪明德又同时以每股 4.35 元参与该公司定向增资。通过二级市场买入和定向增资，启迪中海、启迪明德分别成为世纪瑞尔上市创业板前的第四大、第十大原始股东（启迪中海、启迪明德都是启迪创投管理的私募股权创投基金）。2010 年年底，世纪瑞尔成功登陆创业板，发行价 32.99 元/股，发行市盈率 105.4 倍。启迪创投赚得盆满钵满。

新三板公司挂牌前经过了一定的审查，公司治理等各方面更健全，更干净，且公司信息更透明，在新三板挂牌又有一些流动性，因此机构十分看好新三板。

四、市盈率不断被推高

在新三板的挂牌企业中，启迪创投、上海天一投资咨询发展有限公司、北京慧识金投资咨询有限公司、台州颐和投资顾问有限公司等也多次出现在新三板公司的原始股东名单和增资名单中。此外，成都恒利捷物资有限公司虽经营范围为金属材料（不含稀贵金属）、化工原料（不含危险品）等，在资本市场无迹可寻，却在中海阳、东宝亿通、联飞翔、现代农装等定向增资中频频现身。其对新三板的青睐程度可见一斑。

在创投“围猎”新三板公司的同时，投资市盈率也在不断推高。现在投资新三板公司的 PE 已经猛升到 20—40 倍。数据显示，现代农装摊薄的静态市盈率约为 20 倍；联飞翔 22.86 倍；建工华创定向增资摊薄后的静态市盈率冲高至 38 倍；2010 年 8 月 24 日“联飞翔”发布的增资方案中，对应 2009 年的摊薄市盈率达到 39 倍；而中海阳公司在 2010 年第二次定向增资中创造了 57.3 倍市盈率，更有国学时代于 2012 年 3 月 30 日增发静态市盈率达到 83 倍。

从总体上来看，历史年份中 15 倍左右的市盈率已经较为罕见，而如今大多数企业的增资市盈率早已悄然提高到 20—40 倍。2010 年上半年，新三板定向增资平均市盈率为 23.4 倍，新参与定向增资的机构投资者达 23 家，其中部分备受机构关注的“新三板”企业市盈率更是一日千里，而入股的 VC/PE 机构的投资意图则明显锁定了“新三板”企业 IPO。

针对新三板公司的高市盈率增资，不少创投也开始担忧。毕竟在一级市场上市盈率一般在 12 倍左右。与其他公司相比，新三板公司提供了流动性，可以作为一个退出渠道，在一定程度上可以抬高市盈率。但即便如此也不能掩饰目前新三板公司的泡沫。

从新三板融资市盈率来看，已经远超中国 A 股市场的平均 16.9 倍的市盈率、美国纳斯达克约 20 倍的市盈率、新加坡 7 倍的市盈率，所以成为 VC/PE 投资退出的一条较好渠道。当然，随着新三板扩容，以后 VC/PE 围猎的对象就不仅限于中关村，也包括全国的科技园区企业。

第四篇
股权市场与场外实践

第十四章　天津 OTC 市场

第一节　天津市 OTC 市场概述

天津股权交易所是在当时发展环渤海湾经济区的国家政策与我国场外市场建设的摸索政策相结合的产物，其建立、发展与经验的积累对我国多层次资本市场的建设及区域经济发展具有重要的意义。

一、简况

天津股权交易所（以下简称"天交所"）是我国第一个全国性的 OTC 市场，即第一个全国性非上市公众公司股权交易、融资以及私募股权交易市场。它是经天津市政府批准，由天津产权交易中心、天津开创投资有限公司等机构于 2008 年 9 月共同发起组建的公司制交易所，在天津滨海新区注册营业。

主要业务是为成长企业、中小企业、高新技术企业和私募基金提供快捷、高效、低成本的股权融资和股权交易的平台，企业可以借助天交所市场平台，熟悉资本市场规则，完善公司治理，改善经营管理，积累企业信用，实现快速成长。

二、金融背景与形成原因

普遍认为：随着我国改革开放的发展，以长三角、珠三角、环渤海湾、成渝经济圈为代表的城市群经济跨区域战略逐渐组成了中国区域经济发展的四极。其中的环渤海湾经济圈位于我国版图的咽喉之上，向东可直通东北三省，向西可横贯中国的整个大西北，沿海而下，可连通“黄河、长江、珠江”三个经济三角洲，向内地纵横，直抵首都北京，河北与中原大地。其经济性的地理位置，在2004年后，似乎才被政府逐渐看重起来：各类政策的倾斜，各种重大经济、金融变革举措，接踵而来。显然，环渤海湾经济圈的核心和引擎城市就是天津。

到目前为止，天津累计注册的股权投资基金和创业风险投资企业近千家，成为我国股权投资基金相对集中的城市；全市基本形成了以银行、保险、证券基金、租赁、保理、财务公司等总部为主体，包括信托、证券、期货、服务外包等各类金融机构在内的多层次、多元化、开放型金融机构体系；先后成立天津股权交易所和滨海国际股权交易所，为基金与企业提供投融资信息等服务，探索基金退出渠道；成立排放权交易所，进行排放权交易综合试点，探索开展主要污染物有偿使用与交易；开展经常项目外汇账户改革，提高企业经常项目外汇账户限额至100%，有序地放开滨海新区企业集团外汇资金集中管理和运作。

天津市《滨海新区综合配套改革试验总体方案》正式下发后，2008年3月，天津获国务院批复建设“全国性非上市公众公司股权交易市场”。起初天津市上报国务院有关部门的“OTC市场筹建专项方案”中，向国家有关部门上报了三种OTC市场筹建的预案。第一种是以中国证监会为主导制定相关建设方案，天津市组织配合承办；第二种是在天津市产权交易中心的“非上市股份公司的股权托管系统”基础上，加以改造形成OTC的框架；而第三种是天津市与北京中关村的“非上市股份公司股权代办转让系统”联合构建起全国性OTC市场。在国务院批复天津建立全国性OTC市场的两个工作日后的3

月24日，中国证监会对外宣布，已收到中央机构编制委员会办公室的批复，同意在证监会设立非上市公众公司监管部。新成立的非上市公众公司监管部将积极推动出台统一的有关非上市公众公司股票发行及监管规定，将非上市公众公司监管切实纳入法制轨道。这也为OTC市场的筹建明确了相应的监管机构。

在此之后不久的5月4日，天津市政府就以津政办函〔2008〕19号文的形式，批准天津产权交易中心发起建设“两高两非（即高科技、高成长性、非上市非公众股份公司）”股权和私募基金份额交易市场，并将之纳入天津金融改革创新20项重点工作和2008年金融改革创新10项重点工作的重中之重。同国务院关于“要为在天津滨海设立全国性非上市公众公司股权交易市场创造条件”的批复暗合。

三、目标定位与业务范畴

天津股权交易所充分运用国家给予的政策优势，借鉴国内外先进的金融理念、技术和管理经验，从“两高两非”公司（即高科技高成长性、非上市非公众股份公司）股权和私募基金份额两产品交易起步，通过市场组织、交易产品、交易制度、交易形式等方面进行分阶段、分层次创新，逐步建成包括多层次、多品种、多交易方式、面向全国的统一市场体系，构筑中国多层次资本市场体系的重要基础层次。

业务主要包括：（1）为高科技高成长性、非上市非公众股份公司（即两高两非）提供股权融资；（2）为“两高两非”公司股权提供交易平台；（3）为私募基金提供融资；（4）为私募基金份额提供交易平台。除上述业务外，天交所正在积极探索的业务还包括：非上市公众公司股权交易、企业债券交易、理财产品交易和信托产品交易等。

四、基本功能与经营现状

基本功能主要表现在五个方面：（1）融资功能：为成长型企业、中小企业和高新技术企业以及私募基金提供快捷、高效、低成本融资；（2）投资功能：为投资者提供具有较高投资价值的多交易品种，提供畅通便捷的进入与退出通道；（3）交易功能：为“两高两非”公司股权、私募基金份额提供挂牌交易平台，通过独特电子交易系统，形成较强的市场定价能力；（4）规范功能：建立适用于中小型企业的信息披露制度和市场信用体系，增加挂牌企业的透明度，提高市场效率，降低市场风险。（5）孵化筛选功能：通过市场融资、交易和规范的信息披露，持续、贴身的高品质服务和管理，促进挂牌公司熟悉资本市场规则，完善公司治理结构，形成合理发展战略，提升核心竞争能力，实现快速成长，并通过市场化的筛选机制，源源不断地为主板市场、中小企业板市场、创业板市场和境外证券交易所筛选和输送优质成熟的上市后备企业。

天津股权交易所从开业至2012年11月，共有来自山东、河北、湖南、山西、吉林、河南等23个省市的215家企业在交易所挂牌交易，市场总市值超过215亿元，为挂牌企业实现股权私募融资额累计达30亿元，注册做市商99家，注册投资人达1.58万人。

在滨海新区“先行先试”的政策环境下，天交所在企业融资、市场结构、交易制度等方面进行了一系列创新。天交所“小额、多次、快速、低成本”的股权私募融资模式，每次可为企业实现股权直接融资1000万—3000万元、一年可多次私募发行、每次私募发行在2—3个月内完成、企业融资成本仅是企业在公开市场融资成本的1/5－1/3，受到广大中小企业、创新型企业热烈欢迎。

第二节　天津OTC的运营特色

天津OTC广泛吸收国际发达国家场外市场建设的经验和取得的成就，并根据中国的实际情况，在充分研究国内实体经济、金融和资本市场的状况和内在联系的基础上，大胆开拓、勇于创新，目前形成了完整而具有特色的市场体系、交易体系、注册制度、融资服务与市场监管体系等。根据天交所披露的相关制度规范，信息资料，整理并给予解读。

一、市场架构

双层次多板块市场体系：

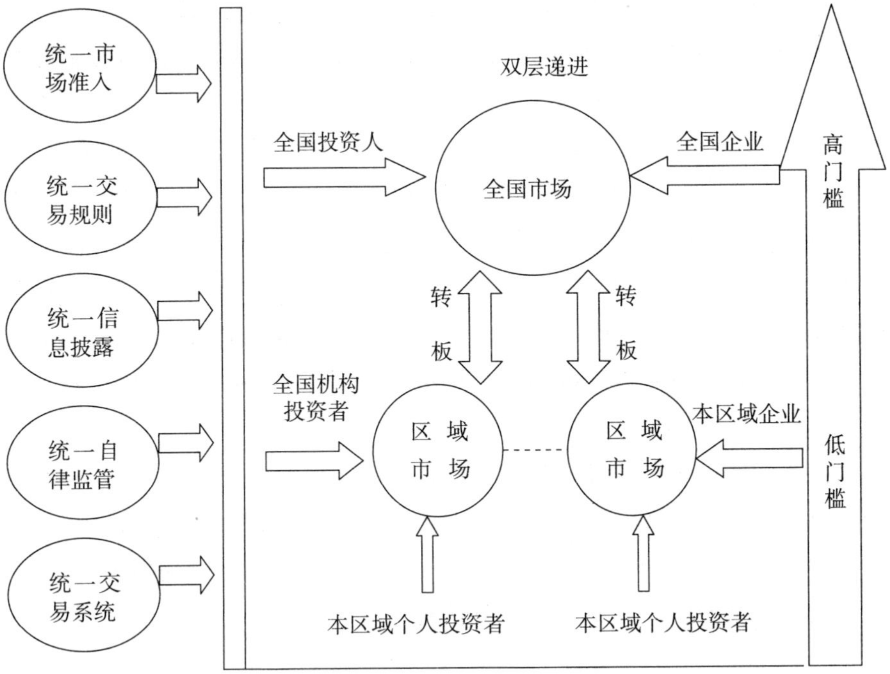

图 14－1 天津 OTC 统一制度下的双层次递进式市场结构模式

（注：根据天交所披露的相关资料信息整理）

天津 OTC 采取双层次递进式市场结构，第一层次为面向全国企业与投资人的全国市场，第二层次为面向区域内企业、区域内自然人以及全国投资机构的区域市场。在“五个统一”制度下，天交所正在组建覆盖全国的多层次场外交易市场体系。

（1）“五个统一”制度下包含全国市场和区域市场的“双层次递进式结构”。（2）五个统一：统一准入标准、统一交易规则、统一交易系统、统一信息披露、统一自律监管。（3）针对不同类型企业设立的传统版、科技创新板、矿业板的多板块组合。

二、交易制度与交易系统

天津 OTC 天采取做市商双向报价为主、集合竞价与协商定价相结合的混合型交易制度（与 1997 年以前 NASDAQ 制度基本相同）。既有利于发挥做市商制度强大的定价功能，提高流动性，稳定市场，又避免传统做市商制度缺陷，形成了对做市商的制衡机制，合理定价，保护投资者利益。

（1）“做市商双向报价＋集合竞价＋协议转让”的混合交易模式；（2）第三方存管银行：资金实行第三方存管，保证资金安全性；（3）交易时间：开盘集合竞价：9：15—9：25；做市商做市前报价：9：25—9：30；做市商双向报价：9：30—11：30，13：00—14：00；第二次集合竞价：14：00—14：15；投资人协商定价：14：15—15：00。

天津OTC制定并完善了公司股权交易规则、保荐制度、合格投资人制度、登记托管制度等，开发了交易软件系统、交易清算系统和交易专用网站，形成了较为完备的交易软件系统体系。实现了在线申请注册、信息披露、在线咨询、网上交易、交易资金管理、股权交割、清算等功能。

（1）天交所采用全电子化交易平台，可以在天交所网站上注册获得合格投资人权限后，从天交所网站下载交易软件，即可在交易时间进行股权交易；（2）网上信息发布；（3）实时报价；（4）在线交易；（5）交易保证金第三方存管；（6）资金网上清算和股权自动交割。

三、注册制度与融资模式

天津OTC注册制度：（1）在天交所执业的保荐人、做市商以及各中介机构必须符合天交所的规定条件，经天交所认定注册，并接受天交所的培训、考核和管理；（2）做市商注册制度（传统做市商双向报价制度）；（3）保荐人注册制度（终身保荐）；（4）合格投资人注册制度（非公开市场）；（5）专业中介服务机构注册制度。

天津OTC的融资模式：“小额、多次、快速、低成本”：（1）“小额”是指根据中小企业对资金需求的特点而设计的，企业一次定向私募融资为1000万—3000万元；（2）“多次”是指企业可根据需要，一年内多次私募融资；（3）“快速”是指从项目启动到实现挂牌（含定向私募）平均时间为3个月左右；（4）“低成本”是指企业挂牌融资的全部费用不到公开市场的1/5；挂牌融资总成本一般在100万元左右。

四、全程服务与市场监管

服务：（1）项目经理负责制，为企业和中介机构提供贴身服务；（2）全流程审核：天交所审核，保证项目进度和规范；专家审核，对企业的挂牌申报文件进行全面审核，保护投资者利益。

监管：（1）规范信息披露：①首次融资挂牌：审计报告、律师意见书、保荐意见、金融机构监管备案意见；②持续信息披露：年报、半年报和重大事项报告等；（2）规范股东会、董事会、监事会制度；（3）规范分配制度：现金分红、转增股份；（4）构建市场化筛选机制：优质指标体系与公开评选制度。

第三节　天津 OTC 企业挂牌条件和流程

天津 OTC 市场，针对中小型企业的股权交易挂牌业务，分为传统板块、科技创业板和矿业版三个板块，每个板块有不同条件。根据天交所公开披露的相关制度及规则等对企业在天津 OTC 市场上挂牌的条件及流程进行一个梳理。

一、挂牌条件

（一）挂牌企业须具备的基本条件

（1）依法注册的股份有限公司，规范经营不少于 1 年；（2）公司主营业务完整、突出，具有活跃、持续的经营业务记录，资产经营状况良好；（3）公司治理结构健全，核心高级管理人员稳定，内部管理控制制度完善；（4）最近两个会计年度内无违反法律、法规行为，无不良信用记录；（5）不存在任何可能严重影响公司资产和业务的法律诉讼案件，或有负债等事件；（6）取得至少一个在交易所注册，具有保荐资格的机构在尽职调查后出具的保荐意见书；（7）取得至少有一个在天交所注册，具有资格的做市商承诺为其提供双向报价做市服务；（8）公司任一股东持股最小数量不低于公司总股本的 1/200；（9）监管机构和交易机构要求的其他条件。

（二）各版块的具体条件

对于传统板块：天交所传统板块针对传统型中小型企业，根据企业规模和盈利能力不同分为全国市场和区域市场。

1. 全国市场的条件：依法设立且持续经营两年以上的股份有限公司；最近两年连续盈利；最近两年净利润累计不少于1000万元（或最近一年净利润不少于500万元，最近一年营业收入不少于5000万元）；最近一期末净资产不少于2000万元，且不存在未弥补亏损；公司股本总额不少于1000万元。

2. 区域市场的条件：依法注册的股份有限公司，经营时间不少于1年；最近两年净利润累计不少于500万元；最近一期末净资产不少于500万元；公司股本总额不少于500万元。

3. 科技创新板的条件：科技创新板是天交所与浙江清华长三角研究院共同建设的针对“两高六新”企业的市场板块。科技创新板也有全国市场和区域市场之分。

对于全国市场，挂牌企业条件：持续经营时间应在2年以上；高科技或创新型企业；管理团队及核心技术人员中，应有3名以上具有丰富的行业从业经历；股本总额、净资产均不少于1000万元；最近一年营业收入增长率不低于20%；满足以下两种情况之一：（1）最近两年连续盈利，最近两年税后净利润累计不少于500万元；（2）最近一年税后净利润不少于300万元，营业收入不少于2000万元；战略投资者对企业投资额不少于500万元。由天交所注册保荐机构出具2名以上行业专家签字的“企业创新成长报告”。

对于区域市场，挂牌企业条件：持续经营时间应在1年以上；高科技或创新型企业；管理团队及核心技术人员中，应有3名以上具有丰富的行业从业经历；股本总额、净资产均不少于500万元；满足以下三种情况之一：（1）最近一年主要产品毛利率不低于40%，最近两年营业收入累计不少于1000万元，并且持续增长；（2）最近一年税后净利润不少于100万元，净资产收益率不低于15%；（3）最近两年连续盈利，税后净利润增长率不低于30%；公司经营管理计划显示，未来两年公司营业收入与净利润将持续增长；战略投资者对企业投资额不少于100万元。由天交所注册保荐机构出具、2名以上行业专家签字的“企业创新成长报告”，区域市场挂牌企业应披露企业出具、保荐机构签字认可的“企业经营管理计划”。

另外，天交所还设有矿业板。天交所矿业板目前只针对生产型矿业类企业开放全国市场，挂牌条件除行业类型外，其他与普通板全国市场相同。挂牌企业条件：依法设立且持续经营2年以上的股份有限公司；生产型矿业类企业；最近两年连续盈利；最近两年净利润累计不少于1000万元（或最近一年净利润不少于500万元，最近一年营业收入不少于5000万元）；最近一期末净资产不少于2000万元，且不存在未弥补亏损；股本总额不少于1000万元。

（三）挂牌公司办理股权登记托管应提交文件

（1）股权登记托管申请表；（2）公司设立有关文件，包括但不限于股东出资协议、验资报告、章程等；（3）公司营业执照复印件（加盖公章）；（4）公司签发的股权凭证和股东名册。股东名册（含电子数据）应当包括以下内容：公司股权总额、股东姓名或名称、持股数量、身份证号码或工商营业执照号码；（5）经在天交所注册、取得资格的会计师事务所出具的最近两年、最近一期审计报告；设立不足两年的，提供最近一年和最近一期审计报告；（6）公司自成立起的股本变动情况和分红情况；（7）登记托管部门要求的其他文件。

（四）申请股权挂牌交易提交的资料

（1）股权挂牌交易申请书；（2）申请股权挂牌交易的董事会和股东大会决议；（3）公司设立相关文件；（4）营业执照复印件（加盖公章）；（5）公司法定代表人身份证明文件；（6）在天交所注册、取得资格的会计师事务所出具的公司最近2年和最近一期审计报告；若设立不足2年，提交上一年和最近一期审计报告；（7）全部股份登记托管的证明文件；（8）关于董事、监事和高管人员持股情况说明和《董事、监事、高管人员声明及承诺书》；（9）按照有关规定编制的股权挂牌交易说明书；（10）在天交所注册、取得资格的律师事务所出具的法律意见书；（11）在天交所注册、取得资格的保荐人出具的挂牌交易保荐书；保荐人与挂牌公司签订的保荐协议书；（12）在天交所注册、取得资格的做市商出具的做市承诺书；做市商与挂牌公司签订的做市协议书；（13）公司签发的股东名册，股东身份有效证明文件或自然人身份证。股东名册（电子数据）应当包括以下内容：公司股份总额、股东姓名和名称、持股数量、身份证号（或工商营业执照号码）；（14）天交所需要的其他文件。

二、挂牌申请流程

企业挂牌项目从开始直到实现挂牌主要经历项目筛选、项目启动、改制私募、挂牌申报，审核备案和企业挂牌6个阶段。从项目启动到企业挂牌平均需3个月左右的时间。

挂牌企业申请挂牌的流程如下：

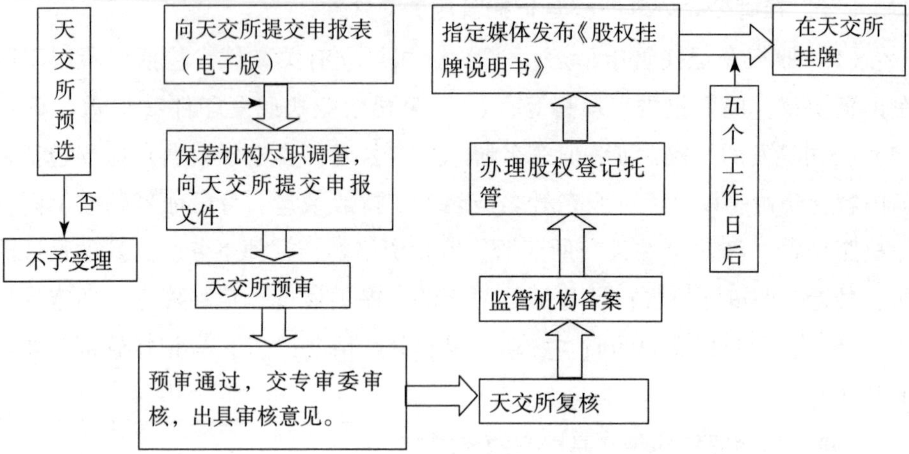

图14－2　天津股权交易所企业申请挂牌流程图

（注：根据天交所披露的相关信息资料、制度规则等整理）

项目筛选（含储备）：拟挂牌企业向天交所提交企业基本信息（企业登记表和展现企业介绍PPT两个文件）需时约1周。

项目启动（含做市商、保荐机构等对接）：（1）没有确定保荐机构和做市商的企业，天交所投资服务部负责组织对接做市商；（2）企业聘请在天交所注册的服务机构进行初步尽职调查，完成项目启动工作文件。需时约2周。

改制私募（含私募）：（1）非股份制企业，需改制成股份有限公司；（2）通过天交所私募的，天交所投资服务部负责组织推介活动。需时约5周。

挂牌申报：（1）保荐机构组织律师事务所、会计师事务所，制作挂牌申报文件；（2）当地金融主管部门出具关于公司申请到天交所挂牌交易备案意见书。需时约2周。

审核备案：1. 企业向天交所申报材料，经天交所预审（主要由项目管理部预审和业务管控中心内审，需20个工作日）、专家审核委员会审核并出具审核意见，天交所终审复核（大概需10个工作日），复核通过后报天津市金融办备案（需5个工作日）。需时约5周。

企业挂牌：（1）办理股权登记托管后，在指定的媒体上发布《股权挂牌说明书》；（2）天交所网站分层披露拟挂牌企业信息；（3）企业负责人参加企业挂牌敲锣仪式，企业正式挂牌。需时约1周。

第四节　挂牌申请的法律障碍和风险防范

根据天交所披露的关于拟挂牌企业在股份制改造、主营业务要求、公司治理、关联交易及财务管理等方面的法律障碍、风险防范相关的文件、制度、规则和要求等整理，归纳，主要内容如下：

一、股份制改造中的障碍风险

非上市公众公司的股份制改造，包括但不限于改制前的产权界定、股权调整、资产审计、评估、内部决策会议的召开等程序，需要草拟包括三会决议、发起人协议、公司章程和议事规则等法律文件。建议改制单位选聘恰当的保荐机构或在天交所有资格的律师事务所、会计师事务所和资产评估事务所等，不仅要应对于天交所这样的场外市场挂牌，更要着眼于公司未来的发展。律师事务所会本着使非上市公众公司的股本设置、股权结构合法有效，产权清晰、明确，不存在法律障碍的原则予以处理，同时应重点关注有限责任公司的设立、出资资产的财产权转移、国有和集体资产的产权界定和历次股权变动等涉及股东权益的事项，做重点核查，保证其合法、合规、真实、有效；如存在问题，应及时协调非上市公众公司和中介结构予以妥善处理，避免因股份制改造不规范而影响公司挂牌交易。

二、主营业务的要求

公司的主营业务与控股股东、实际控制人及其控制的其他企业是否从事或投资相同、类似业务，这一点很重要。天交所以及主板、二板市场均要求股份公司资产完整，业务及人员、财务、机构独立，具有完整的业务体系和直接面向市场独立经营的能力。与控股股东、实际控制人及其控制的其他企业不存在同业竞争，以避免严重影响公司的独立性，损害社会公众股东，尤其是中小股东的合法权益。因此，作为保荐机构或服务的律师事务所，需要取得上述有关各方的书面承诺、并进行核查；核查后，如发现违反上述情况的出现，应予以协助相关各方对该业务进行规范、清理，再行确定主营业务。

天交所要求申请挂牌的公司，其主营业务完整（近两个完整年度未发生变更）、突出，具有活跃、持续的经营业务记录，资产状况良好，这就要求非上市公众公司确定主营业务时，应符合国家发展和改革委员会修订的《产业结构调整指导目录》（2011 年版）的要求，符合国家产业政策及环境保护政策，力求与募投资金所投资产业的价值取向相一致。

拟挂牌公司主营业务是否符合国家产业政策及环境保护政策，对此的核查很重要。因为，经济发展趋势是淘汰能耗高、污染重、二氧化碳排放强度高的落后产业，这也是天交所以及主板二板市场的要求，这是保证拟挂牌企业能否在挂牌后融得到资金并保持经营、创新持续性的重要基础和内容。保荐机构或律师事务所核查此项事宜时，还应征求当地发展和改革委员会、行业协会和保荐机构等相关第三方的意见，它涉及拟挂牌公司是否能够充分了解到其行业地位或所处行业的经营环境是否将发生重大变化，是否需要调整经营模式、产品或服务的品种结构，募集资金的投入是否能够得到合理预期的回报，其最终将影响挂牌公司的持续盈利能力等事项。如果拟挂牌公司不符合国家产业政策及环境保护政策的要求，应建议公司相应调整业务范围，暂缓挂牌，符合条件后再行申请挂牌交易，以免公司被列入限制类或淘汰类产业，造成不必要的经济损失。

三、关联交易法律风险和障碍

天交所要求申报挂牌的公司出具律师工作报告和法律意见书时，应对关联交易有充分、完整的披露。这是根据公司法二十一条的规定而制定的，即公司的控股股东、实际控制人、董事、监事、高级管理人员不得利用其关联关系损害公司利益。这就要求保荐机构或律师事务所的律师要核查公司关联交易是否公允，是否存在损害挂牌公司及其他股东利益的情况，是否已采取必要措施对其他股东的利益进行保护，并应取得相关各方的承诺；如认为确有必要的，可要求审计机构出具相应的专项鉴证报告，以保证关联交易的充分披露和公允性。

四、沿革确认及治理内控机制是否健全

拟挂牌申请公司被要求：发起人持有的本公司股份，自公司成立之日起一年内不得转让。公司公开发行股份前已发行的股份，自公司股票在证券交易所上市交易之日起一年内不得转让。同时还被要求：公司申请挂牌交易，应取得地级市发展与改革委员会的同意，并对其历史沿革进行确认。保荐机构或律师事务所的律师在此确认过程中，应协助公司做好与发展和改革委员会的解释、沟通工作，尽可能地节约时间和资源，守法证明的取得亦同。

保荐机构应当保证拟申请挂牌公司依法建立、健全股东大会、董事会、监事会以及独立董事、审计委员会、总经理工作制度等其他制度，并通过法律讲座、制度学习等方面使相关机构和人员能够依法、依制度履行相关职责；在条件允许的前提下，可通过保荐机构出具律师见证、出具法律意见书等形式监督规范非上市公众公司的治理结构。同时，应协同审计机构监督非上市公众公司健全企业内部控制制度且被有效执行，能够合理保证公司财务报告的可靠性、生产经营的合法性、营运的效率与效果等。

五、机构、财务设置的独立性

多年来，由于中国市场经济运作制度的不规范与企业运行规则的不健全，部分公司特别是中小微型企业组织架构不健全，一人多职的现象很多。这就要求保荐机构进行对公司尽职调查时，应建议拟申请挂牌公司从董事会、高级管理人员的组成、企业人员的聘任等方面予以规范，尤其关注是否存在财务人员兼职；并建议其通过股东会、董事会和监事会的决策制度、程序，合法、合规的对非上市公众公司进行控制。

第五节　对挂牌企业的作用和意义

天交所挂牌，对企业主要有以下作用和意义。

一、融入资本市场并抵御金融风险

场外市场是场内市场的孵化场和蓄水池，在场外市场挂牌的公司将会逐步熟悉资本市场的交易规则、披露规则，规范内部控制制度，严格资金管理制度等游戏规则。这样的公司一旦进入场内市场后，将会很快适应主板、二板市场的资本运营要求，有效抵御相关的市场金融风险。

二、规范管理和提升企业形象

天交所挂牌是一个规范企业经营的过程；保荐机构进行后续规范督导服务；天交所对企业实行持续监管服务。

天交所挂牌的公司，要求建立完善的法人治理结构和健全的股东会、董事会、监事会和独立董事制度，合理配置公司治理机关的职责和权利，完善内部管控体系等。完善的法人治理结构，将会有效地约束公司控股股东、董事、高级管理人员的行为，从而维护股东、特别是中小股东的利益。这是一方面。另一方面，挂牌公司在交易的过程中，将会按照天交所的运营、披露制度等继续接受市场、行业规则的约束，将会更加规范公司股东、管理层等的行为，提升公司综合管理水平。

另外，还可以提高企业在全国的知名度；可以让更多投资人了解企业的情况，方便企业融资和实现战略性发展；得到当地政府的关注和支持，也会得到媒体的关注，能够有力提升企业在政府和客户中的形象。

三、团队稳定和公司的持续运营

天交所的挂牌公司的一条重要标准就是核心高级管理人员的稳定。这将更加有利于推动挂牌公司持续、快速、稳定发展。公司核心高级管理人员的稳定至少提供三方面的信息：一是公司向心力强、团队协作；二是公司经营良好，市场前景可期；三是公司具有较好涵盖责权利的激励约束机制。

四、规范公司的交易行为

天交所的挂牌交易，满足非上市股份公司股东、债权人和社会第三人对信息公开的需求，在一定程度上弥补了物权法未规定非上市公众公司股份质权的设定及对抗效力的欠缺，规范了非上市公众公司股份出质的担保行为。

五、合理定价和改善融资环境

通过挂牌交易，企业股权取得市场公允的合理定价。同时，企业还可以获得融资的机会有：第一次私募融资；后续增发和配股募集资金；通过股权质押贷款或股权质押反担保贷款；获得银行授信额度的提高，增强企业贷款融资能力。

第十五章　保荐机构、投资者与中介机构

第一节　保荐机构条件及注册

一、保荐机构概念

在天交所，保荐机构是一个很重要的角色，一家企业要想在天交所挂牌，必须要有保荐机构的推荐。保荐机构的职责就是协助挂牌申请人进行挂牌申请，负责对申请人的有关文件作出仔细地审核和披露并承担相应的责任。保

荐机构在公开、公平、公正、规范、自愿的原则下在天交所核准的范围内从事业务，不得擅自超越业务范围、业务权限。

二、保荐机构注册条件

（一）机构资格

（1）在天交所注册取得做市商资格，可取得为拟股权交易企业提供保荐资格；（2）银行、证券、信投、资产管理企业或信托基金等；（3）具有较高行业自律水平的社团法人；（4）取得天交所特许资格的市场专业服务机构。

（二）机构条件

（1）具有较强的投资价值研究分析能力；（2）通过证券从业资格考试（证券基础知识和任何一门专业知识）的专业人员不少于5名，其中，至少有1名通过《证券承销与发行》、1名通过《证券交易》、1名通过《证券投资分析》、1名通过《证券投资基金》考试；（3）通过司法从业人员执业资格考试、注册会计师执业资格考试专业人员至少各1人；（4）具有培育、指导企业成长或向资本市场输送优秀企业的良好业绩记录；（5）具有专门部门和专业人员对保荐挂牌企业信息披露和合规经营进行督导，具有健全的督导管理制度。

三、保荐机构注册指引

（一）提交的文件

（1）保荐机构注册申报表；（2）申报保荐机构营业执照（副本复印件）或其他机构登记文件（复印件）；（3）申报保荐机构最新公司章程或合伙人协议；（4）申报保荐机构股东（大）会和董事会关于申报注册保荐机构资格的决议或合伙人会议关于申报保荐机构资格的决议。（5）申报机构董事、监事、高级管理人员和主要股东情况的履历或合伙企业合伙人履历；（6）申报保荐机构应设立保荐业务部门和内核部门。每个部门的人员姓名及分工，岗位设置，决策机制，信息沟通，监督管理等（人员姓名及简历）。申报保荐机构的保荐业务部门制定的挂牌前保荐制度和挂牌后持续督导制度。申报保荐机构的内核部门制定的内核部门工作制度。（7）申报保荐机构督导保荐企业进行信息披露相关制度；(8) 申报保荐机构督导保荐业务部门职责及人员配置方案；(9) 申报保荐机构专业人员简历和从业资格证明文件；(10) 申报保荐机构在企业培育、指导、督导等方面业务能力的证明文件；(11) 申报保荐机构成立一年的，提供最近一期的财务报表；申报保机构成立不足一年的，提供验资报告；(12) 申报保荐机构成立满 2 年的，提供“申报前 2 年无违法和重大违规行为说明书”，申报保荐机构成立不足 2 年的，提供“无违法和重大违规行为说明书”；(13) 申报保荐机构法定代表人签字的承诺函；(14) 天交所要求提交的其他文件。

(二) 申报资料及要求

(1) 所有的证明材料必须加盖公章；(2) 所有的复印件必须注明“与原件一致”并加盖公章；(3) 业务能力证明材料需要罗列相关案例，并作简要说明；(4) 保荐业务部门职责和持续督导服务制度应包含以下内容：人员分工，岗位设置，决策机制，信息沟通，监督管理等。

四、保荐机构注册流程

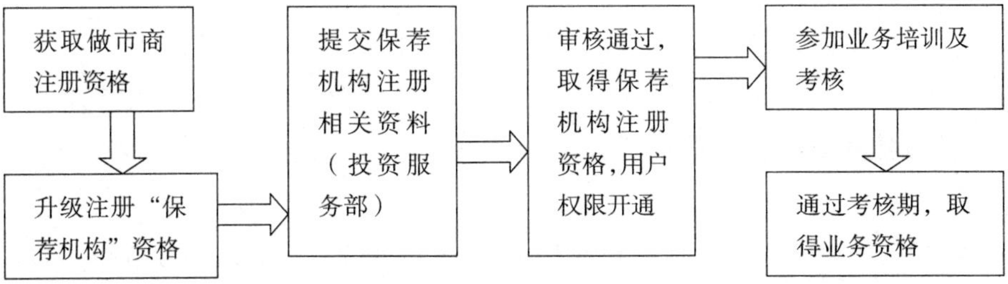

图 15－1　保荐机构注册流程图

第二节　保荐机构的业务操作

保荐机构的业务操作主要有协助拟挂牌公司进行股改，组织私募等投资机构进行股权交易，主导拟挂牌公司的挂牌事宜，对挂牌公司履行终身督导等业务。看来，保荐机构组织或参与了挂牌公司从有意向挂牌到挂牌期间几乎各个方面的工作。当然，保荐机构也理所当然地会从被保荐企业获得保荐费用收入及后续的督导服务费用等。根据天交所关于保荐机构相关的制度规则，文件要求等整理归纳，内容如下：

一、项目筛选与启动

由天交所或保荐机构收集潜在挂牌企业项目信息，在这些信息中对初步符合条件也有意向挂牌的企业，分发填制相关的推介表，协助企业制作相关的 PPT，进行项目筛选，对筛选出的项目进行现场考察，进行初评。

根据初评的结果，按照企业、保荐机构的双向选择情况等确定拟挂牌企业与保荐机构的服务与被服务关系，签订意向协议书，初步展开尽职调查和制订工作方案。工作要点有初步尽职调报告、操作方案、做市预案、培训计划与持续督导计划等。其中的尽职调查，保荐机构组织有关人员实地了解拟挂牌企业的情况，包括（但不限于）拟挂牌企业的经营管理状况、财务资产状况及分红派息状况、股权结构、人事组织结构、各项制度等。必须委派专门人员负责与甲方联系，及时了解拟挂牌企业的挂牌申报准备工作情况，协助拟挂牌企业解决有关挂牌申报工作中的问题。

二、私募组织与协调

如拟挂牌企业需要，保荐机构应以私募顾问的身份协助甲方进行符合法律法规的规定和天交所要求的私募融资，并将私募融资情况及时报告至天交所。同时对于保荐机构提供的用于私募和挂牌申报的各种资料，拟挂牌企业负有保密责任。

保荐机构的工作流程为：尽职调查—工作成果—申请文件（私募预案、私募说明书、审计报告）报审—推介路演（时间、地点、形式）—询价定价—打款与验资—总结与报备。

工作要点：严格按天交所规则和程序操作，方案经由交易所评审；推介方式符合规定；充分利用天交所平台及天交所私募系统，多方开发和培育投资人资源；募集对象和人数（做市商持股 2.5%—30%）；询价路演要同股同价，路演整个过程要认真策划、进行；为拟挂牌企业进行相关宣传策划指导，宣传要实在而高效等。

三、申报挂牌交易的文件制作

协助拟挂牌企业编写挂牌申报文件和资料，编制符合有关监管部门和天津股权交易所要求的挂牌交易保荐意见和挂牌交易说明书。以审慎态度核查拟挂牌企业所聘请的会计师事务所、律师事务所制作的审计报告和法律意见书。负责沟通、协调拟挂牌企业与天津股权交易所间关系，及时听取天津股权交易所对拟挂牌企业所报材料的意见和要求，进行必要的修改和补充。

流程：尽职调查（企业资料搜集、外部资料搜集、企业访谈、市场调研、独立判断和分析、天交所文件格式等）—文件制作—通稿。

工作要点：保荐人、做市商、律师、会计师等要明确，资料搜集与分析要简洁和条理清晰，文件模板要规范，各类组织与协调工作要有条理、细致和高效，对保荐人、做市商、律师、会计师的培训要到位（主要是通过天交所展开培训），要与天交所随时保持沟通等。

四、审核与备案

挂牌交易申报文件专家交由天交所审核委员会审核、终审，申报文件修订；备案文件准备，提交监管部门备案等。工作要点：专审委会议审核要会前准备、现场答辩、集体表决，内核、审核的要点清晰明了等。

五、挂牌与持续督导

挂牌活动包括挂牌信息披露，首日定价与报盘，协助会议组织持续服务等内容。

持续督导：从拟挂牌企业股权获准挂牌之日起至挂牌存续期结束，持续为拟挂牌企业提供以下咨询服务：（1）不定期安排专人向甲方介绍天津股权交易所情况，包括近期走势、重大事件等；（2）随时答复拟挂牌企业提出的股权交易市场情况的咨询，尽可能提供拟挂牌企业所需的资料；（3）不定期对拟挂牌企业高管人员进行资本市场和公司规范运营知识培训；（4）向拟挂牌企业提供有关甲方股权的专题分析报告，包括股权在天津股权交易所的表现、走势等；（5）督导拟挂牌企业按照天津股权交易所要求及时披露公司重大信息和经营业绩报告；（6）如果交易所有重大事件发生，例如新政策法规、新动向、新股权挂牌、股价剧变等，应及时向拟挂牌企业通报。

另外，拟挂牌企业在其股权挂牌保荐工作中，应承担以下责任和义务：（1）无保留地向乙方提供其股权挂牌所需的资料和情况，并对其真实性、准确性和完整性承担责任；（2）指定专门人员积极配合乙方工作，提供必要的工作条件；（3）保证自最近的审计评估报告基准日至完成挂牌工作的期间内，甲方及其附属公司机构的资产财务、资信状况无发生重大不利于挂牌工作的影响和变化；（4）保证在重大的诉讼或仲裁方面，甲方及其附属公司机构在近期内无发生不利于挂牌工作的重大不利影响和变化。

第三节　保荐机构管理及评价考核

根据《天津股权交易所保荐机构管理暂行办法》及其他相关制度、规则等，天交所对报价机构实行动态管理，注册机构需要参加天交所组织的业务培训，通过准入考核、遵守天交所有关管理要求，对违反天交所规定的机构将会采取警告、约谈、暂停资格、取消资格等方式进行处理。

一、项目筛选与启动

保荐机构要加强拟挂牌企业、天交所等与沟通，遵守天交所的相关制度，按照业务流程办事，加强业务人员培训及履行业务报告制度等。

二、合作协议与业务承接

保荐机构要按照原则和天交所的各项规定签订合同、备案，其工作方案、保荐协议等须经天交所审阅。

新进保荐机构不可同时运作 2 家以上企业，运作过 5 家以上企业的保荐机构在人员充足的基础上可以同时运作最多 3 家企业，其中要与做市业务相结合。

三、费用收取与相关培训

本着降低拟挂牌企业的综合成本为目的，不多收费、乱收费；收费备案制；挂牌前私募不收融资费；挂牌后增发天交所统一收费、分配；注重长远考虑、业务的持续发展。

在接触拟挂牌企业之前机构的董事长、总经理或业务主管人员必须参加由天交所统一组织的相关业务培训，同时参加天交所统一组织的考试并得分在75分以上，如未参加培训且未参加统一考试自行推荐企业者，天交所不予受理；在从事业务之前，申请机构自身要组织对从业人员的培训并提交培训及考核记录至天交所投资服务部，未经培训的人员不得从事保荐业务；在为拟挂牌企业进行运作的过程中，接受天交所业务主管副总、派出项目经理现场培训；在新运作的企业挂牌前，参加天交所组织的有关后续持续督导及实盘操作工作方面的专项培训；自我持续培训：申请机构需要对自身从业人员进行不定期的培训，培训报告提交至天交所投资服务部。

四、业务的连续性与考核期

在完成上一家企业的保荐挂牌工作后到新业务的开展间隔不超过3个月，若超过3个月则开展新保荐业务资格自动中止，需重新提交申报注册资料再次进入考核期。

考核期以3个月和6个月为时间节点：如在申请后3个月内没有开展保荐业务，需向天交所提交未参与业务说明；如在申请后6个月内未能成功保荐一家企业挂牌，则保荐机构资格中止，半年后重新申报重新进入考核期；如在6个月内参与保荐业务，但是专审委对所保荐企业出具了“有条件通过”的审核意见，则6个月内暂停开展新的业务，之后重新进入考核期；如6个月内有成功保荐企业挂牌案例且专审委对所保荐企业未出具“有条件通过”的审核意见，则通过考核。

五、监督管理

若机构在注册过程中以及从事业务过程中，天交所发现有来自社会各界的对该机构的负面报道，则会通知机构中止申请或所从事的保荐业务，同时通知机构提交相关的书面文件对其负面报道进行说明，天交所有权视情况决定机构是否继续从事保荐业务。

天交所投资服务部将对保荐机构专业人员的在职真实性进行不定期的抽查，保荐机构专业人员不再满足天交所注册条件的，保荐机构应主动在1周之内告知天交所；若未告知而在抽查过程中发现，则暂停业务资格6个月，且再次取得资格需重新提交申请资料。

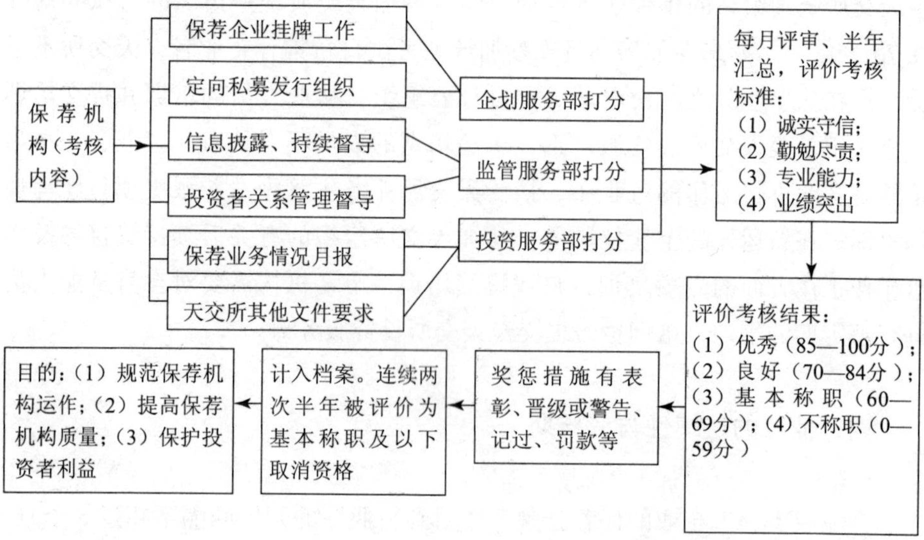

图15－2 天交所保荐机构监管环节及评价考核图

（注：根据天交所披露的相关信息、资料整理）

六、业务评价与目标实现

业务评价：（1）每月前三个工作日提交上月月报；（2）评价主体：投资服务部、监管服务部、企业服务部、专家审核委员会、所服务企业；每半年进行一次业务考核、优胜劣汰；（3）评价等级：优秀、良好、基本合格、不合格。

相关处理：警告（提交书面说明）、谈话（提交整改报告）、暂停资格（半年后方可重新申请资格）、取消资格（机构及相关人员永久性禁入）。

实现目标包括：（1）培育：继续发展做市商、保荐机构队伍，加大培训工作力度（每增加5家做市商进行小规模培训），继续实行现场项目经理制。(2) 规范：加强监管：相关协议、工作底稿进行备案；固定100家取得保荐机构（做市商）资格，每半年考核，年终评比，优胜劣汰；规范各项文件文本，逐步制定发布各项业务指引。(3) 提升：培育优秀做市商、保荐机构队伍。理念一致、资金实力强、专业能力强、有专职团队、考评优秀。重点支持优秀做市商、保荐机构。参与成熟资本市场（如台湾“兴柜”）业务培训、参与市场制度设计、推荐优质项目、交易费优惠、奖励等。

第四节 中介服务机构

根据天交所有关中介服务机构的制度规则整理出中介机构的注册条件，申报指引及注册流程等，内容如下：

一、注册条件

(1) 从事审计、评估、法律服务、信用评级等专业服务须取得主管部门从业资格认定，从事该项专业中介服务不少于5年；(2) 取得相关行业从业资格人员不少于20名；(3) 有规范的组织章程、内设机构和服务质量内控体系；(4) 熟悉天交所相关制度和规则；(5) 近3年未受到本行业监管部门和其他相关部门的处罚，没有重大不良信用记录；(6) 具有承担相关业务责任和风险的能力；(7) 天交所规定的其他条件。

二、申报指引

(一) 应提交的文件

(1) 注册申报表；(2) 营业执照（副本复印件）；(3) 法人机构章程（或合伙人人协议）；(4) 申请机构主要经营和业务状况（审计报表）；(5) 申请机构内部结构设置、管理制度和服务质量内控制度；(6) 机构法定代表人简历和身份证复印件；(7) 不少于20名主要专业人员从业经历及从业资格证明（复印件）；(8) 注册申报人承诺书；(9) 其他需要提交的文件。

（二）文件要求

（1）应提交完整的法人机构章程（合伙协议）；（2）应提交完整的管理制度和服务质量内控制度；（3）中介服务机构主要经营和业务状况应有法定代表人签章，并应罗列相关案例及简要说明；（4）承诺书应有法定代表人签章；（5）所有的复印件必须注明“与原件一致”并盖章。

三、注册流程

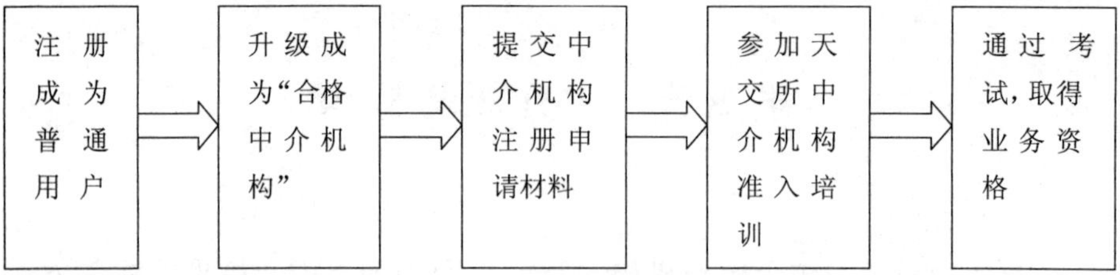

图 15－3　中介机构注册流程图

第五节　投资人

根据天交所关于投资人的相关制度规则，文件要求进行归纳，内容如下：

一、机构投资者

（一）注册开户条件

（1）具有独立主体资格和投资能力的法人企业、合伙企业及其他经济组织；法人企业实缴注册资金不得低于人民币 100 万元；合伙企业及其他经济组织，自有净资产总额不得低于人民币 100 万元；（2）拥有固定的经营场所和必要的设施；（3）有健全的组织机构和严格的财务管理制度；（4）通过天交所进行投资知识和风险能力综合评价；评分在 70 分及以上；（5）天交所规定的其他条件。

（二）申报材料指引

（1）机构投资人股权账户开户申请表；（2）营业执照副本或法人登记证书原件及复印件（加盖红色公章），并注明“此复印件与原件一致”；（3）组织机构代码证复印件（加盖红色公章），并注明“此复印件与原件一致”；（4）合伙企业需要提供合伙协议复印件（加盖红色公章）；（5）法定代表人身份证原件，正面及背面的复印件（加盖红色公章）；（6）法定代表人证明书（加盖红色公章）；（7）投资知识和风险识别能力测试表；（8）签署已经阅读投资风险揭示书；（9）法定代表人签署的承诺书；（10）法定代表人签署的授权委托书（加盖红色公章）；（11）投资偏好调查表；（12）被授权人的身份证原件及正反面复印件；（13）带公章，需在三方存管协议上盖公章。

二、自然人投资者

（一）投资者条件

（1）具有完全民事行为能力；（2）公司挂牌交易前，已经在公司投资入股成为原始股东的自然人，或个人金融资产在 10 万元以上的其他自然人投资者；（3）通过天交所投资知识和风险能力综合评价；评分在 80 分以上（含 80 分）。

（二）申报材料指引

（1）天津股权交易所特定自然人股权账户开户申请表；（2）本人的身份证原件及正反面复印件；（3）签署已经阅读投资风险揭示书；（4）已作答的投资知识和风险识别能力测试表；（5）本人签署的承诺书；（6）原始股东外的其他自然人投资者还需提供具有 10 万元金融资产的财力证明（包括但不仅限于以下证明）：银行开具的存款证明或提供近一个月内存折或存单复印件，需银行盖章；有价证券证明：开户前一年内的有价证券资产证明，需证券公司盖章；（7）有代办人的，需携带双方身份证原件和正反面复印件，及授权委托书；（8）投资偏好调查表。

第六节　投资者权益保护的制度[①]

为了切实保护投资者的合法权益，提高挂牌企业运营水平，促进天交所市场健康稳定发展，根据《天津股权交易所非上市股份有限公司挂牌交易规则》（下称“交易规则”）的相关规定，天交所特提出以下指导意见：

一、投资者享有的权利

投资者依法享有获取信息、参与重大决策、取得投资收益和选择管理者等权利。挂牌企业及其控股股东、实际控制人、董事、监事、高级管理人员应当采取必要措施，保障投资者上述权利的行使。

二、企业应当建立的配套制度

企业应当建立相关的配套制度，保障投资者获取信息、参与重大决策、取得投资收益和选择管理者等权利的行使。具体包括：

（一）投资者知情权制度

投资者知情权制度目的在于保障投资者能够及时、准确、完整地获取真实信息，保障投资者查阅公司章程、股东名册、公司债券存根、股东大会会议记录、董事会会议决议、财务会计报告等权利的行使。投资者知情权制度应该包括以下内容：（1）对挂牌企业及相关信息披露义务人的信息披露责任进行规定。保证所有投资者有平等的机会获得信息，不得进行选择性信息披露。（2）对投资者进行风险性提示的规定。挂牌企业应当及时向投资者进行风险提示。（3）挂牌企业承诺事项的履行情况。承诺人应当及时履行承诺并披露相关信息，并在定期报告中披露承诺事项的履行情况。承诺履行条件发生变化应当调整相关数据并及时披露。（4）挂牌企业拟聘任或续聘董事、监

① 2010年11月18日天交所网站披露的《天津股权交易所投资者权益保护指导意见》。

事、高级管理人员情况。挂牌企业应当披露上述人员之间的关系及其持有公司5%以上股东、实际控制人之间的关系，以及上述人员最近5年在其他机构担任董事、监事等高级管理人员情况。（5）年报说明会制度。挂牌企业应当加强与中小投资者的沟通和交流，建立和投资者沟通的有效渠道，定期与投资者见面。挂牌企业应当在年度报告披露后10日内举行年度报告说明会，公司董事长（或总经理）、财务负责人、董事会秘书、保荐机构代表出席说明会，会议内容包括：公司所处行业状况、发展前景、存在的风险；公司发展战略、生产经营、募集自己使用、新产品和新技术开发；公司财务状况和经营业绩积极变化趋势；公司在业务、市场营销、技术、财务、募集资金投向及发展前景等方面存在的困难、障碍或损失；投资者关注的其他问题。挂牌企业应至少提前两个交易日发布召开年度报告说明会的通知，公告内容包括日期及时间（不少于两个小时）、召开方式（现场/网络）、召开地点或网址、公司出息人员名单等。（6）建立与投资者沟通渠道。挂牌企业应当每年对其披露工作向投资者征求意见，并建档保存以备查阅。挂牌企业应当开设投资者服务热线电话，保证24小时有人接听，并对接听情况进行记录。

（二）投资者决策参与制度

投资者决策参与制度目的在于保障投资者对挂牌企业重大事项的决策表决权、股东大会提案权、临时股东大会召集权、质询权等权利的行驶。投资者决策参与制度包括以下内容：（1）建立健全企业股东大会、董事会、监事会制度。明确企业权力机构、决策机构、监督机构与经理层之间的权力与责任，形成有限制衡、科学决策、风险防范、协调运作的公司治理结构。（2）平等对待全体股东，保障中小投资者的股东大会召集请求权、提案权、提名权、投票权等股东权利，尊重和保护投资者的决策意愿。（3）保障中小投资者对公司经营和相关议案提出建议或者质询的权利。挂牌企业董事、监事等高级管理人员对中小投资者的质询予以真实、准确答复。（4）强化董事信托责任，建立董事和董事会问责制度，追究失职董事和董事会责任。（5）企业应建立独立董事制度，明确独立董事的资格、权利和义务，强化独立董事对控股股东、董事、高级管理人员的监督。独立董事应当切实维护挂牌企业和全体投资者的利益，了解掌握挂牌企业生产经营和运作情况，充分发挥其在投资者管理管理中的作用。（6）内部控制自我评价年度报告制度。企业应当建立内部控制自我评价年度报告制度，每年将内部控制自我评价报告向每位股东提交。

（三）收益分配权制度

收益分配权制度目的在于制定利润分配政策，规范利润分配顺序，保障投资者取得投资收益权利。收益分配权制度应当包括以下内容：（1）制定持续、稳定的利润分配政策，保障投资者特别是中小投资者能够再得合理投资回报。（2）制定合理的利润分配制度，加强对利润分配顺序的规范。（3）挂牌企业应当每年就其收益分配工作向投资者征求意见，并建档保存以备查阅。

（四）选择、监督管理者权利制度

选择、监督管理者权利制度目的在于保障投资者选择管理者、监督管理者等权利的行使。选择、监督管理者权利制度应当包括以下内容：（1）实行累积投票制度。股东大会选举董事或者监事时，每一股份拥有与选董事或者监事人数相同的表决权，股东拥有的表决权可以集中使用。（2）保障中小股东选择、监督管理者权利。股东大会有权选举和更换非由职工代表担任的董事、监事，决定有关董事、监事的报酬事项，审议批准董事会和监事会的报告。同时，董事会须对股东负责，而经理须对董事会负责。监事会对董事、高级管理人员履行公司职务的行为进行监督，并履行其他监督职能。

三、其他要求

要求挂牌企业应当按照上述建立相关制度，并向投资者披露；要求挂牌企业每年须提交一份《投资者权益保护报告》，在次年 1 月 31 日之前提交至本所；违反上述要求者，天交所将采取约见、通报批评、公开谴责等措施，并且向各市场主题及各地监管部门通告，同时，记入企业的诚信档案等。

第十六章　开国内做市商之先河

第一节　做市商注册

天交所建立以来，对中国场外交易市场的运营模式和管理方式等进行了多方面的探索和创新，其中最为重要的探索之一，便是首开中国资本市场之先河的“做市商制度的引入与探索”。根据天交所关于做市商注册条件、指引与流程的相关制度与规定进行整理，内容如下：

一、做市商概念

做市商（Market maker），指金融市场上的一些独立的证券交易商，为投资者承担某一只证券的买进和卖出，买卖双方不需等待交易对手出现，只要有做市商出面承担交易对手方即可达成交易。

做市商制度是不同于竞价交易方式的一种证券交易制度，一般为柜台交易市场所采用。做市商是指在证券市场上，由具备一定实力和信誉的证券经营法人作为特许交易商，不断向公众投资者报出某些特定证券的买卖价格，双向报价并在该价位上接受公众投资者的买卖要求，以其自有资金和证券与投资者进行证券交易。做市商通过这种不断买卖来维持市场的流动性，满足公众投资者的投资需求。做市商通过买卖报价的适当差额来补偿所提供服务的成本费用，并实现一定的利润。传统交易是由一个专家处理几百家上市公司股票交易，而做市商制度是多对一的关系，即一组做市商为一个上市公司服务。更重要的是做市商为交易提供了资金，在交易中做市商先要用自己的资金买进股票，然后再卖出。这些做法使得市场的流通性大大增强，增加了交易的深度和广度。

做市商的义务：持续达到特定的保存交易记录和履行财务责任的标准，不间断地主持买、卖双方的市场，并在最佳价格时按限额规定执行交易指令，发布有效的买、卖两种报价（充当流动性提供者，解决交投量不足的问题），在证券交易完成后90秒内报告交易情况，以便向公众公布。

二、做市商注册条件

在中华人民共和国境内依法设立的具有独立法人资格的投资机构、合伙企业以及具有投资资格的独立经济组织，可以向天交所申报注册成为做市商。

申报注册成为做市商，申报机构应当具备以下条件：（1）已经在天交所注册成为合格投资人；（2）公司经营范围中含有投资、投资管理、投资担保等相关业务；（3）公司实收资本在5000万元人民币且净资产不少于5000万元人民币；（4）具有完善的内部管理制度、操作规程和健全的内部风险控制机制、激励考核机制；（5）对非上市股份有限公司股权交易市场以及市场挂牌公司具有较强的研究和分析能力；（6）设置做市业务部门，有3人以上的专职人员，其中至少1名通过证券从业人员资格考试（如，证券市场基础知识和证券投资分析，证券市场基础知识和证券发行与承销等），岗位设置合理、职责明确；（7）提交申报前2年没有违法和重大违规行为；（8）天交所规定的其他条件。

三、做市商注册指引

（一）做市商注册应提交文件

1. 做市商注册申报表；

2. 申报机构《营业执照》（副本复印件）；

3. 申报机构法人机构章程（或合伙人协议）；

4. 申报机构股东（大）会和董事会关于申报注册做市商资格的决议；

5. 申报机构董事、监事、高级管理人员和主要股东情况的履历或合伙企业合伙人履历；

6. 申报机构做市业务内部管理制度和操作规程；

7. 申报机构做市业务部门情况简介（包括人员姓名、岗位设置、职责划分等）；

8. 申报机构做市业务部门专业人员简历和资格证明文件；

9. 申报机构提交申报前2年在资本市场投资情况的报告；

10. 申报机构最近一期财务报表或验资报告（公司成立不足1年）；

11. 申报机构提交申报前2年无违法和重大违规行为的书面说明；

12. 申报机构法定代表人签字的承诺函；

13. 天交所要求提交的其他材料。

（二）有关资料文件的说明

1. 所有的证明材料必须加盖公章；

2. 所有的复印件必须注明“与原件一致”并盖章；

3. 内部管理制度和操作规程至少包含以下内容：决策机制，信息沟通，监督管理，操作流程等；

4. 承诺书需要法定代表人签字；

5. 无违法违规书面说明，需要法定代表人签字。

四、做市商注册流程

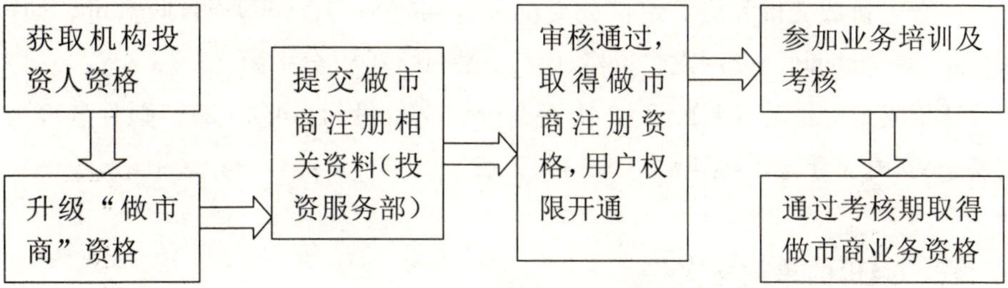

图16－1　做市商流程图

第二节　做市商如何做市

做市商做市主要涉及交易规则和报价操作，那么，天津所做市商的交易规则是怎样的呢，报价的要求有哪些，如何实际操作呢？我们将根据天交所的相关制度、规定及一些做市商的实操情况从七个方面来归纳、整理并给予解读。

一、交易时间

第一次集合竞价时间：9:15—9:25；做市商做市前报价时间：9:25—9:30；（只报价，不成交，确保9：30投资者能看到做市商的报价）；做市商双向报价做市时间：9:30—11:30，13:00—14:00；做市商进行双向报价。

第二次集合竞价时间：14:00—14:15；协商定价交易时间：14:15—15:00。

注：从时间安排，可以看出做市商的交易优先权。

二、开盘价与收盘价

开盘价：公司股权的开盘价由第一次集合竞价产生。如无成交价，则以最优买卖盘平均价为开盘价。如无订单或只有单边订单，则以上一成交日收盘价为开盘价。挂牌首日，由做市商在首次认购价10%范围内报出开盘价。

收盘价：每一交易日，以成交量为权重，对做市商报价期间最后一次成交价、集合竞价成交价和协商定价成交价进行加权平均，作为当日收盘价。如当时做市商报价期间成交两次，价格（元）、数量（手）分别为（3.7，3），(4，4)；集合竞价成交价量为（4.1，3），协商定价成交价量为（4.2，2），则收盘价为：成交金额/成交量＝（4×4＋4.1×3＋4.2×2）／（4＋3＋2）＝4.08（元）。

三、报价的单位与次数

表16－1　做市商报价最小价格变动单位表

股价	变动单位	举例
≤5元	0.01元	股份为3元时，可以报3.01，2.99……
>5元	0.05元	股份为8.22元时，只能报8.27，8.17……
>10元	0.10元	股份为12.38元时，只能报12.48，12.28……

最小数量单位：按照相关规定，基本数量单位为挂牌公司全部股份的1/200，即一手；投资人持有附带零手股份，买入时，须买入整手；卖出股权时，余额不足1手部分应当一次性卖出。如某挂牌企业1手股权为40万股，某投资人持有70万股，则只能买入整手，即40万股的倍数；卖出时，可以报卖70万股，或者先卖40万股（整手），再卖30万股（零手），但不能先卖30万股（零手），再卖40万股（整手）。

报价次数：对于盘前报价，做市商应于每个交易日开市前5分钟（9：25—9：30），提供至少1手的买入和卖出报价。每次限报一组买卖价格及数量；每一交易日，做市商提供不少于三次合格报价；当做市商连续报出当日最优买卖价格，且连续成交两次时，当日合格报价次数可少于3次。

四、价格有效范围与成交原则

价格有效范围：（1）涨跌幅：15%。（2）报价价差：盘前报价：10%（卖、买报价之间的差距不得超过卖出报价10%）；盘中报价：15%（在正常报价时间，卖出和买入报价之间的差距不得超过卖出报价的15%）；其中，盘前报价附加规定：不得偏离开盘价±10%：

表16-2　做市商报价的价格有效范围表

<table>
<tr><th>时间</th><th>日价格有效范围</th><th>附加长期价格限制</th></tr>
<tr><td>盘前报价</td><td>涨跌幅限制：15%
价差限制：10%
不得偏离开盘价±10%</td><td rowspan="3">挂牌6个月内，报价不得高于或低于其认购价格的30%
6—12个月，报价上限：高于认购价格的60%；下限：低于认购价格40%
12—24个月，报价上限：高于认购价格的100%；下限：低于认购价格60%
超过24个月，报价上限：高于认购价格的200%；下限：低于认购价格80%</td></tr>
<tr><td>盘中报价</td><td>涨跌幅限制：15%
价差限制：15%</td></tr>
<tr><td>挂牌首日</td><td>无涨跌幅限制</td></tr>
</table>

成交原则：价格优先时间优先的原则：

1. 做市商报价期间：对于投资人订单，按价格优先、时间优先原则排队与做市商成交，成交价为做市商所报出价格。

2. 集合竞价期间：按价格优先、时间优先原则排队，进行集合竞价。

3. 协商定价期间：买卖双方讨价还价，商定价格。

五、更新报价与禁止报价

重新报价：在未成交前，做市商可撤销或重新报价；成交后不足一手或撤销报价后，做市商须重新报价。重新报价与上次有效报价之间的空白持续时间不得超过5分钟。

多做市商报价：做市商报价期间，做市商之间不能做对手交易。任何一个做市商的买入报价必须低于任何一个做市商的卖出报价。如甲做市商报出买、卖价格为（6，6.7），则乙做市商报出买价不能高于6.7元，所报出卖价不能低于6元。

六、股权交割与资金结算

足额存入资金（包括各项手续费，存入资金保管机构的资金结算账户），根据交易指令划款：交易系统根据交易指令向资金保管机构发出划款指令（划到本所“交易保证金”账户内）。

日清算：闭市后，根据成交确认结果向资金保管机构发出指令，将成交资金由“交易保证金”账户划至“待交收资金”账户，将交易手续费划入本所“费用收入”账户中。未成交的剩余交易资金由“交易保证金”账户划回买方原资金账户。

对做市商实行股权和资金T+0日回转，股权和资金T+1完成交割；对投资人实行资金T+0回转，股权和资金在T+1完成交割。对未成交资金的清算采用交易日当天划回原账户（卖出股权，所得资金当时可用，买入股权，做市商可当日卖出，但投资人次日才可卖出）。

第三节　做市商的盈利模式

做市商在做市的过程中，是怎样获得利益的，它们获利的渠道有哪些，什么是它们获利的最主要渠道，它们怎样利用这些渠道，在做市以“履行公共义务”的情况下，如何操作，才能使自身获利最大化呢？我们将根据天交所相关制度、规则及一些做市商的实操经验，在这一节里归纳并予以解读。

一、做市成本

做市成本构成：

做市成本包括直接成本和间接成本。直接成本包括基础费用、研发费用、操作费用等；间接成本是指做市风险带来的成本。

做市商面临的风险主要为以下几种：流动性风险、操作风险、挂牌企业的风险（信用风险）、存货风险。

各种风险基本上都与存货有关，存货风险是核心风险。

二、做市收益

1. 主要收益是价差收益，包括短期买卖差价和长期增值差价两种。前者的差价额来自于做市商依托信息不对称等因素通过买卖双向报价得以实现的，考察期内企业素质未发生质的变化；后者的差价额来自于股权价值的跨期变化，也就是享受了企业在资本市场长期升值带来的价差利益，考察期内企业素质发生了质的变化。

2. 次要收益是股份投资收益及股权分红收益。

3. 额外收益：（1）法定责任豁免，如在突破法律要求的持股比例限制时可以延迟披露、延迟披露大宗交易信息等；（2）各项税费减免等优惠；（3）享有一定的证券融资权利；（4）优先承销市场上新证券的转手交易等。

做市商通过双向报价时段的交易垄断权获取价差收益。做市商双向报价期间，做市商某种程度上具有交易垄断权，即所有的买卖活动必须同做市商进行，投资人不能越过做市商进行交易。例如，投资人甲愿以 7 元/股价格卖出 3 手股权，投资人乙愿以 8 元/每股买入 3 手股权，如果不存在做市商，则双方可以 7.5 元/每股价格成交 3 手。但在做市商交易模式下，甲必须先卖给做市商，然后由做市商再卖给乙。在观察到甲乙双方的订单后，做市商可以报出如下双边报价：（7 元/股，3 手）（买），（8 元/股，3 手）（卖），从中可以赚取 1 元价差。

显然，价差收益是做市商的主要收益，这里，做市商还具有潜在的价差收益，举例来分析：

某日上交所 A 股成交量 1 824 638. 78 万股，成交金额 2758. 852 亿元，平均每股 15. 12 元。如果实行做市商制度，做市商每股设定 0. 01 元价差，则做市商的价差收益为 27 588. 5386 万元，假如当日共 1300 只 A 股股票，平均每只股票每日做市商的收入为 21. 22 万元。价差收入甚至可以高过经纪人的佣金了。

三、三种优先权与套利

天交所混合交易制度中，各种交易方式以时段划分，做市商报价时段在前且时间最长（共计 3 个小时）。

在存在价格黏滞条件下，时间的优先就可转化为利润。

价格反映信息的时滞效应：价格完全反映信息需要一定的时间，如图 16－2和图 16－3 情况。

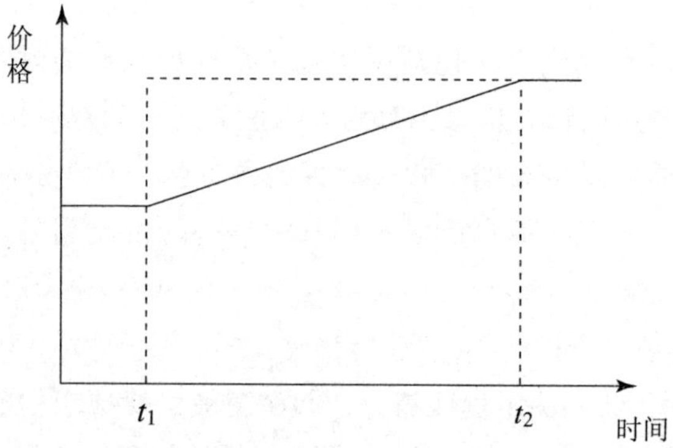

图 16－2　利好信息出现时的价格反应时滞

先行优势一：优先买入看涨股权

在时点 t_1 上，假设不知情者愿意以价格 p_2 卖出股权，而知情者预计到价格将调整至 p_1，因此愿意以大于等于 p_2 小于等于 p_1 的价格买入股权。见图 16－4。

这时，做市商拥有优先购买权，只有做市商买过之后（9：30—11：30；13：00—14：00），其他投资人才能买到（14：00—14：15），甚至在做市商达到满意的仓位之前，其他投资人买不到股权。

先行优势二：优先卖出看跌股权

在时点 t_1 上，假设不知情者愿意以价格 p_1 买入股权，而知情者预计到价格将调整至 p_2，因此愿意以小于等于 p_1 大于等于 p_2 的价格卖出股权。见图 16－5。

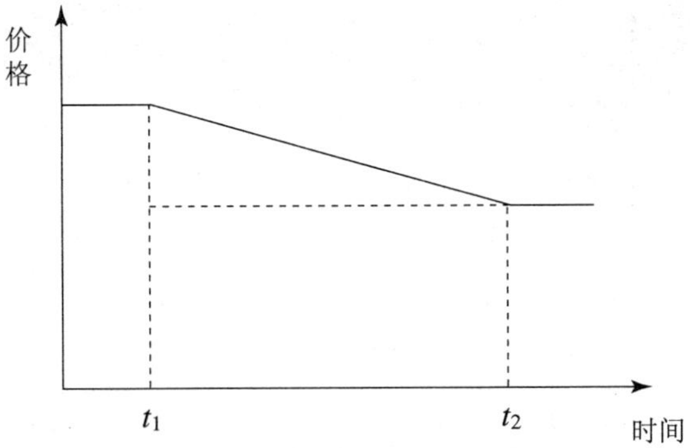

图 16－3　利空信息出现时的价格反应时滞

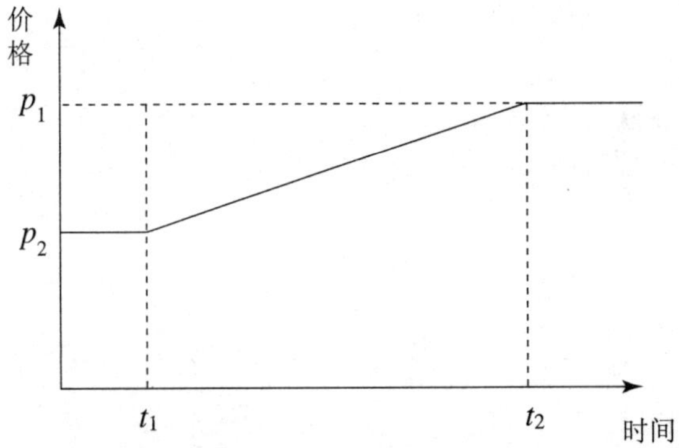

图 16－4　利好信息出现时价格反映时滞情况下的操作图

这时，做市商拥有优先卖出权，只有做市商卖过之后（9：30—11：30；13：00—14：00），其他投资人才能卖出（14：00—14：15），甚至在做市商减到满意的仓位之前，其他投资人卖不出股权。

先行优势三：信息不对称条件下套利

无论是在出现利好消息还是利空消息时，只要存在信息不对称，就存在套利机会。凭借交易垄断，通过低买高卖，做市商可以获得普通投资者难以获得的利益。套利可以发生在某一时点上，也可以跨时点套利：

某一时点上的套利：在 t_1 时点，［p_2，p_1］价格区间内，都有人愿意买卖，存在套利机会。

跨时点套利：利空时，见图 16－6，做市商可以在 t_1 时点卖出（高价卖），在 t_2 时点买入（低价买）；利好时见图 16－7，做市商可以在 t_1 时点买

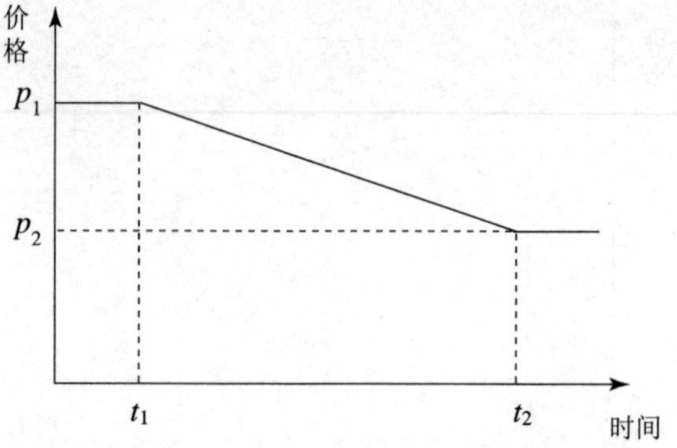

图 16－5　利空信息出现时价格反映时滞情况下的操作图

入（低价买），在 t_2 时点卖出（高价卖）。

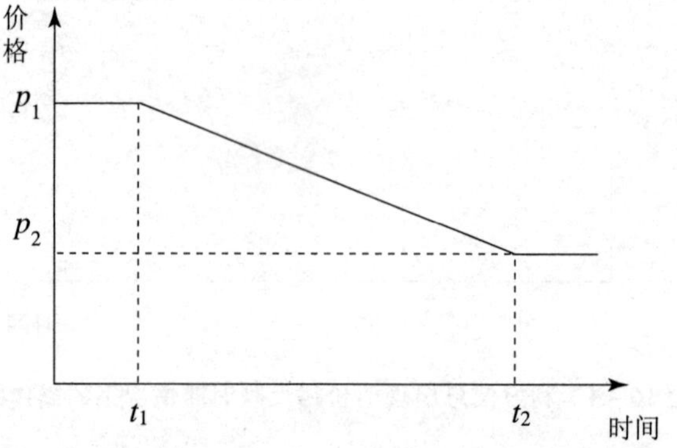

图 16－6　利空时借助于定价优势与信息不对称套利

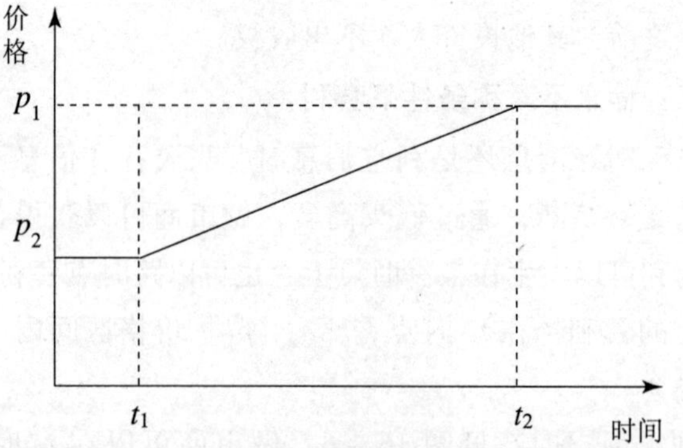

图 16－7　利好时借助于定价优势与信息不对称套利

第四节　评价与监管体系

天交所根据天津场外交易市场的运行环境、制度、模式和业务开展情况等制定了《天津股权交易所做市商管理暂行办法》、《关于做市商行为的监管意见》等制度，对做市商实行动态管理。建立了天交所实时报价监督制度、业务现场检查制度以及个别谈话制度，加强对做市商的监管。一方面，对做市商报价与交易行为进行严格的实时监控；另一方面，不定期对做市商进行规范、高效做市的现场检查；对做市商在从业过程中的不规范行为，天交所采取了个别谈话制度，依据市场管理制度，通过面对面沟通协调解决问题。另外，对于违反天交所相关规定的机构还会采取警告、约谈、暂停资格、取消资格等方式进行处理。这里，我们根据天交所相关制度、规则、文件要求等进行归纳整理，主要介绍一下天交所对做市商的评价体系、义务及退市要求等。

一、评价体系

天交所对做市商监管的评价体系既是交易所对做市商的激励，同时也可使企业和投资人能够更容易判断各做市商的做市服务水平，从而进行做市商的选择，主要包括如下内容：

（一）评价指标

1. 合规性：主要评价做市商是否遵循《天交所暂行规定》和《天交所报价规则》的相关要求。

2. 报价价差：主要评价做市商在被评价期间双边报价价差（以 BP 表示）。

3. 报价量：主要评价做市商在被评价期间的报价总量情况。

4. 成交量：主要评价做市商在被评价期间的做市成交笔数和成交总量情况。

5. 配合与报告：主要评价做市商配合主管部门工作、提交季度报告的及时性和质量等情况。

6. 加分项：该项主要对在某些方面表现较好的做市商给予加分，包括做市总数、一年以上报价天数以及最优报价次数。

7. 减分项：该项主要对合规性指标表现较差的做市商给予减分。

其中，第1项和第5项为合规性指标，第2—4项为质量性指标。我们还将根据市场变化适时调整评价指标体系。

（二）操作手段

根据以上各项指标，作出如下操作：

1. 对做市商统计每一季度的评价得分，确定做市商季度排名，并将季度排名通过网站向市场公布。

2. 每年年初根据做市商上一年度各季度评价得分的算术平均值，并考虑做市商的具体做市合规和质量情况，确定做市商年度评价结果。做市商年度评价结果分为优秀、一般、较差三个等级。对于级别太差的做市商该所实行淘汰机制，使其出局。

3. 据做市商年度评价结果向挂牌主体推荐，供挂牌企业参考。

4. 每年的第一季度根据上一年度做市表现情况对优秀做市商给予表彰，并在金融产品创新及业务培训等方面给予便利。

5. 半年通过网站和媒体等信息平台公布做市商有关做市情况，做市情况包括做市合规情况和做市质量情况。

6. 定期召开做市商会议，研究、讨论完善做市商制度有关事项，并将有关建议及时向主管部门汇报，同时向相关中介机构反馈。

二、义务与退市

天交所在对做市商作出全面评价的基础上，严格要求它们遵守各类规章制度，同时通过实时报价、交易监控，不定期业务现场督察，个别谈话，经济、行政奖惩处以及强制退市等方式从正向、负向两个方面对做市商进行监管，以保证他们履行自身义务，促进市场的繁荣。

做市商的义务：（1）对所做市的股权连续给出买卖双向报价；（2）保存交易记录和报告的义务；（3）维持市场流动性和稳定性的义务；（4）信息披露的义务；（5）关联关系禁止义务；（6）操纵市场行为禁止义务。

天交所做市商退市分两种情况：（1）自愿退市：退市是做市商规避风险的方式之一。（2）强制退市：天交所建立或确定专门的机构评估做市商的资信能力、资产充足率、资产负债等财务指标，并定期向市场公布，对信用能力和可信度严重不足的做市商可令其退市。

三、正向监管

通过经济、行政等的奖励、表彰来评价做市商综合实力和表现的一种方式，其中也包含天交所对做市商的月度评级等。天交所做市商月度评级评价指标有做市能力（20%）、做市绩效（50%）和做市规范性（30%）等。如，2011 年 12 月被评为天交所 A 级做市商（排名不分先后）①：

做市企业 5 家以上的机构中被评为 A 级的机构：（1）山东昌泰投资有限公司；（2）天津蓝水私募股权基金合伙企业。

做市企业 2—4 家的机构中被评为 A 级的机构：（3）上海淮矿资产管理有限公司；（4）山西省投资集团国有资产经营管理有限公司；（5）河北国信投资集团股份有限公司；（6）沧州燕赵股权投资基金中心（有限合伙）；（7）天津盈杉私募股权基金合伙企业；（8）沧州志雷高新投资有限公司；（9）上海百杰创业投资有限公司；（10）上海添一投资有限公司。

做市企业 1 家的机构中被评为 A 级的机构：（11）保定众信创业投资有限公司；（12）江苏隆泰嘉信投资有限公司；（13）天津虹融投资有限公司；（14）天津国盛汇通投资管理有限公司；（15）天津邦盛私募股权基金合伙企业；（16）广州达键投资有限公司；（17）北京东方融金投资有限公司；（18）河南麒麟投资有限公司；（19）河南力恒投资有限公司。

第五节　经验与不足

做市商这一制度被创新推出以来，天交所不断地探索总结、积累经验，逐步建立了较完善的做市制度规则与做市商培育机制，市场交易日益活跃，股权价格相对稳定，有效控制了市场的交易风险，为中国场外交易市场交易制度的建立和完善奠定了一定的基础。

---

① 资料来源于天交所网站的披露信息。

一、探索经验

天交所做市商制度探索方面的经验包括：做市商的合格注册制度、业务培训考核制度、业务实时监管制度以及业务考评制度等。在市场准入方面，天交所对做市商采取合格注册制度，只有投资经验丰富、实力雄厚的机构投资者方可取得做市商资格，保证了做市商具备良好的做市基础能力。在培训考核方面，天交所建立了规范的培训制度，定期对做市商进行业务培训和考核。对新注册做市商，每月一次举办培训活动，进行集中培训。培训内容包括做市基础知识、天交所做市商报价规则、天交所做市商管理办法、做市商业务流程与要点等。通过培训与现场考核，不断提高做市商业务素质与从业水平。在监管方面，天交所建立了实时报价监督制度、业务现场检查制度以及个别谈话制度，加强对做市商的监管。一方面，对做市商报价与交易行为进行严格的实时监控；另一方面，不定期对做市商进行规范、高效做市的现场检查；对做市商在从业过程中的不规范行为，天交所采取了个别谈话制度，依据市场管理制度，通过面对面沟通协调解决问题。在业务考评方面，天交所建立了满意度调查制度、诚信档案制度。一方面，定期向挂牌企业、投资人进行做市商做市业务满意度调查；另一方面，建立严格的诚信档案制度，并定期向各类市场主体发布公示等。①

“通过一系列举措，天交所逐渐探索出一套完善的做市商培育机制，提高了做市商业务质量，活跃了市场交易，稳定了市场价格，逐渐培养出了一批实力雄厚、业务熟练、做市规范的核心做市商队伍，为天交所市场稳定、健康发展，探索建立高投资价值、风险可控的股权交易市场奠定了基础，同时也培育了中国资本市场的做市商文化，为中国资本市场在做市商交易制度的探索方面积累经验。”天交所总裁钟冠华如是说。天交所做市商主要起到了如下作用：

1. 提高市场流动性，增强市场对 PE 等投资者吸引力。在场外市场挂牌的公司一般规模比较小，风险也比较高，PE 等投资者参与的积极性会受到较大影响。一般来说，天交所每一家做市商都仅做市几只股权，对做

---

① 资料来源于：李学亮作《天交所做市商交易模式趋于成熟》一文，《新浪产权》网 2010 年 9 月 20 日刊。

市股权的分析、价值的挖掘等都能达到比较深入的境地，并通过做市商自身的买卖行动和对投资者提供双向报价来促进流动。另一方面，做市商作为专业的投资者，投资其做市的企业，对股权起到了一定的推介作用，对投资者来说具有一定的引导作用。投资者认为专业性投资机构认同企业的投资价值，自己投资风险较小，提升了投资信心，促进投资者交易，从而使市场保持良好的流动性。

2. 有效稳定市场，促进市场平衡运行。做市商有责任在股价暴涨暴跌时参与做市，从而有利于遏制过度投机，起到市场“稳定器”的作用。此外，做市商之间的竞争也很大程度上保证了市场的稳定。由于竞争，市场的信息不对称问题就会得到一定的缓解，个别的机构投资者很难通过操纵市场来牟取暴利，市场的投机性大大减少，并减少了在主板市场交易方式中出现的所谓庄家暗中操纵股价的现象。

3. 具有价格发现的功能。做市商所报的价格是在综合分析市场各种信息以衡量各类风险和收益的基础上形成的，投资者在报价基础上进行决策，并反过来影响做市商的报价，从而促使股权价格逐步靠拢其实际价值。

二、问题与不足

天津做市制度的引进和探索，虽然取得了一定的经验，但是也存在很多问题和不足，普遍表现为做市商做市能力不高，规模偏小，社会责任意识不强，规范操作意识偏低，监管运营模式有待提高等问题和不足。

1. 机制与制度问题。天交所规定一家挂牌公司只需 1 家做市商便可进行交易。我们这样来分析：两家做市商进场时，会分别代表买方与卖方对某一股权产品的价格进行讨价还价，通过博弈的结果是双方均可接受的价格被发现，如果多家做市商参与其中，其价格发现的过程可瞬间完成，呈现给投资者的将是可供便捷交易的股权成品。所以，成熟的纳斯达克市场，对于任何一款金融产品至少需要 2 家做市商参与，一般的会有 8 家，多的甚至能有 40 家，而天津股权交易所制定的一家做市商即可报价的机制，允诺了做市商即使在没有交易对手的情况下也可以挂牌出市的权利，这虽然有天交所为应对整体市场环境与各类条件的无奈，但是这样的机制和规定，无疑使做市商体系中“平抑信息不对称”的一项重要功能被大大地打上了折扣，这样一来，股权的价值发现与价格的对应性在某种程度失灵了，做市商的暗箱操作和投资者的利损存在等便有了较大的空间，这样在无意中也助长了做市商的坐庄行为，增生了对市场监管的难度，影响了挂牌公司与投资者的公允心理，间接地影响了市场的流动性和发展空间。

2. 做市商偏重于短期利益，违规操作等，主要体现如下情形：（1）看重保荐的短期收益、任何项目都敢接敢做，造成自有资金不够报价；（2）做市商参与项目太多，没有足够资金实力；（3）与企业签订代持股份、回购股份以及特别附加条件的额外协议；（4）借企业的资金进行做市；（5）未提前在账户里存入足够的报价资金；（6）不按要求进行相关报价如单边报价、未报价、少于三次报价等；（7）不严格执行做市预案，不按要求参加培训造成报价有误；（8）不及时提交月报，未有固定的业务人员与天交所进行及时沟通等。

以上所举不同程度地暴露了天交所在做市商制度探索过程中存在的问题和不足，无疑，这些都有待机制的改革、制度的规范、模式的完善和运作的创新等来解决。“路漫漫其修远兮”，愿天交所在做市商制度的探索方面为中国资本市场作出更大的贡献。

第五篇 市场层次与场外未来

第十七章　我国场外市场现状及对新三板未来要求

第一节　我国场外市场的构成现状

根据“十二五”规划，国务院明确要求加快多层次金融市场体系建设，并着重强调要加快发展场外市场。与此同时，国家高层领导人及证监会表示，场外市场是多层次资本市场的重要组成部分，需探索建立全国统一的场外市场，并将建设场外交易议题提上日程。那么，我国目前的场外交易的构成是怎样的呢？这里先作一个简要的介绍。

一、我国场外市场结构

目前，我国的场外市场仍处于非常初期的阶段，整个框架体系尚在探索之中。以新三板扩容来构建我国统一监管的全国性场外市场已经于2012年8月3日开始实施，未来我国场外市场的模式到底是什么，怎样发展，还未定论。不过，现行的结构模式是在我国特定的经济和金融背景下形成的，如图17－1所示：

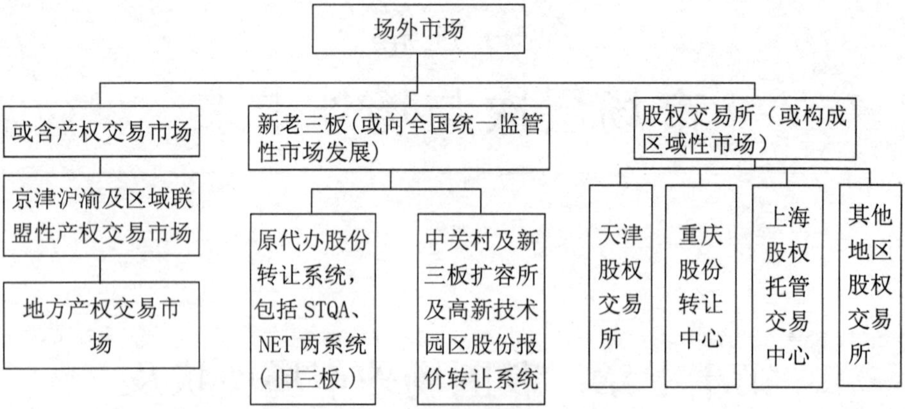

图17－1　我国现行场外交易市场结构图

产权交易市场是我国特有的一种制度安排，虽然现实中有一些观点将产权交易市场排除在场外市场的构架之外，但是，我们认为，产权交易市场对我国场外市场的萌芽与探索起到了重大的推动作用，未来，在一定的条件下，它或可以发展成为我国“全国统一监管下的场外交易市场”的一部分。产权交易市场在我国已经有23年的发展历史了，形成了包括运行构架、制度规范、中介服务、监管模式等在内的较成熟、规范的市场体系，国内目前有200余家产权交易所或中心，分为三个层次，第一层次为央企国有产权交易机构，主要以京、津、沪、渝交易机构为主；第二层次为地方国有产权交易机构，是由各级国有资产监督管理部门指定的近70家国有产权交易机构，范围包括我国绝大多数省、自治区和直辖市；第三层次兴起于2000年前后，目前大约有100家，主要功能是为地方高科技企业的投融资业务服务的。这些产权转让机构的经营范围除企业物权、债权、股权之外，还包括知识产权、金融产权、环境能源交易、股权托管、矿产权、林业产权、黄金交易、企业托管、土地转让等多种交易品种和类型。

新三板的建立经历了长期的发展过程，起初是为妥善解决原全国证券交易自动报价系统、全国电子交易系统系统挂牌公司流通股的转让问题，2001

年6月经中国证监会批准，中国证券业协会发布了《证券公司代办股份转让服务业务试点办法》，代办股份转让工作正式启动，即STQA、NET两网系统。2002年8月29日起沪深交易所退市公司纳入代办股份转让试点范围。2006年1月经国务院批准、中国证监会正式批复，为解决高科技企业融资与这些企业原始投资的退出渠道问题，同时也为主板、中小板、创业板培育上市资源，中关村科技园区非上市股份有限公司进入代办股份转让系统进行股份转让，从而形成了新三板。2012年8月3日，新三板扩容后，或将以此为基础，形成全国统一监管下的场外市场。

天津股权交易所是我国第一个全国性的OTC市场，它是经天津市政府批准，由天津产权交易中心、天津开创投资有限公司等机构于2008年9月共同发起组建的公司制交易所。主要业务是为成长企业、中小企业、高新技术企业和私募基金提供快捷、高效、低成本的股权融资和股权交易的平台，该所从“两高两非”公司（即高科技高成长、非上市非公众）股权和私募基金份额两产品交易起步，通过市场组织、交易产品、交易制度、交易形式等方面进行分阶段、分层次创新，逐步建成包括多层次、多品种、多交易方式、面向全国的统一市场体系，构筑中国多层次资本市场体系的基础层次。在天津股权交易所之后，重庆、上海、武汉等地也获准进行场外股权交易试点。

二、各场外市场之间的对照情况

（一）基本情况

表17－1　场外主要市场情况对照表

	新三板	天津股权交易所	重庆股份转让中心	上海股权托管交易中心
成立日期	2006年1月	2008年12月	2009年12月	2012年2月
挂牌企业数	126	177	54	21
总市值（亿元）		189.34	69.23	
总股本（亿股）	38.97	/	23.31	/
累计成交股数（亿股）	5.98	8.97	/	/
累计成交金额（亿元）	21.56	/	41.32	/

续表

	新三板	天津股权交易所	重庆股份转让中心	上海股权托管交易中心
融资金额（亿元）	19.52	35.01	46.04	/
交易体制	协议或定价转让	做市商双向报价、集合竞价、协议定价	协议或定价转让	协议或定价转让
交易制度	扩容新规将设协议定价、集合竞价和做市商做市等交易方式	做市商双向报价，集合竞价和买卖双方协商定价的混合型交易制度	投资者通过定价转让，协议转让两种方式进行交易	投资者委托代理买卖机构，通过定价转让，协议转让两种方式进行交易
投资者	机构，扩容新规将允许个人参与	个人、机构	个人、机构	个人、机构
企业转板情况	约20家公布转板方案，其中7家成功转板中小板和创业板	2家被上市公司收购；4家撤牌，步入IPO进程	/	/

（注：资料来源于相关网站所披露的信息，数据截至2012年6月30日。）

这里，主要就新三板市场与天津股权交易所市场（OTC）的异同作一简单对比：

相同点：一是进入新三板市场和天交所市场的公司均为股份有限公司；二是进入新三板市场和天交所市场的公司股份均为非公开发行，股东人数不得超过200人（扩容新规会允许超200人限制）；三是在新三板市场和天交所市场挂牌比在主板、中小板、创业板市场上市快速、简便；四是在新三板市场和天交所市场挂牌均有助于企业提升形象、提高信用和融资能力、改善公司治理、规范企业运作；五是为需要融资的企业和特定投资者之间提供了交易平台，为投资者套现提供了更便捷的通道。

不同点：一是进入新三板市场的公司须为中关村高科技园区及其他试点国家级高科技园区注册的非上市股份有限公司；在天交所挂牌的公司不限于高科技公司，天交所主要吸引“两高两非”公司（高科技高成长，非上市非公众），对注册地也无特殊要求。二是从企业改制、私募（增资）、到成功挂牌，新三板整个流程需时5—6个月；天交所需时更短、更快捷。三是新三板目前无合格自然人投资者制度，一般自然人投资者将在扩容新规出台后参与；天交所允许合格自然人注册、投资。四是新三板扩容步伐、交易活跃度、股份流动性不及天交所（新三板扩容后情况会不一样）。五是天交所有做市商制度，新三板目前没有，扩容新规将加入做市商制度。

（二）企业挂牌关键条件与流程

表17－2 各主要场外市场企业的挂牌条件

	挂牌关键条件	挂牌流程
新三板	存续满两年，业务明确，具有持续经营能力；股权清晰，发行转让符合法规，须委托一家主办券商作为其推荐主办券商	股份制改造，主办券商尽职调查，证券公司内核，报监管机构审核，股份登记和托管
天津股权交易所	存续满一年；取得至少有一个在交易所注册，具有保荐资格的机构在尽职调查后出具的保荐意见书；取得至少有一个在天交所注册，具有做市商资格的做市商承诺提供双向报价的做市服务；公司任一股东持股数最小数量不低于公司总股本的1/200	向天交所在线提交申请表，保荐人（天交所注册）进行尽职调查，天交所预审，专家委员会审核，天交所复核，监管机构备案，办理股权登记托管
重庆股份转让中心	存续满一年；须委托一家在本中心注册的财务顾问对其进行尽职调查，并报送申请材料	转让中心进行集中登记托管；挂牌承办机构尽职调查；股份中心备案审查，出具挂牌确认函
上海股权托管交易中心	不存在同业竞争；注册资本中存在非货币出资的，应设立满一个会计年度	公司委托股交中心推荐机构会员；推荐机构会员向上海股交中心报送预审材料；会计师、律师事务所出具审计报告和法律意见书；推荐机构会员进行尽职调查，并提交尽职调查报告及申报文件；上海股交中心进行审核；报上海金融办备案签订挂牌协议书，办理股份的集中登记

（注：资料来源天津、重庆、上海三市场网站并整理）

三、我国场外市场的不足之处

我国场外市场通过20多年的探索和实践，虽然取得比较好的成绩，但是总体上来说，存在交易机制落后，效率较低；挂牌企业数量少，交投不活跃，对主板市场贡献率低；缺乏转板机制；多头监管，未形成统一市场等问题和现状。具体来说：

交易机制落后，效率较低。新三板、天津股权交易所、重庆股份转让中心、上海股权托管交易中心等均采用传统的协议转让方式，交易成功性低、配对时间长、流动性差。发达国家场外市场的交易方式多采用传统做市制度或混合交易制度。做市商的参与激活了市场流动性，缩短了交易时间，提高了市场效率，在场外市场发展初期能更好地引导市场走向规范和成熟。天交所加入了做市商交易制度，可发现其3年多的累计交易股数是新三板6年累计交易量的2倍。

挂牌企业数量少，交投不活跃，对主板市场贡献率低。目前新三板和三家股交所挂牌企业数量为278家，成交量和挂牌企业总市值与主板相比仍存在较大差距，无法为主板市场提供优质企业资源。相比之下，美国OTCBB市场与粉单市场挂牌企业有1000余家，日均成交额近1亿美元，对场内市场提供了有力支撑。

缺乏转板机制。场外交易市场与主板市场之间尚未形成对接机制，新三板和三家股交所都未推出转板机制，场外市场挂牌的企业依然要根据主板市场的规则进行IPO。

多头监管，未形成统一市场。目前，我国场外交易市场存在多头监管，规则不一的现象。地方性产权交易机构大都受地方国资委或财政局监管；中关村代办股份报价转让系统由中证协场外市场委员会履行一线监管职能；天交所是依据国务院批复天津滨海新区综合配套改革试验总体方案在天津市政府的推动下成立的，证监会尚未将其纳入统一的市场监管系列，由天津市人民政府金融服务办公室监管。

第二节　新三板市场存在七大突出问题

新三板扩容是我国构建全国统一的场外交易市场的一项重要内容。不过，新三板要真正成为我国场外市场构建的核心部分，还有很长的路需要走。

新三板经过 6 年的试点，取得了阶段性的成果，集中体现在让暂时不符合主板及创业板上市标准的创新型公司通过挂牌，由原股东和愿意购买公司股票的投资者直接交易，实现最快速的股权流通和融资，目前推进了中关村 120 多家中小企业的发展壮大和科技进步。但是，从总体上来看，新三板市场目前还面临众多的问题，主要表现在挂牌区域单一、挂牌企业数量少、缺乏流动性、转板制度不健全等。新三板的市场扩容和发展期待出台一系列合理的政策和制度。新三板的现状和问题主要表现在：

一、市场结构发展不平衡

当前，我国多层次资本市场主要包括主板、中小板、创业板以及代办股份转让系统。其中，前三个市场具有较高的上市门槛，也因此挡住了绝大部分处于成长中的中小企业。目前，如果按市值统计，资本市场的主板、中小板、创业板和代办股份转让系统的比重分别为 86.9%、10.6%、2.5%、0.07%，可见，我国的场外交易市场所占比例微乎其微，这与当前我国中小企业在全国经济结构中的地位是极不吻合的。

而欧美成熟资本市场，从交易所市场到场外市场依次形成一个金字塔的多层次结构，交易所市场处于塔尖部分，主要服务于成熟的大型企业，而场外市场则处于塔基部分，主要服务于中小企业。而我国的证券市场却呈现出了倒金字塔结构，这与我国现实经济体中中小企业占大多数的比例是极不吻合的，因此也无法为大多数中小企业服务。这种情况的出现与我国证券市场的成立背景有关，我国的证券市场成立于 20 世纪的 90 年代，当时我国的市场经济刚起步，中小企业的发展尚处于萌芽状态，对股权融资也尚无需求，证券交易所的成立也是由政府主导的。这与西方国家先有自发形成的场外市场，后成立集中交易的交易所市场的制度变迁过程也恰恰相反。

虽然我国证券市场的发展路径具有特殊性，但是欧美国家的成功经验表明，证券市场结构只有和实体经济的结构相匹配，才能更好地服务于实体经济的发展，功能完善的场外市场是保证资本市场健康运作的基石。

二、区域单一，挂牌企业数量少

新三板市场尚处于试点阶段，目前只有北京中关村及扩容后的几个国家级高新区具备条件的企业方有资格进入挂牌。试点6年来，目前挂牌企业家只有120余家，每年平均增加20家。这相比国内1000多万家中小企业的总量、6万多家分布于88家高新技术园区中的中小高新技术企业来说，现有市场容量只是杯水车薪。

由于挂牌公司数量少，加之股本规模小，企业定向增资金额仅有22亿元左右，且企业单次融资规模大都在数百万元或两三千万元之间。

三、挂牌动力缺乏，券商利润有限

目前，由于新三板挂牌企业仅限于中关村及扩容后的几个国家级高新区，区外企业无缘，企业要挂牌，规范的税收成本也很高；目前的新三板挂牌门槛虽然较低，但是仍然受到一定约束，尤其是对财务状况要求较高，将一部分有挂牌意愿的企业排除在外。同时，新三板公司规模都比较小，对各级政府及国家高新技术园区的补贴有较大依赖，如无政府鼓励，小企业很难有动力“贴”钱挂牌。对于券商来说，在三板挂牌交易挣到的费用只在100万元上下，甚至很多操作中往往出现几十万元的挂牌费用，相对于大投行而言，许多券商此项业务入不敷出。

四、市场低迷，缺乏流动性

缺乏流动性是新三板最大的缺陷，由于场外市场挂牌公司没有经过公开发行，股本集中度甚高，交易涉及的资金量非常有限，加之参与对象受限、原始股东惜售等原因，市场低迷，成交稀少，缺乏流动性，市场功能难以发挥。据统计，2011年1月1日至今，成交金额仅有7.32亿元，平均换手率3.4%，而同时期场内市场换手率超过230%。从最新数据来看，2012年3月

31 日，三板仅有 14 家企业有卖家买家报价，仅有 1 家成交。市场交投冷清，导致直接融资功能大打折扣。没有交易，不能给企业融资，场外市场功能难以发挥。

五、市场的融资功能受限

从 2006 年 1 月开始，中关村科技园区的非上市股份公司进入代办转让系统进行股份报价转让，此后，新三板作为三板市场的一部分，开始吸引众多科技型中小企业的关注。据统计，2006 年开闸试点至 2011 年年底，累计有 38 家企业完成或启动了 45 次定向增资，融资额合计 19.5 亿元，平均每次融资 4300 万元。其中，北京时代挂牌至今已经完成了两次增发，此外，久其软件在新三板挂牌后成功实现转板，在深圳中小板成功上市，成为新三板挂牌企业的楷模。新三板市场在为企业直接融资搭建平台的同时，也为创业投资机构的退出建立了一条渠道。

虽然股份报价转让系统的价值发现和融资功能已初步显现，但其规模仍然有限，方式也比较单一。目前在报价系统主要采用定向增资的方式进行融资，这属于私募股权融资的性质，因而不能公开招股，并且根据规定在刊登定向增资公告前就要确定融资价格、融资额和融资对象。当前新三板市场的融资功能依然有限，这也是新三板市场发展缓慢的主要原因之一。

六、交易、监管制度有待完善

新三板交易制度尚处试点阶段，各类制度都带有明显试行的色彩，并且制度规定比较严格，融资存在一定的难度。原因主要集中在交易门槛限制股份流动性、券商作用仍有进一步拓展空间，扩容范围还需扩大等。

另外，新三板试点中的监管体制和制度，还有很多需要完善和改革的地方，以适应与新三板未来的发展和场外市场的建设。

七、升板及退市机制有待完善

目前，由于新三板挂牌企业总体数量才 100 多家，在一定时期内，申请上市的企业数量不多，但是，随着新三板扩容及其挂牌企业数量的增长，企业能否在场内市场上市的“转板”需求会越来越强烈，“转板通道”的建立将会在资本市场中发挥重要的作用，这是将来即将面临的较重要的问题之一，这也是企业和投资者对该市场的兴趣打折扣的原因之一。2009 年 7 月 8 日，中农羊业因未能按时披露 2007 年度、2008 年度定期报告，被中国证券业协会实行特别处理，公司股票简称由“中农羊业”变更为“ST 羊业”，成为新三板第一家被 ST 的挂牌公司。

相比我国中小板、创业板日趋严格、规范、市场化的退市标准，新三板现行的退市标准较为宽松，仍然体现出行政主导而非市场主导，在退出程序和制度安排上缺乏可操作性。

要解决如上这七大现状和问题，并大力推动新三板市场的发展，需要通过改革，完善新三板发展的相关制度，制定并出台一系列合理的扶持政策，并促成新三板市场的扩容。

第三节　新三板交易制度所需的改革

在新三板现行的交易制度中，其进入市场进行股权交易的门槛较高；主板券商在股份交易中的主动性、价格发现功能等远远不足；个人投资者交易受限；挂牌企业的区域范围受限以及新三板挂牌企业融资能力和效果不佳等问题。所以，针对这些问题，宜在减少交易风险的前提下，进一步提高新三板交易的活跃性，股份流动性，进而增强挂牌企业融资能力，满足不同企业的融资需求等方面对新三板制度进行改革，具体体现在以下几个方面：

一、区域突破与全国性扩展

中关村科技园区非上市股份有限公司报价转让试点自 2006 年 1 月启动，至今已整整 6 年，其探索、试点的使命业已完成。2012 年 8 月 3 日，新三板首批扩容园区出炉，不过，随着区域的扩展，各种配套制度也需及时跟进，以保证参与的企业能够在统一的标准和条件下，公平竞争，择优挂牌，逐步把新三板市场建设成全国性、统一标准、高效的资本场外交易市场。

二、推进做市商做市制度建设

新三板在扩容新规出台之前的交易方式有两种：一种是投资者买卖双方在场外自由对接，协商并确定买卖意向，再回到新三板市场，委托主板券商办理申报、确认成交并结算，此时的报价转让系统只是一个成交确认、结算平台，并没有发挥报价功能，另一种交易方式是买卖双方向主办券商作出定价委托，委托主办券商按其指定的价格买卖不超过其指定数量的股份，主办券商接到此委托后，将定价委托申报至股权代办转让系统登记备案，一般是被动地等待买家或卖家出现，对手方如同意此定价且愿意为此交易，仍需委托主办券商作出成交确认委托，一旦该委托由主板券商作出成交确认申请，并在标的股份存在且买方资金充足的情况一下，交易才能成立。

在这种非指令驱动的新三板交易制度中，主办券商虽然在交易的委托、报价申请、成交确认以及交割清算等环节起到了很重要的作用，但是仍然存在较广泛的拓展空间，特别是券商本身应当具备的主动报价、促成交易等增强证券流动性方面，有待更大的变革和推进。而做市商制度在增强证券流动性，有效发现价格等问题上，发挥着重要的作用。所以，在进一步改革新三板交易制度中，在引进做市商制度后，需要加强制度建设与做市功能，并适当地增加集合竞价制度。

做市商制度不同于竞价交易方式，一般为柜台交易市场所采用，以纳斯达克市场最为著名和完善。做市商最主要的功能是对挂牌公司定价估值，提供流动性。新三板市场为创新企业服务，创新企业未来业绩波动剧烈，上市公司披露的信息很难准确反映其未来，一般投资者没有能力自行直接分析创新公司，只有依靠做市商。在企业挂牌前，应允许做市商持有挂牌公司一定比例（5%—15%）的股份，以保证双向报价和合理的流动性交易。

三、推进投资者参与制度建设

新三板交易制度从谨慎性角度出发，限定了自然人参与投资的范围，在新三板扩容后，不仅要应适当扩大自然人投资范围，而且要加强投资者的引导、监管等方面的制度建设。

显而易见，投资新三板存在着太多的不确定性与风险，保护投资者的利益成为监管部门首先必须面对的问题。自新三板市场启动以来，普通个人投资者能否参与其中一直是市场争论的焦点。境外成熟的市场，都是对公司股东人数设下限。纳斯达克小型资本市场的持续上市标准中，要求股东人数不得少于 300 人；我国台湾的上柜股票要求持有股份 1000—50 000 股的记名股东人数也不能少于 300 人。对于新三板，具有一定风险承受能力和一定投资经验的个人投资者，在引入他们进场后，要加强引导、利益监管等后续制度的建设，真心增强新三板的流动性。

四、改变限售期规定及降低交易标准

新三板现行交易制度限制了挂牌公司股东对外出售股份的期限，不能在公司挂牌一次性转让全部股份，分别规定了限售期限。即控股股东及实际控制人挂牌前直接或间接持有的股份分 3 批进入代办系统转让，每批进入的数最均为其所持股份的 1/3，进人的时间分别为挂牌之日、挂牌期满 1 年和 2 年。

从上面公司法的相关规定，可以看出，发起人持有股份转让限售期为 1 年，公司董事、监事、高级管理人员持有股份转让限制期为 1 年，远低于新三板限售期规定。由此，作为公众公司上市公司的主板、中小板和创业板公司，其对于发起人及高管的限售期尚为 1 年，而新三板挂牌公司却高于公众公司的限制年限，规定显得过于严格，存在着进一步放松限销期限的空间和可能性。

另外，关于新三板股份交易要求每次不得低于 3 万股，投资者证券账户某一股份余额不足 3 万股的，只能一次性委托卖的规定，会大大地限制投资者的参与范围。具悉，新三板扩容后，这样的规定将降至 1000 股。

第四节　新三板未来需要解决的六大问题

新三板扩容虽然只是地域上的扩展，即从中关村试点发展到全国其他符合条件的高新技术园区，但是扩容意味着将逐步容纳全国其他高新技术区非上市企业挂牌，实现全国联网运行、统一监管。这将会使整个新三板交易制

度及运行方式等面临很大的挑战。

一、地域差异性将如何统筹

目前，我国共有88家国家级高新技术园区，分布在中国的大江南北，各个不同地区之间的经济发展水平，科技研究水平，各园区之间的管理水平和支持力度都不一样。如果新三板扩容到全国的其他高新技术园区，面对这些明显的地域差异，我们以统一的标准衡量，就会出现这样的现象：一些园区将会有很多符合标准的企业，而一些园区却很少。然而，新三板将来会成为全国统一场外交易市场的重要组成部分，这就决定了新三板在扩容的情况下，也必须实行统一的挂牌标准，而不会考虑到地区差异。这种矛盾，将怎么解决和安排呢？

二、新三板与各地股权交易市场的定位

2008年，天津先后设立两家独立的股权交易所，即天津股权交易所和天津滨海国际股权交易所。天津股权交易所采用由做市商双向报价、集合竞价和协商定价并存的联合定价机制。天交所目前挂牌企业161家，比新三板还多出几十家，市值达到170亿元水平（截至2012年5月31日），而且，天津的两个股权交易所在制度创新方面走在了前面，已成为全国性场外股权交易市场体系中不可忽视的一部分。另外，重庆、上海股权交易市场自成立以来，也发展很快，都取得了阶段性的成绩。

新三板扩容后，全国统一监管下的场外市场建设的趋势已渐明朗，如何处理新三板与各地股权交易所（中心）之间的关系问题凸显出来。各地股权交易所定位等就需要进行调整，或成为场外市场中区域或地区性层次市场，或成为全国统一市场的有益补充等等，都需要明确定位，以避免这三者之间可能会产生的矛盾，从而有机结合共同促进我国场外交易市场健康有序发展。

三、扩容与系统滞后之间的协调

新三板市场扩容，未来随着大量的挂牌企业的增加，挂牌公司涉及方方面面的工作机制和工作流程，涉及不同的政府机构和部门。一是新三板现行

交易系统是否可以顺畅地满足正常的报价、交易、结算、交割呢？二是扩容后，可能有数倍于中关村科技园的政府机构、部门参与其中，如何协调这些政府部门之间关系，这又是一个现实存在的问题。三是虽然新三板使挂牌公司在资金融资、规范管理、形象营销等方面得到了提升，但是，由于制度不完善，导致其流动性不足，也制约了新三板对企业发展的促进作用。

另外，目前新三板的报价体系较简单，整个交易规则和操作系统都面临更大的挑战。

四、备案制或向注册制调整

未来新三板发行或将采取注册制，在沿袭目前备案制的基础上，由地方政府对拟挂牌企业进行资格审查，主办券商进行尽职调查和推荐，中国证券业协会实施自律性管理，经由证监会有关部门备案后即可发行，具体的备案机构将由中国证券业协会变更为证监会某个部门，其相应的注册等工作程序也应进行修订和明确。

五、市场监管与有效推市的结合

新三板扩容不仅仅是区域的扩展，挂牌企业数量的增多，各种机构、政府部门等的参与增多，而且还包括挂牌企业募资数量、频率以及复杂状况增加，以及引进做市商，降低新三板交易主体和交易数及门槛限制，允许更多的交易主体以更灵活的方式进行新三板股份转让交易，等等。在新三板进一步推动市场化发展的同时，无疑要对应如何加强监管的问题。如何在制度与机制上来协调这两者的关系很重要，也很微妙。

六、转板机制的建设

“转板制度”是企业在不同层次的证券市场间流动的制度，是资本市场体系中各个层次资本市场之间的桥梁，是资本市场中不可或缺的重要环节。目前我国并不存在真正的转板制度，三板挂牌企业和非三板企业，都需要通过首次公开发行的程序（IPO）才能在场内资本市场的相关板块上市。本书第二章第五节与第十八章第四节讲了很多，这里，只提出业内人士的一点观点：

在转板机制中应推行存量发行，即不发行新股，也不进行融资，而是将原来在新三板上运行的股本“平移”到创业板或者中小企业板块上，此办法将有效防止转板公司股票在二级市场上高溢价圈钱冲击证券市场。

第五节　新三板扩容的意义和企业运作的重心

新三板扩容是我国构建多层次资本市场体系和场外交易市场建设的重要内容之一，对我国资本市场的发展具有重要的影响和作用。面对这样的机遇，拟挂牌企业或挂牌企业今后的工作重心需要调整，要有所侧重。

一、扩容的六大作用和意义

新三板扩容，对于场外市场建设以及在推动整个资本市场的发展意义深远，作用巨大，主要集中在以下几方面：

（一）丰富我国的资本市场结构

新三板作为重要的场外交易市场组成部分，其扩容可以实质性地为我国多层次资本市场的构建作出贡献，这一点前面所涉及的相关或相近内容已讲述很多，这里不再细述了。

（二）实现全国范围内的资源共享与统一运行的市场

通过联网运行、集中报价、统一监管、统一核算，统一监管制度运行体系等促成市场间的信息与资源的共享，以解决目前国内场外交易市场过于分散的状况，协调代办股份转让系统、股权交易所，甚至产权交易机构之间的关系，避免各个机构之间因地方利益而产生的冲突与不正当竞争。

目前新三版系统由证券从业协会监督管理，天津新成立的两家股权交易所都是在天津市政府的推动下成立的。针对现状，形成全国统一监管的市场体系，还可以避免监管真空以及监管政策之间的矛盾和重叠，引导市场运行的有序和高效。

（三）对场内市场的“蓄水”与“挤压”作用

新三板扩容作为重要的场外交易市场，在丰富我国的资本市场结构和为场内市场提供蓄水池和孵化器作用的同时，也对二级市场上的中小板和创业板股票有一定的挤出效应。由于大多数高科技类企业今后可以在新三板市场直接挂牌交易和进行融资，这样，二级市场上市将不再成为一种十分稀缺的资源，中小板和创业板股票的价值将被重估，对目前中小板和创业板高市盈率的发行形成一定的压制。

（四）满足全国非上市高新企业的融资需求

场外市场不仅可以作为主板、中小板和创业板的后备企业资源库，其特有的投资和融资价值还体现在对资源的优化配置、股份流动性的提高都能起到积极作用。场外市场在提供高效低成本的融资渠道、提升资本运作能力、完善中小微型企业公司治理以及为主板输送优秀企业等各方面都能够发挥良好的功能，仅服务于中关村高新企业的新三板远远不能满足全国各地市场企业的需求，将新三板扩容至全国其他地区，把更多的企业纳入其中，并为其提供融资服务，与此同时，广大中小企业吸收风险资本投入、引入战略投资者、提高公司治理水平，企业逐步做大做强，将对促进国民经济健康发展起到促进作用。

（五）对私募和创投类企业形成直接利好

以前创投类公司要实现退出，主要是通过二级市场上市来实现。今后，创投类公司不仅可以通过新三板市场转让已有的投资项目，实现退出，还可以更便捷地寻找到优质的公司进行投资。因此，私募股权基金等创投类投资今后将成为市场的一个投资热点。

（六）满足投资者资本配置与价值投资的需求

场外市场是资源配置的重要场所，它能使社会资源向最有利发展的部门聚集，向投资者提供参与高风险高收益的风险投资的机会，并为风险投资的退出提供宽松的渠道，进而形成投资的良性循环，带动企业发展壮大。同时，还可以有效避免日前场外交易中存在的暗箱操作、灰色交易等问题。通过更为公开、透明的市场竞争，有效实现资本市场优化资源配置的功能，满足不同类型投资者资本配置的需求。

新三板扩容同时为价值投资者提供了平台，使得价值投资成为可能。无论是个人还是机构投资者，投入新三板公司的资金在短期内不可能收回，即便收回，投资回报率一般也不会太高。因此，新三板市场更适合以价值投资为主的投资者。

二、门槛低容量大

现实中，中小型及微型企业的生存困境、融资困难等现状，已经引起了国家、政府的高度重视和关注，因为，中小微型企业作为最为广泛的企业数量群体，其经营状况的好坏直接影响到中国经济基石的稳定。从国务院及其相关的各大部委的活动和出台的众多政策显示出，国家正在大力改善中小型及微型企业的生存境况，特别是解决企业融资途径问题。中国现行的场外市场以天津为首的各地股权交易所、新三板市场等为主体，新三板作为场外市场建设的重要组成部分，其扩容的酝酿和准备已经有几年时光了。

在场内市场中，目前的中小板、创业板在一定程度上为中小微型企业提供了融资的途径，但是，因为其门槛较高，其效能和解决的范围是有限的。而场外市场中的新三板因为其未来要容纳5000—10 000家企业，市值要达到5000亿—10 000亿元，所以，其门槛低、容量大。

当然，正因为其门槛低、容量大，这也会进一步地刺激VC/PE的发展，而VC/PE也会进一步向中小企业进行直接融资，这样整个市场就会循环流动起来，场外市场的活跃，就会在更大层面上支持中小微型企业的生存和发展。

三、企业挂牌后的市场运作更重要

新三板若能尽早实现扩容，将很大程度上缓解中小企业依靠信贷融资的窘境，同时也能为企业进入更高级别的市场做好跳板，引入机构资金，改善治理结构。扩容并非是简单的扩大，扩容还需涉及包括制度在内的很多深层次问题的解决和改革。就当前的新三板市场来说，存在的众多问题，比如市场流动性不足，投资者关注度下降，成为一个没有吸引力的市场，进而形成恶性循环，带来流动性继续下降，资源配置功能消退；又如挂牌之后券商中介服务如融资、规范运作辅导等服务能力不足等等。

实际上，新三板挂牌企业，其挂牌流程本身是次要的，而对企业在挂牌之后的服务和发展才是更重要的，这是新三板市场面临的挑战。比如新三板市场的企业需要定向融资，这对券商在企业风险的拿捏和股票承销能力、挂牌后的服务能力提出很高要求，而这正是当前大多数国内券商所缺乏的。另外，新三板市场面临的另一个问题是转板机制尚未建立，新三板市场还无法与主板、创业板市场实现有效对接。目前新三板市场上已有少数几家企业实现创业板上市，但依然走的都是 IPO 程序，还不是直接转板。一些业内人士认为，转板在国际资本市场十分平常，而且很有必要，目前国内转板机制在制度设计上并没有多大障碍，可能主要还是一个理念的问题。

第十八章　我国场外市场动向与未来模式

第一节　新三板扩容与最新政策动向

2012 年 3 月 27 日，国务院副总理王岐山在北京市市长郭金龙、中国人民银行行长周小川、证监会主席郭树清的陪同下，考察了北京中关村科技园区非上市股份公司代办股份报价转让试点工作。

在本次调研现场，证监会和中关村管委会在为王岐山制作的展示材料当中，首次披露了新三板扩容的两个框架性构想和及其发展的五大建议。

一、两个框架性构想

中国证监会等监管层为未来新三板扩容所提出的两个框架性的构想，一是“扩大试点范围”，即将试点园区扩大至全国国家级高新区及经济园区，真正成为全国性场外市场。二是“在中关村代办股份报价转让试点基础上建设统一监管下的全国性场外交易市场”，即建立新三板交易所。围绕这两个框架性构想，主要体现如下思想和热点问题：

1. 以新三板为主的场外市场需要“顶层设计”。正如 2012 年 1 月，郭树清在2012年度证券期货监管工作会议所说的那样，证监会将推动在柜台交易市场的基础之上，建设全国统一监管的场外市场，为非上市的股份公司提供阳光化、规范化的股份转让平台。据悉，2012年已经上报的更新版场外市场方案，按照国务院的要求对场外市场各层次，包括新三板、地方柜台市场的定位和相互关系给予进一步明确，对场外市场的发展步骤也进行了分步规划。

2. 新三板筹备工作小组已成立。组长为湖南证监局局长杨晓嘉，副组长为现任证监会市场监管部主任谢庚，证券业协会副会长邓映翎牵头搭建场外市场委员会的核心班子。

3. 新三板交易所或将很快成立。作为场外市场的落实的第一个实质性步骤，新三板交易所将在北京成立。将撤销中国证券业协会场外工作委员会，在北京设立与沪深平行的场外证券交易所，今后主办券商的资质由北京证券交易所颁发。北京新三板交易所将履行新三板备案及日常监管职责，或由中证协场外市场工作委员会班子为核心搭建。

4. 出台《非上市公众公司监管办法》。在新三板交易所揭幕之前，证监会已经出台了《非上市公众公司监管办法》（以下简称“办法”）这一迟到超过6年的法规，为场外市场建设提供一项重要的基础性法规。

5. 证监会非上市公众公司部将会走上前台。场外市场监管职能移至证监会非上市公众公司监管部。新三板拟挂牌公司除要向中国证券业协会备案确认，还要向证监会非公部上报材料备案。据悉，冯鹤年领导的公众公司部正在吸收新的人员，调整组织架构，为即将到来的新三板和场外市场建设积蓄力量。

二、新三板未来的发展

新三板市场作为场外市场的重要组成部分，其未来的发展主要包含五个方面的内容。

1. 建立和完善各层次市场间的转板制度。公开信息显示，自新三板试点至今，已成功“转板”的企业共有6家，此外，有10家企业均已进入实质筹备阶段。转板或参考公司债审批或台湾兴柜市场的做法来制定制度。

2. 探索实行做市商制度。此前来自监管层的信息显示，扩容改革后的新三板实行做市商制度大局已定。

3. 支持主办券商开展直接投资业务并对其进行分类监管。对主办券商分类监管评级标准为：一是根据主办券商推荐的企业质量，其公司业绩在挂牌后表现、成长性等；二是根据挂牌后企业的信息披露工作是否到位。主办券商的资质也将进一步限定：要求开展该项业务的券商团队设立一级部门，限定在 15 人以上，其中注册会计师不低于 4 人，律师不低于 2 人，由分管投行的公司领导分管推荐挂牌交易业务。

4. 开展挂牌企业股权激励试点和新三板转版制度规划。新三板扩容方案对于企业的转板进行了规划，提供转板优先排队服务，缩短登陆创业板、中小板和主板的周期。

5. 股东限制、投资门槛和交易制度将改进。这些改进已经在 10 月 11 日出台的《非上市公众公司监督管理办法》中有所体现，未来或将进一步地改进。

这里，只说说做市商，该制度在扩容后推行已初步确立：为同一只股票做市的做市商数量在 2 家以上，身份需向社会公开；通过双向实时报价的形式向投资者传达估值信息；要求做市商持仓 3%—10%，以降低其囤积炒作的可能性；同时要求做市商以自有资金在其报价水平上与任意投资者成交，让其为虚高的报价埋单。

第二节　三种关系决定了我国场外市场将分层构建

要建立符合中国国情的场外市场，应当处理好各层次市场间、市场各参与方利益机制、监管与市场效益三方面的关系。多层次市场体系建设是一个契合我国不同成长阶段、业态模式企业需求的市场，应避免制度设计趋同。在未来很长一段时间内，我国场外市场在效率问题及主板后备培植等方面不能期望过高，面对数以千万计的中小、小微企业，我国的场外市场应该实行分层构建，不应该仅仅定位为主板市场的“孵化器”。

一、经济转型的三大关系

2008 年全球金融危机以来，中国的经济运行虽然保持平稳较快的发展势头，但是从我国应对危机的政策效果及经济运行下滑的趋势来看，过去以投资拉动的经济增长模式难以持续，转变经济发展方式已经到了刻不容缓的时候了。中国证监会市场部主任谢庚的观点很好，转变经济发展方式、促进中国经济转型、实施自主创新战略均需要三个条件：一是包括对实体经济，特别是创业体系与投资机制的政策扶持体系的建设；二是资源配置方式的转换，以市场化方式配置资源已经提了很多年，但多年来并未完全实现；三是要素市场体系的健全。

这三个方面相互关联，政策体系的建设有利于后两方面的实现，资源配置方式的转变依赖于要素市场体系的健全，也依赖于政策体系的配合。

二、场外市场建设的三种关系

通过20多年的发展，我国资本市场市值规模已达到世界第二，但是，这远远不能满足我国现有实体经济的要求。我国股份公司至少以万家计，中小企业则有百万甚至千万家。相对巨大的企业资源，中国资本市场的服务还很不到位，必须健全中国的资本市场体系。要建立符合中国国情的场外市场，根据谢庚的观点，应当处理好三方面关系。

一是各层次市场之间的关系。企业有成长阶段、运营规模、业态模式等不同的区别，针对不同类型的企业，应当对应形成多个层次的资本市场体系，对不同的企业有针对性地给予差异化服务。多个层次不仅仅是多个板块，多层次资本市场体系的本质是对风险的分层管理体系，实现方式是制度的差异化安排。从市场角度说，就是针对不同企业群体的差异化服务，各个不同的市场层次对应拥有不同的企业群体，它的服务内容、服务方式、管理方式都是有所差别的。

二是市场参与者之间的利益机制关系。任何层次的资本市场要实现健康、可持续发展，需要满足重要条件是：各种参与者都要在市场中配对相应的角色，使他们能够找到自己的位置，找到参与经营的方式与获取利益的模式。如果任何一方参与者在市场中找不到位置，或难以达到诉求目的和盈利要求，其市场作用便不能形成，那么，这个市场就不可持续，更不说繁荣了。因此场外市场一定要处理好各种参与者及其之间的利益模式与利益主体等关系。

三是监管和市场效益间的关系。场外市场多为小企业，发展时间不长，财务承受力有限，监管过严可能造成挂牌成本过高；但如果监管过松，市场风险过大，市场的发展也不可持续。在监管和市场效益间要把握平衡的原则，制定出适合我国国情的监管制度与市场运行模式。

三、分层建设场外市场

实现我国经济的平稳与快速转型，要处理好政策扶持、资源配置与市场体系转型三者之间的关系。资源配置的好坏，需要市场体系设置的科学；而资源配置是直接和间接促进经济转型的关键所在。合理与科学的资源配置需要市场，特别是多层次的资本市场体系来实现。对我国现状来说，多层次资本市场的建设，场外市场建设是重点。

我国场外市场的建设要更好地处理与不同类型企业、参与者、市场效益与监管三种关系的话，也应该实行分层建设。如何分层由市场需求决定，而不是由制度设计决定，这需要在实践中摸索。同时，在场外市场的建设上，应当避免各层次市场制度设计的趋同，包括场外跟场内市场的趋同，也包括场外各层次市场之间的趋同。

第三节　场外市场建设获突破性制度支持

2012 年 10 月 11 日，证监会发布了酝酿 6 年之久的《非上市公众公司监督管理办法》（以下简称“监管办法”）。与目前上市公司发行及监管制度相比，“监管办法”有多项制度创新，包括不设财务门槛、股东人数可超过 200 人、不设类似发审委组织、不实行保荐制、简化信息披露、实行分层管理等。这部法规被业界认为是国内新三板扩容实质性推动的首部正式法规的雏形，被视为我国多层次资本市场建设获突破性支持的首个制度。

“监管办法”将为建设全国统一的场外市场清扫障碍外，并意味着数量众多的非上市公众公司可以通过统一监管的平台进行股份转让及定向发行等，证监会服务面不再仅仅是上市公司，资本市场的覆盖面将大大增加。

一、轻松的监管思路

根据“监管办法”，非上市公众公司的定义是：不在证券交易所上市交易的股份有限公司且满足股票向特定对象发行或者转让导致股东累计超过 200 人，或者满足股票以公开方式向社会公众公开转让的公司。按定义，历史上遗留的股东超过 200 人的公司，被纳入非上市公众公司的监管范畴。

按照规定，证监会非上市公众公司监管部将负责非上市公众公司的审核和监管。非上市公众公司的监管在核准内容、监管方式方面集中体现了证监会轻松的审批、监管的改革思路。“监管办法”明确非上市公众公司在准入条件上，不设财务门槛和盈利指标，程序大大简化，不设发审委，不实行保荐制。在具体审核工作中，“监管办法”明确证监会对公司的持续盈利能力也不作实质性的判断。不过，“监管办法”重点要求企业股权明晰，信披真实、准确、及时，规定需在证监会指定披露平台上披露年报和半年报。重点审查公司的治理是否规范，打击内幕交易以维护证券市场的健康发展等。其他如股票转让，定向发行等都做出了明确的规定。

二、“新三板”扩容获实质性支持

“监管办法”的建立是资本市场服务实体经济发展的需要。一方面，创业板建立初衷是为中小企业服务，解决中小企业融资问题，而实际上创业板的进入门槛较高，众多的中小微企业达不到上市条件，难以利用资本市场进行直接融资。另一方面，地方性场外交易市场在取得发展的同时，也出现了监管不严、风险过大、威胁公众利益和区域金融稳定的问题。因此，出台非上市公众公司监管办法既是完善多层次资本市场、扩容新三板等场外交易市场的前提，也是确保金融稳定的迫切需要。

此次“监管办法”中较低的准入门槛以及简化的核准程序有利于新三板扩容，股东数量限制的突破，将大大增加新三板市场的参与者数量，进而提升交易的活跃度，提高股票的流动性，增加新三板市场的吸引力。允许非上市公众公司通过定向发行方式募集资金丰富了新三板市场的功能，确立了新三板市场不仅仅是交易和投资的市场，同时也是融资的市场。对于符合投资者适当性管理规定的自然人投资者、法人投资者、核心员工及其他经济组织都可以是定向发行的对象，符合投资者适当性要求的自然人投资者也可以进入到市场中，解决了部门民间资本投资难的问题。另外，对定向发行后股东累计不足 200 人或在 12 个月内发行的股票累计融资额低于公司净资产 20% 的非上市公众公司，豁免向中国证监会申请核准，可自办发行、事后备案，这为中小微企业小额融资建立了高效便捷的绿色通道，无疑将进一步增强新三板市场的吸引力。

三、券商、VC/PE 获行业性利好

以新三板为主的多层次场外交易市场不仅对实体经济有利，能够解决民间资本“投资难”和中小企业“融资难”的矛盾，同时也将大大拓宽证券公司的业务边界，增强证券公司服务投资者的能力，改善证券公司盈利模式。一方面，“监管办法”中股东数量限制的突破提高了新三板挂牌企业股票流动性，交易的活跃对于券商来说最显而易见的影响就是增加了券商的做市收入及佣金收入。另一方面，允许定向发行募集资金对于券商最直接的好处就是其作为承销商，直接收取一定比例的承销费用。同时，融资功能也将增强新三板市场的吸引力，随着挂牌公司的增多，券商的注册费收入也将相应增加。“监管办法”确定了多层次资本市场建设的制度基础，券商将在此基础上与已经推出的中小企业私募债等创新业务对接，广泛拓宽盈利模式。

“监管办法”出台后，场外市场将逐步规范，交投也将日益活跃，新三板市场扩容进程会进一步加快，VC/PE 机构将面临更多的投资机会；同时，通过推动被投企业场外市场挂牌交易，VC/PE 退出渠道也将多元化，这对 VC/PE 机构而言无疑是重大利好。

四、资本市场与企业融资面的扩展

以前证监会服务的主要是上市公司，事实上，我国非上市公司数量远远超过上市公司，资本市场需要扩大覆盖面和支持面，对非上市公司提供支持。“监管办法”支持成长型、创新型中小企业、现代农业企业、小型微型企业的股本融资、股份转让等活动，促进非上市公众公司稳步成长，对完善多层次资本市场，多渠道服务于我国经济发展方式转变和经济结构调整都具有积极而深远的影响。

“监管办法”对非上市公众公司股东数量及对投资者要求的突破，无疑将大大增加新三板的参与者数量，进而提升交易活跃度，提高股票流动性，增加新三板市场的吸引力。办法还明确确定了新三板不仅仅是交易和投资的市场，同时是融资的市场，可以满足拟挂牌公司的融资需求，无疑大大增加新

三板市场的吸引力。对于非上市公众公司而言，“监管办法”一方面拓展了融资渠道，另一方面明确了监管要求，增加了打击内幕交易查处规定。同时，非上市公众公司需进行持续信息披露，重点审查公司治理是否规范及是否按照信息披露规范真实、准确、完整、及时披露了所有有关信息；为严格防范风险，禁止向一般社会公众发行股票，对于符合投资者适当性管理规定的自然人投资者、法人投资者、核心员工及其他经济组织，限定每次发行合计不超过35人。

五、对全国性场外市场构建的支持

多层次资本市场建设一直被监管层多次提及。新三板扩容进展能够得到监管层如此关心，其主要原因是，在我国多层次资本市场发展过程中，新三板扩容为主所形成的全国性的场外交易市场能够解决中小企业融资难题。“监管办法”的出台就是以加强对暂不具备公开发行上市条件的成长型、创新型中小企业和小微企业服务为目的，为民间资本创造更有利的投资环境。

众所周知，企业上市或挂牌，主要目的是为了融资，其难点是定价。只有通过活跃的交易方能实现市场化定价，而活跃的交易意味着必须有更多的人来参与到股票的交易之中。还有，由于新三板是多层次资本市场的重要组成部分，主板和创业板都推出退市制度，退市后，可以转板到新三板，对接场内和场外股价，实现高效率的退市。

此外，业内人士认为，监管层这次推出的发行制度和融资豁免制度，都是针对非上市公众公司的特征而设立。这些公司一般来说规模较小，单次融资规模不大却很急。推出这样的制度可以避免像主板那样复杂的程序，可以降低融资时间成本，提高融资速度和资金使用效率。

围绕“监管办法”，以后会有包括相关章程指引、信息披露规则、股权转让说明书、发行公告书以及对中介机构的要求和监管等细节性文件及其层级更高的配套法规的陆续出台，将在定向增资，引进投资者，盘活市场流通等方面为中小企业和投资者们带来更多的利好。显然，这一制度的出台为未来场外市场的建设和发展铺平了道路，显示出证监会对资本市场改革的决心和“重大进步”。

第四节　新退市制度的出台与转板机制的趋势

新三板的扩容将为我国场外交易市场的建设及多层次资本市场框架的搭建奠定基础。同时，一个严峻而重要的问题将被提出，那就是，不同层次的资本市场之间尚未搭建起链接的桥梁，缺乏完善的转板制度和通道。转板制度和通道包括“递进升板”和“退市”两个方面内涵。所以，沪深场内市场的新的退市制度出台对于转板制度和机制的形成无疑起到了很重要的推动作用。

一、退市与转板之间的关系

20 多年来，沪深场内市场一直给投资者“上市容易退市难”的印象，ST 股被恶炒、“乌鸦变凤凰”的事情时有发生。面对暴涨暴跌的混乱市场，投资者在方向迷失中被卷入一道道严重风险浪潮而难以自拔。为什么上市问题公司退市这么难呢？原来是因为退市企业关联的利益关系太多太复杂，不仅涉及职工和债权人利益，还涉及地方政府和部门，更涉及成千上万投资者切身利益。鉴于复杂的利益关系，想要让那些问题公司真正从沪深场内市场消失也并不是一件容易的事。要解决这一难题，参照国外成功经验及业内人士的普遍观点，只有建立和完善退市制度和转板机制，才能有效解决和化解退市企业一系列复杂的利益关系，并规范市场秩序以形成良好的投资与监管风尚，逐步让资本市场成为一个真正的具有投资价值的市场。

退市只是一个手段，并不是目的；完善的退市制度，并不是意味着要将上市公司一棍子打死。那么，那些“没被一棍子打死”的公司何去何从？这就与转板机制有关了。比如，在新三板等场外市场或创业板市场上成长起来的公司，可到主板市场挂牌交易。同样，在主板市场摘牌的公司，可到三板等场外市场交易，等到各项条件再次符合后，还可到创业板或者中小板重新上市。这样，被市场停止交易或退市的公司，其股东仍可通过其他市场交易，降低摘牌成本，为公司重振提供机会。同时，也不至于让投资者亏得血本无归。看来，理顺退市与转板之间的关系，建立起相关的制度和机制，尽可能实现多层次资本市场之间的互动，让转板和退市变成一种人们习以为常的市场行为，那么，沪深市场的问题公司退市也将就不再成为难题。

二、新退市制度及其对场外市场的依赖

2012年6月28日，沪深交易所相继发布《关于完善上海证券交易所上市公司退市制度的方案》和《关于改进和完善深圳证券交易所主板、中小企业板上市公司退市制度的方案》。据分析，两交易所新退市制度的总体框架和主要退市条件基本相同，只是在风险警示和退市后续安排方面存在一些差异。具体来说：

两所新的退市制度总体思路主要有四方面的安排：一是弥补了现行退市标准和程序的不足，通过增加“扣非”标准和30个交易日内完成补充材料的要求，对恢复上市环节中的两个关键问题作出了更加具体明确的规定。二是完善了退市标准，新增了净资产、营业收入、非标审计意见等相关退市标准，新增了股票成交量、股票收盘价两个市场交易方面的退市标准。三是明确了恢复上市和重新上市条件，在恢复上市和重新上市等环节设立了更细致、更具体的条件，明确市场预期，遏制对绩差公司股票的过度炒作。四是保障新旧退市制度的平稳衔接和过渡，在新老划断上采取了较为稳妥的做法，以减少社会和市场各方的阻力，有助于新退市制度的平稳实施。

在风险警示方面，深市主板、中小企业板通过设置退市风险警示标识*ST的方式进行相关公司的风险警示，而沪市通过设置退市风险警示标识*ST以及风险警示板的方式向投资者警示风险。在退市后续安排方面，深市公司股票终止上市后可以选择全国性的场外交易市场外或者其他符合条件的区域性场外交易市场挂牌转让，而沪市公司股票终止上市后可以选择全国性的场外交易市场外或者其他符合条件的区域性场外交易市场挂牌转让，也可以申请将其股票转入上交所设立的退市公司股份转让系统进行股份转让。

退市制度有两点需要特别关注：一是在沪深场内市场中退市的企业将退向何处？二是退市的企业有否复活的制度与通道安排？前者对场外市场的建设提出了要求，后者是对转板机制和通道提出了要求。两者综合起来便是如何在退市与升版中更加有效的保护投资者，同时惩罚并给予问题企业一定的保护机会，以最有效地解决退市企业所涉及的各种复杂矛盾和社会问题。显然，只有足够大和足够健全的场外交易市场，才能容纳下这些退市公司，并

真正让这些业绩较差的公司得到资金、运营等方面“休养生息”，或通过股权转让，资产重组等方式“改换新颜”，实现复活，进而重新转板上市。20多年来，沪深场内市场中很多垃圾股“永垂不朽”的现象，不仅是一种制度的缺失，更是场外市场这种场所与环境功能的缺失。另外，企业从场内市场的退市，或场外市场挂牌企业跃升到场内市场，本身就属于“转板现象”，所以，转板机制与场外市场的建设和发展有着密不可分的相互促进的重要关系。

三、转板机制对场外市场的作用

建立“转板机制”旨在打通资本市场不同层级之间的渠道，使符合条件的上市公司可以转板（升板或退市）到另一层级的资本市场，使企业在市场上优胜劣汰，自由流通。场外市场对转板机制的形成有基础性的推动作用，反过来，转板机制又对场外市场流动性、挂牌企业的融资及与场内市场的互动具有重要的反作用效能，具体来说：

一是增强场外市场的流动性。只有流动性良好的市场，才能满足挂牌企业融资和投资者投资获利的目的，即挂牌企业才可以增发、股权转让等方式进行融资，同时投资者才能够获取退出渠道，也有了投资获利的机会。转板机制和制度，就是促进企业在不同层次的证券市场间流动的制度，显然，它可以促进更多的企业到新三板等场外市场挂牌，也会吸引更多的投资者投资新三板等场外市场企业，这样一个繁荣的市场才能被建立起来。

二是加强场外市场的融资功能。寻找到一条有利于持续发展的、稳定的长期融资渠道，是大多数企业的梦想。完善的转板机制，能够为新三板等场外市场带来更为强大的融资功能，使企业能够持续稳定的融资，无疑能够吸引更多企业到新三板等场外市场的挂牌。

三是实现板块间的自由流动。如果新三板等场外市场与创业板或中小板之间能够自由流动，它们之间存在一条绿色通道，通过这条通道，新三板等场外市场转到创业板或中小板市场比直接在某一证券市场IPO要容易一些，新三板等场外市场必定能吸引更多的企业和投资者。新三板等场外市场的繁荣就会得到重大突破。

四、场外市场转板的绿色通道

通常来说，绿色转板通道，就是指新三板等场外市场的挂牌企业，在自愿的前提下，可以通过一条专属于新三板等场外市场挂牌企业而有别于普通企业的途径，进行IPO，最终达到在创业板、中小板、主板上市的目的。鉴于目前普通企业IPO通道中排队的企业非常多，因此，为新三板等场外市场挂牌企业开辟新的途径完成发审程序，无疑会大大提高新三板等场外市场挂牌企业IPO的效率，进而促进新三板等场外市场的繁荣，使新三板等场外市场真正成为中小、小微高科技、新技术型企业上市的孵化器。

这样，新三板等场外市场挂牌企业的"转板通道"与其他普通企业的首次公开发行通道并行，成为链接场外市场与场内市场"升板"和"退市"企业流通的重要渠道。

转板通道的建立，既体现了新三板等场外市场区别于其他资本市场的独特之处，又为新三板等场外市场挂牌企业提供了在场内资本市场公开发行上市的便捷途径。就场外市场中的新三板来说，目前，挂牌企业总体数量才100多家，在一定时期内，申请上市的企业数量不多，但是，随着新三板扩容及其挂牌企业数量的增长，这条转板通道将会在资本市场发挥重要的作用。另外，由于转板通道目前是完全建立在现行的转板制度之上，其基本原理与现行的升板制度没有本质区别，因此，在改革实施的过程中与现行转板制度的对接相当便捷，成本较低。

五、打通新三板转板通道的三大障碍

到目前为止，"新三板"挂牌公司中的久其软件已在中小板上市，北陆药业、世纪瑞尔、佳讯飞鸿、紫光华宇、博晖创新已在创业板上市，但它们都是通过退出新三板，然后以IPO方式登陆场内市场的。就是老三板中的粤传媒，在探索直接转板的道路上拖延了5年，最终无果，也只能通过IPO方式登陆中小板。2012年10月11日，证监会发布了酝酿6年之久的《非上市公众公司监督管理办法》，打破了非上市公众公司股东人数不能超过200人的限制性条款，扫除了之前非上市公众公司股东超过200人的障碍，明确了公开转让及定向发行转让的准入条件等制度，将直接有助于新三板与场内市场转板机制的建立。但是，在现行状况下，打通新三板转板通道还需要解决如下几方面的问题。

（一）备案制向注册制过渡

目前，世界上的证券发行审核制度主要有两种：一是注册制，也称申报制或登记制，是指发行人按照规定将证券发行申请文件向国家政权监管机构申报注册，由其进行形式审查，在法定期间未提出异议的，该证券发行注册即生效力，发行人即可发行证券的审核制度；二是核准制，即证券监管机构对证券发行人提交的发行申请文件进行行使和实质审查，并在发行申请符合法律规定的准则时，依法予以登记核准发行的审核制度。证券发行注册制与核准制的相同之处都强调信息披露在证券发行中的地位与作用，但作为不同的证券发行审查制度，两者在以下方面存在重大差异：

一是证券发行条件的法律地位有所不同。采用核准制的国家往往对证券发行人的资格及条件，包括发行人营业状况、盈利状况、支付状况和股本总额等作出明确规定。证券监管机构审查的事项，主要是信息披露所揭示事项及状况与法定条件之间的一致性与适应性。证券监管机构的核准权或审查权，包含了对证券发行条件适法性的审查。但在采用注册制国家中，证券法对证券发行条件往往不直接作出明确规定，公司设立条件与证券发行条件相当一致，不存在高于或严于公司设立条件的发行条件。二是信息公开原则的实现方式有所不同。注册制的信息披露是由市场行为和政府行为共同推动的，借助各中介机构的介入，使证券发行的信息披露实现标准化和规范化。相关政府主管部门在信息披露中的作用非常特殊，其审查并非是在评价所发行证券的品质，而是坚持每只新发售的证券必须完全公开信息，并且不允许与发行相关的任何重要信息在发行前披露，使承担提供真实信息义务的企业成为诚信发行证券和建立公众对市场信心的动力。在核准制下，证券发行人必须履行信息披露义务，对与证券发行有关的各种重大信息予以充分有效的事先披露。但为了使所披露信息适合其发行条件的要求，使所发行证券对特定市场具有更强的适应性，证券监管机构有权对拟发行证券的品质作出审查，并决定是否允许其发行。在这个意义上，发行核准制提供了比注册制更严格审查制度。三是投资者素质的假定有所不同。在注册制下，证券投资者被假定为消息灵通的商人，监管机构只负责保证投资者获得有关资料，至于如何具体评价一家公司发行证券的价值而作出是否投资的决定，由投资者自身负责。而核准制虽然同样以投资者素质的理论假定为前提，但它以广泛存在各种非专业投资者作为假定的前提。在这一前提下，如果放任其自行评价证券价值，即使在充分、准确和完整地披露信息的基础上，这些非专业投资者也将难以有效地保护自身利益。为了保护证券投资者的合法利益，证券监管机构必须以适当方式介人证券发行审查，以减少劣质证券的存在。①

显然，注册制允许企业在公开特定信息的情况下公开发行股票，不必经过核准就能进入证券市场，而将风险交由市场承担，这样就减轻了监管部门的责任，因此，新三板在保留备案制的一些做法的前提下，采取注册制，可能更适合我国资本市场与新三板的发展现状。

这种注册制，企业由主办券商进行尽职调查和推荐，只需中国证券业协会实施自律性管理，而将备案的程序交由证监会有关部门实施，备案后可发行融资。同时，改进新三版挂牌企业为公开发行，放宽个人投资者参与的限制等。

当然，以上观念是严格按照注册制和核准制的一般概念和情况来谈的。实际上，实行核准制还是注册制，可能并不是问题的核心。问题的关键在于如何界定政府监管机构、市场平台和其他市场中介的职责和义务，如何保证挂牌企业能够真实、准确、充分、完整地披露相关信息。注册制和核准制的实质性差别并不大，在很多实行注册制的证券市场，有些审查比核准制还要严得多、细得多。

（二）转板机制配套制度的完善

注册制能够实现的话，那么配套的做市商等制度也应跟上。这是因为做市商可以利用其研究、资金、人才，信息等优势，在强制性、竞争性的公开双向报价制度的约束下，对上市公司价值、股票市场走势等作出更准确的判断，为挂牌公司股票进行报价并买卖；同时，做市商利用其做市资金，在买方未出现的情况，进行买入；在卖方企业已结束交易的情况下进行卖出，从而推动挂牌公司股票的流通，这样可以提高市场活跃度；另外，做市商所报价格是在综合分析市场所有信息以衡量各种风险和收益的基础上形成的，因此投资者可以在“已经分析”的报价基础上进行决策，并反过来影响做市商的报价，促使市场价格逐步向挂牌企业的实际价值趋近，以此实现市场的价格发现功能。

但是，关键是在我国现有体制与市场机制的情况下，如何避免做市商的

---

① 由北京市道可特律师事务所、道可特投资管理（北京）有限公司编著的《直击新三板》2010 年 8 月版 P251 - 252。

暗箱操作等违纪违法现象，如何引导做市商真正发挥其实现企业价值真实估值的核心作用，其监管制度和监管运作模式、方式等都面临巨大的挑战。

（三）建立起恰当的转板规则

与转板机制相关的制度设计完成后，转板规则的标准设计就很重要了，这是实际操作层面的东西。借助美国场外市场和台湾兴柜、盘商市场的转板机制的建设经验，当挂牌公司满足了主板等场内市场的相应标准后，就可以从场外交易系统直接转板到相应板块，流程应较为顺畅，成本也相对低廉。

当然，新三板转板通道并不能达到对我国多层次资本市场健全体制建设所追求的终极目标，而仅仅是整个市场转板体系改革中的一个环节。显然，目前将其建设成“直接转板”的机制，将在理论与实践操作过程中面临很大困难和阻碍，同时，与目前资本市场脆弱的多层次现状也不相符。所以，这里的转板通道，只是新三板与场内市场中相应板块之间的通道，还不能上升到链接场内与场外这样宏观而发挥重大效能的“转板通道”的概念相提并论。不过，这是一个渐进的发展过程。未来，随着我国资本市场的发展，特别是场外市场的壮大与发展形成成熟的多层次资本市场结构的情况下，新三板转板通道将和其他板块之间的板间通道一起，为中国的虚拟经济和实体经济发挥健康的、科学的和重要作用。

第五节　全国性场外市场建设的帷幕拉开

2012 年 8 月 3 日，新三板首批扩容的三大园区获国务院批准，同年 9 月 20 日，全国中小企业股份转让系统有限责任公司在北京注册，这标志着我国全国统一的场外市场的构建已经拉开了帷幕。同时，这也表明：证监会有关新三板扩容的具体方案已基本成型，在首批扩容试点园区获批准后，扩容必将提速，届时，各种配套政策也会陆续出台，将有更多的高科技企业通过新三板市场实现股份转让和定向融资，场外市场的建设将会迎来“遍地春笋”般的发展春天。

一、新三板正式扩容

按照总体规划，分步、稳步推进的原则，新三板首批扩大试点区域除中关村科技园区外，新增上海张江高新产业开发区，东湖高新技术产业开发区和天津滨海高新区。

新三板定位于为成长型、创新型中小企业提供股份转让，定向融资服务，有利于增强经济薄弱环节的支持，促进民间投资和中小企业发展。新三板融资功能属于小额定向融资，6 年来，挂牌企业 100 多家，定向增资总额 17.29 亿元，单次融资规模也只有几千万元，二级市场流动性不高，2011 年平均换手率只有 2.93%，涉及的资金量有限。扩容后虽然会在一定程度上分流投资于 A 股（场内市场）的资金，但这不会改变市场既有的运行规律，未来影响 A 股走势的最终还是宏观经济与微观业绩。

新三板扩容将令市场参与各方均受益。除挂牌企业和投资者外，两类金融企业——券商和创投公司无疑是新三板的主要受益者。根据部分研究机构测算，手续费收入和做市收入将给券商业绩带来 10% 以上的业绩贡献。此外，挂牌收入、承销收入和直投收入也将对券商业绩产生贡献。因此，券商板块以及部分具备创投性质的上市公司仍然值得关注。但投资者应警惕缺乏实质业绩支撑的概念性炒作，在弱市中，概念性炒作的延续性相对较弱；而真正受益于新三板扩容的挂牌公司，其业绩的增厚将为其股价表现带来更坚实的支撑。

此次扩容试点后，交易制度将有重大变革，涉及交易委托方式、每笔报价最低交易数量、委托价格的涨跌幅、结算制度。而在定向增资上，也将放宽之前限制，将仿照 IPO，允许公司在新三板挂牌同时，采用定向方式发行一定数量股份。

二、交易规则 5 方面突破①

新三板扩容试点期间，交易规则包括五方面突破性改进措施。

① 本节的二—六项内容主要来源于 2012 年 7 月 20 日《21 世纪经济报道》中罗诺著《新三板扩容试点方案曝光，交易规则 5 方面突破》一文并作调整。

第一，在新三板中引入集合竞价机制。开盘集合竞价时间定为当日9：15—9：25，未产生开盘价的以上一交易日收盘价为准。收盘集合竞价时间设为当日14：45—15：00，未能产生收盘价的，则以当日最后15分钟交易时间所有交易加权平均数为收盘价。中关村试点试行的定价模式，是以每日第一笔交易默认为开盘价，将每日加权平均成交价作为收盘价，并没形成连续价格曲线，无法较好体现公司股份价格。第二，将增加协议转让时段系统自动匹配成交功能。之前的交易经常出现两笔买卖价格完全相同、方向相反的定价委托，但由于之前系统为人工指定成交，造成这两笔买卖不能成交。扩容试点推出后，解决的方案有两种，一种是在系统中增加自动匹配功能，由系统自动匹配成交，另一种是分为协议转让时段和自动匹配时段两个不同的时间段，在协议转让时段未成交的定价委托，将自动参与收盘的集合竞价。第三，取消意向委托，主办券商应确认投资者具备相应的股票和资金。第四，引入做市商制度。在此转让方式下，须有2家以上从事做市业务的主办券商提供报价服务，同时，投资者之间不能成交。第五，每笔报价委托最低数量的限制也做了大幅修改。之前每笔报价委托不得低于30000股，而在试点扩容后，每笔最低交易数量的限制则将调整到1000股。第六，或将不设涨跌幅度的限制。第七，股东人数的突破。扩大试点方案提出在新三板挂牌的公司纳入非上市公众公司管理，股东人数可以超过200人。

三、结算制度的完善

扩容试点后，结算制度也将进一步完善。交易结算将实行T+1日以及多边净额担保交收模式，取代之前的逐笔全额非担保交收模式。

中关村试点结算体系采用的是T+1日的逐笔全额非担保模式。这是由于之前的交易制度采取的是一对一的方式，且交易每笔至少都在30000股之上，交易金额过大，且当时尚未建立逐日盯市等制度，采用多边净额担保交收模式可能存在风险。但随着交易新规的突破，引入集合竞价机制，每笔交易数量限制下降至1000股，且不设涨幅限制后，新三板结算已不适合采用逐笔全额非担保交收模式。监管层在设定新结算模式时，还将适时引入做市商交易制度。

此外，新结算模式还将引入T+1日回转交易机制。中关村试点的交收时点为T+1日下午4点，按此规则，当证券资金足额，即使同时完成了证券过户和资金划拨，证券和资金都要 T+2 日才可使用。新规中将与 A 股类似，将采取 T+1 结算方式，前一日卖出证券获得的资金，后一交易日便可使用，买入的股份也类似。

四、投资者门槛设定

早在 2006 年中关村试点设立之初，新三板的投资范围一度向个人以及机构投资者开放。到了 2009 年 7 月，为了创业板平稳推出，中关村试点调整了投资者准入标准，仅允许机构投资者和曾持有挂牌公司股份的自然人参与股份转让业务，自然人股东只能买卖其持股公司的股份。

新三板扩容试点后的投资者准入标准，也已于近日成型。将适度扩大自然人投资者范围，一是取消之前的“挂牌公司自然人股东只能买卖其持股公司股份”的规定，允许自然人股东买卖所有挂牌公司的股份。二是将借鉴股指期货以及创业板的投资者适当性管理经验，设定投资者准入门槛。相关信息获悉，目前监管层设定的投资者门槛为机构投资者实缴注册资本 500 万元以上，自然人证券类资产不低于 300 万元，2 年证券投资经验以上，且具有金融、财经等专业背景，并通过证券公司测试。

五、股票限售条件及要求

按中关村试点要求，对于控股股东和实际控制人挂牌前直接或间接持有的股份，将分三批进入代办系统转让。每批进入的数量均为其所持股份的 1/3，进入时间分别为挂牌日期、挂牌满一年、挂牌满两年。而对于公司的董事、监事、高管等，需维持按《公司法》规定，在职期间每年转让的股份不得超过其所持本公司股份总数的 25%。另外中关村试点还要求，挂牌前 12 个月内对挂牌公司增资的，货币出资的新增股份在工商变更登记之日后 12 个月可以进入代办系统转让，非货币出资的部分则需要 24 个月才可进入，挂牌后定向增资的新增股份全部按 12 个月限售处理。

为了维护挂牌公司的稳定性，即便扩容，新规或将沿用之前的相关制度和政策。

六、定向融资的细则变化

2006年10月新三板启动了定向增资试点，到2012年8月止，已有44家公司完成52次定向增资，共募集资金22亿元，但一直都未有具体规定，仅以内部执行的原则、条件和程序进行指导和规范，这也使融资功能未能很好发挥。

要做大做强新三板，必须进一步提供基础功能的建设和发挥。新规中，新增股东人数限制由目前内部执行的20名，放宽到除公司原有股东以及内部职工外不得超过35名，允许符合投资者管理要求的自然人投资者参与定向增资。另外，也将取消新老股东配售的比例限制。之前内部执行规定中，要求新三板公司应以不低于定向增资股数30%的股份优先向老股东配售。而定向增资方式上，挂牌公司将不仅可以选择股权融资，也可选择定向发行可转债。已有中关村试点挂牌公司发行中小企业私募债的案例，适当时场外市场也将启动发行并交易私募公司债等。而定向增资最大的一个规则改变，则在于其将允许在挂牌时定向股权增资。即在正式挂牌之前，申请挂牌的公司可以定向发行一定数量股份（应在公开转让说明书上披露），并可在挂牌后上市转让。同时，还允许申请挂牌公司存在未行完毕的股权（期权）激励。

除此之外，申请挂牌的公司还可自主选择采用小额快速融资或储架发行的方式。即对挂牌公司小额融资豁免审查，执行报备，公司的大额定向融资可以一次申请，分期发行，自向有关管理机构备案之日起，在三个月内首期发行，剩余部分在12个月发行完毕。

以上部分内容在10月11日证监会颁发的《非上市公司监督管理办法》中有所体现，有些将在相关配套制度中出现。当然，新三板扩容后的各种配套制度有着更多更让投资者振奋的内容。

第六节　我国场外市场未来模式探讨

我国场外市场未来的模式到底是什么？探索了这么些年，政策迟迟不能出台的原因很多，可能主要有：场外市场的建设涉及国家、地方经济的发展和未来的转型，涉及众多企业群体、投资者及机构等各个方面的利益与关系，涉及我国资本市场的持续发展与多层次的建设等事项，事情太过复杂了。

一、模式设计因素

在当前结算手段和通信手段的情况下，一个统一全国市场的建立是没有任何问题的。但是，这种观点从理论上来说是合理的，但是在实际操作中是很困难的。而且一个独有的市场有个致命的缺陷，那就是缺乏竞争的环境机制，从而使市场形成相对垄断的格局，臃肿而缺乏活力。但如大力发展区域市场，群雄割据，布局不合理的话，可能就会造成重复建设，弱化市场优势，造成资源的大量浪费，而且还可能会造成区域性的垄断。因为每个地方都建自己的市场，不管这个市场到底能不能发挥作用，能不能真正促进企业发展，在现行区域的行政干预下，肥水不流外人田，垄断资源的情况也是会大量存在的。

为此，我们认为，场外市场的建设要关注的因素，从宏观上来说，本章第二节已经谈到过，要符合国家转变经济发展方式、促进经济转型、实施自主创新战略的目的。从微观上来说，场外市场不应该以便于管理来作为出发点，要以服务挂牌企业和服务投资者为出发点，对应于我国数以千万计的不同发展阶段、不同级别的中小、小微企业，以处理好不同类型企业、参与者、市场效益与适度监管等多种关系。

二、三层次模式“雏形”①

具多方信息显示，未来场外交易市场或将形成以新三板市场为主，券商自建柜台交易市场（OTC）并行，各地股权交易所为辅的多层次交易市场。新三板市场重点培育全国国家级高新技术园区内的高科技创新企业，未来或将主要对接创业板市场；OTC 市场重点解决中小企业融资难的问题，未来或将对接中小板市场，而各地股权交易所或将形成类似于美国的“粉单”市场。

---

① 主要参考《证券时报》2012 年 4 月 10 日《场外交易市场建设“雏形”显现，已经明确三层次》一文。

（一）新三板或将对接创业板

在中关村代办股份转让系统（即新三板）的基础上成立全国场外交易所（或称“全国场外交易市场”）。从市场交易制度来看，监管层或许更倾向于选择台湾模式以实现快速扩容，最终目的是达到新三板市场与创业板完全对接。监管层对此的表述为“建立和完善各层次市场间的转板制度”。在业内人士看来，这是为新三板公司开辟转板绿色通道。参照台湾的经验，所有准备上市的企业都必须先上兴柜市场。按此操作，类似将新三板搭建成强制性的预备市场，而这将对 A 股产生深远影响，一些证券市场长期以来形成的弊病，比如新股“三高”（高价、高市盈率和高募资）发行或许能得到根本性解决。

为了鼓励该市场做大，新三板市场已确立实行做市商制度，并且允许主办券商开展直接投资业务，建立挂牌企业股权激励试点，并将适度扩大合格投资者队伍。

（二）券商 OTC 或将对接中小板

此外，各区域仍将陆续推进以券商为主导的柜台交易市场。券商自建的交易平台对接的主要是中小板，为中小企业融资服务。除允许券商自建 OTC 市场外，做市商制度也纳入其中。另外，中小企业私募债、股权信托等类证券产品或许有望纳入该市场内进行交易，后续或将允许进行相关试点研究。

（三）券商的主角地位

2011 年，国务院发文要求清理整顿各类交易场所，禁止类证券和类期货交易，此次清理整顿还有一个更为深刻的含义，为即将出炉的全国场外交易所做准备。与此同时，产权交易所整顿股权类交易，也意味着券商的话语权重新得到确立，将成为场外交易市场的主角。

总而言之，券商的中介作用将被放大，这意味着券商将在场外交易市场中充分扮演组织者角色，职责变大了，风控要求提高了。

三、新三板与地方股权市场的关系

新三板扩容已经是既定政策，但是，在这个过程中，一些最受关注的问题浮出了水面，比如说：新三板如何解决全国统一性和地域差异性以与地方股权交易所的定位与合作问题。这是未来场外市场模式设计所必须面对的问题。

就目前来看，新三板和地方股权交易所存在着明显的差异。从交易系统来看，新三板代办交易系统依托于深圳证券交易所建设，与中小板、创业板等并列于深交所交易系统；而地方股权交易所（包括天津、重庆和上海等）的交易系统是独立的，二者的交易系统存在差异。从监管部门来看，地方股权交易所归属区域相关政府金融服务机构监管；而新三板则直接隶属证券业协会监管。从服务对象看，新三板针对试点园区内的高新科技企业，而地方股权交易所则是地方性的交易市场，面向全国的中小企业开放。

看来，新三板与地方股权交易所确实存在竞争，但是，地方股权交易所服务的对象比新三板更广，在园区之外仍然有较大的发展空间。显然，地方股权交易所承担的职能不仅仅是推动企业到市场上来挂牌融资，还包括推动地方企业与区域经济的发展。如将股权交易所定位为类似于美国的“粉单”市场，势必降低这些交易所在场外市场中的层次，好处是明确层次级别，避免与全国性市场新三板无序的、盲目的竞争。但是，从另一方面来说，这也将限制地方股权交易市场的发展空间，更使得新三板“独持专宠”而失去了有效的市场竞争机制。这样，地方股权交易市场与新三板都可能同时落下“先天不足”的制度“缺憾”。这些问题，未来场外市场模式的设计也是需要考虑的。

根据目前的现状及政策趋向，场外市场也可能形成全国与区域为同一竞争层次模式，全国与区域为逐级竞争市场模式以及以区域市场为主的竞争模式，这三种模式旨在倡导区域市场优势与全国性市场之间的匹配因素，以彰显市场化的有效性竞争。

虽然说，模式可以在实践中不断地探索与修缮，但是，毕竟修缮的成本是高昂的，所以，第一次设计是非常重要的，这也可能是我国场外市场模式的顶层设定迟迟未能敲定的根源所在。当然，不论哪种模式，在未来较长一段时间内，对场外市场在企业融资功能、市场流动性与场内市场的孵化器等方面，都不能有太高的奢望。

正如本书第一章中所讲到的那样，我国的场外市场的探索是资本市场的一场演进性的革命。场外市场曾经在世界大国崛起的进程中发挥了重要的引擎作用，同样，它对于我国多层次的资本市场的建设以及未来经济的转型是否也会带来难以估量的价值呢，我们拭目以待。

参考文献目录

1. 祁斌：《建立资本市场与经济可持续发展的动力机制——以高科技产业发展为例》，《证券市场导报》2006（8）。

2. ［美］约翰·S. 戈登著，祁斌译：《伟大的博弈——华尔街金融帝国的崛起》，中信出版社，2005。

3. 王喜义：《中国股市变奏曲》，中国人民大学出版社，1994。

4. 生柳荣：《当代金融创新》，中国发展出版社，1998。

5. 马庆泉：《中国证券史》，中信出版社，2003。

6. 阿奎：《喧哗与骚动：中国股市20年》，中信出版社，2008。

7. 刘义圣：《中国资本市场的多功能定位与发展方略》，社会科学文献出版社，2006。

8. 胡继之：《中国股市的严谨与制度变迁》，经济科学出版社，1999。

9. 巴曙松：《论中国资本市场的开放路径选择》，《世界经济》2003（11）。

10. 高峦、钟冠华等：《中国场外交易市场发展报告（2009—2010）》，社会科学文献出版社，2009。

11. 高峦、钟冠华等：《中国场外交易市场发展报告（2010—2011）》，社会科学文献出版社，2011。

12. 曹和平、何亚斌等：《中国产权市场发展报告（2010—2011）》，社会科学文献出版社，2011。

13. 邓向荣、赵培、李伟：《中国早期场外交易市场的监管》，《皮书数据库》，http：//www. pishu. com. cn/。

14. 曹和平：《中国产权市场发展报告》，社会科学文献出版社，2009。

15. 熊焰：《资本盛宴——中国产权市场解读》，北京大学出版社，2008。

16. 《上海国资》编辑部：《历经风雨终见彩虹——中国产权市场发展20

年回顾》，《上海国资》2008（8）。

17. 黄刚、韦峰：《我国技术产权交易市场发展状况研究》，《广西金融研究》2005（6）。

18. 苗伟：《我国多层次资本市场建设与产权市场定位分析》，《皮书数据库》，http：//www. pishu. com. cn/。

19. 北京市道可特律师事务所等：《直击新三板》，中信出版社，2010。

20. 李慎波：《新三板操作实务》，法律出版社，2011。

21. 姚博海：《VC/PE 新“蓝海”：抢滩新三板转板成最大风险》，《华夏时报》，2012－05－06。

22. 欧卫安：《新三板业务与创新》，法律出版社，2011。

23. 周立群、邓向荣：《环渤海区域经济发展报告（2009）》，中国社会科学出版社，2009。

24. 陆媛：《天津两大股权交易所试运行令证监会人士吃惊》，《第一财经日报》，2008－10－25。

25. 张秀凤、翟媛：《天津股权交易所挂牌企业破百家》，《中广网》，2011－09－21。

26. 《推动中小企业技术创新的资本市场构建研究》课题组：《全国统一场外交易市场的积极探索——天津股权交易所的建立与发展》，《产权导刊》2009（11）。

27. 熊凯：《王岐山调研新三板监管层首提五大建议》，《21 世纪经济报道》，2012－03－28。

28. 黄兆隆：《以战略眼光布局新三板衍生业务》，《证券时报》，2011－10－26。

29. 孙勇：《新三板试点获阶段性成果，制度仍将完善》，《中国高新技术产业导报》，2012－01－16。

30. 罗诺：《新三板扩容试点方案曝光交易规则 5 方面突破》，《21 世纪经济报道》，2012－07－20。

31. 方家喜：《四大焦点透视新三板大版图》，《经济参考报》，2011－01－15。

32. 肖波：《新三板扩容在即监管部门考虑拟降低投资门槛》，《证券时报》，2012－04－24。

33. 马婧好：《证监会：今年重点筹建全国性场外交易市场》，《上海证券报》，2012－04－06。

34. 李东亮：《全产业链打造新三板业务生态来源》，《证券时报》，2011－09－22。

35. 田健湘、哈立：《建立转板机制把新三板建成孵化器和蓄水池》，《中国证券报》，2011－10－23。

36. 马婧妤、蒲弘毅：《谢庚：场外市场建设要处理好三方面关系》，《上海证券报》，2012－06－29。

37. 白冰、逯云娇：《中国场外市场发展研究——基于国内外场外交易市场的比较分析》，《经济问题探索》2012（4）。

38. 黄兆隆，《场外交易市场建设“雏形”显现，已经明确三层次》，《证券时报》，2012－04－10。

39. 深圳证券交易所，网址：http：//www. szse. cn/。

40. 中国证券监督管理委员会，网址：http：//www. csrc. gov. cn/pub/。

41. 中国证券业协会，网址：http：//www. sac. net. cn/。

42. 代办股份转让信息披露平台，网址：http：//www. gfzr. com. cn/。

43. 天津股权交易所，网址：http：//www. tjsoc. com/web/default. aspx。

44. 刘西曼、曹元：《创业板周年寻路：纳斯达克如何被全球复制?》，《21 世纪经济报道》，2010－09－11。

45. 中国产权市场创新联盟：《2009：中国产权市场金融资产交易年度报告》，2010－04。